Tienes
que
atreverte

Tienes que atreverte

JOYCE MEYER

CASA
CREACIÓN
A STRANG COMPANY

La mayoría de los productos de Casa Creación están disponibles a un precio con descuento en cantidades de mayoreo para promociones de ventas, ofertas especiales, levantar fondos y atender necesidades educativas. Para más información, escriba a Casa Creación, 600 Rinehart Road, Lake Mary, Florida, 32746; o llame al teléfono (407) 333-7117 en Estados Unidos.

Tienes que atreverte por Joyce Meyer
Publicado por Casa Creación
Una compañía de Strang Communications
600 Rinehart Road
Lake Mary, Florida 32746
www.casacreacion.com

Este libro fue publicado originalmente en inglés con el título: *I Dare You*, Copyright © 2007 por Joyce Meyer, por FaithWords, una division de Hachette Book Group USA, Inc.
This edition published by arrangement with FaithWords, New York, New York, USA. All rights reserved.

Traducido por Belmonte Traductores
Diseño interior por: Grupo Nivel Uno Inc.

Library of Congress Control Number: 2008921139
ISBN: 978-1-59979-134-0

Impreso en los **May 2009** s de América
08 09 1   3 2 1

ÍNDICE

Introducción: Búsquedas apasionadas   vii

PARTE I
Los complementos de la pasión y el propósito

1   Donde la pasión y el propósito comienzan   3
2   Entender por qué uno hace lo que hace   13
3   Cómo poner sonrisas en los rostros   25
4   Falta de propósito   37
5   Con todo tu corazón   51
6   Pasión depositada en las cosas equivocadas   67
7   Ocho maneras de malgastar tu tiempo   87
8   Sueña en grande   113
9   Asume responsabilidad   129

PARTE II
La búsqueda de pasión con propósito

10   Mantente avivado   45
11   Pasión por tu espíritu   167
12   Pasión por tu mente   185
13   Pasión por tus emociones   215
14   Pasión por tus finanzas   229
15   Ponte en movimiento   257
16   Nunca tires la toalla   273
17   Sé decidido   289

Notas   305

Búsquedas apasionadas

"Dios ama con gran amor al hombre cuyo corazón revienta de pasión por lo IMPOSIBLE."

—William Booth

Muchas personas hablan sobre propósito en estos tiempos. Es un tema importante: conocer y entender qué es lo que Dios quiere hacer con nosotros. Cuando entendemos nuestro propósito, tenemos un mapa de rutas delante de nosotros que es una guía útil y necesaria. Sin embargo, si el propósito es nuestro viaje y nuestro destino, entonces la pasión es el combustible que va a llevarnos hasta allá, y es vital que mantengamos una buena reserva de ese combustible. La vida sin propósito y pasión es una vida que no vale la pena vivir. Todos necesitamos una razón para levantarnos cada día y necesitamos encontrar la pasión, la chispa que nos mantiene motivados y avanzando. ¡Necesitamos ser entusiastas! Demasiadas personas caminan con caras largas, pareciendo y sintiéndose indiferentes, aburridas o totalmente agotadas. Pero el corazón del ser humano fue creado para tener pasión, un fuerte deseo de alcanzar algo que está más allá de nosotros mismos. Necesitamos ser capaces de celebrar cada día de nuestra vida, sean cuales sean las circunstancias.

Nos levantamos; vamos a trabajar; nos ocupamos de los niños; asistimos a la iglesia; regresamos a casa; nos vamos a la cama y, al día siguiente, volvemos a comenzar todo de nuevo. Estamos perdiendo tanto nuestra pasión como nuestro propósito, y estamos transmitiendo esa falta de entusiasmo a nuestros hijos. Sin duda alguna, quizá unas vacaciones o una gran victoria de nuestro equipo favorito podrían hacernos despertar de nuestro sopor durante un breve periodo, pero enseguida regresamos a no tener verdadero entusiasmo por la vida.

> Estamos aquí para disfrutar de Dios y hacer su voluntad.

A lo largo de los siglos, millones de personas se han preguntado: "¿Para qué estoy aquí? ¿Cuál es mi propósito?". Hay una respuesta sencilla para esas preguntas, pero no todos están dispuestos a aceptarla. Estamos aquí para disfrutar de Dios y hacer su voluntad. Fuimos creados para la complacencia de Él. Él es el Alfa y la Omega, el principio y el fin. Por tanto, Él también debe ser todo lo que hay entremedio, y eso es mucho para que algunas personas lo acepten. Ellos quieren saber lo que Dios va a hacer *por ellos*, pero deberían preguntar lo que Dios va a hacer *por medio de ellos*.

Eso es algo en lo que Pablo pensaba cada día. Veamos cuántas veces utiliza él estas palabras:

"No me atreveré a hablar de nada sino de lo que Cristo ha hecho por medio de mí..."
—ROMANOS 15:18

"Pero el Señor estuvo a mi lado y me dio fuerzas para que por medio de mí se llevara a cabo la predicación del mensaje..."
—2 TIMOTEO 4:17

"Pero por la gracia de Dios soy lo que soy, y la gracia que él me concedió no fue infructuosa. Al contrario, he trabajado con más tesón que todos ellos, aunque no yo sino la gracia de Dios que está conmigo."
—1 CORINTIOS 15:10

Nacemos, vivimos y morimos. No podemos hacer nada en cuanto a nacer o en cuanto a morir, pero podemos hacer mucho en cuanto a cómo vivimos. Pablo entendía eso, y también lo entendía Pedro. Él fue uno de los primeros discípulos que cometió muchos errores en su ministerio y como uno de los seguidores de Cristo, y, sin embargo,

Dios lo utilizó porque él estuvo dispuesto a dar un paso de valentía cuando Jesús lo llamó. Pedro fue lleno de celo, pasión y entusiasmo.

Asumir responsabilidad por el modo en que vivimos es valiente. Se necesita valor para aceptar la vida tal como nos viene, y también se necesita valor para estar decidido a aprovecharla al máximo. La vida es demasiado corta para desperdiciarla pecando siempre de prudente o no corriendo riesgos en lugar de perseguir todo lo que podemos llegar a ser. Es momento de emprender la acción y hacer que tu vida cuente: sal de la barca y comienza a trabajar para dejar un legado cuando ya te hayas ido.

La pasión es algo más que un sentimiento

Cuando la mayoría de las personas piensan en pasión, puede que piensen en sexo o en ráfagas de emoción que van y vienen. Consideran la pasión como algo inestable, quizá insatisfactorio y hasta innecesario y, como resultado, normalmente responden a la vida y a las señales de entusiasmo de la siguiente manera: *No nos entusiasmemos con esto… Simplemente, vayamos día a día y veamos lo que sucede… Yo no dejo que las cosas me lleven hacia un lado o hacia otro.*

Cuando sentimos menos, arriesgamos menos. Sin embargo, estoy aquí para decirte que la pasión de la que estoy hablando —un entusiasmo entusiasta— no es un sentimiento que viene y va o un ánimo que esperas tener a fin de actuar con respecto a algo. Pasión es la manera en que enfocas la vida.

Vemos cómo usa Dios la pasión. Todo lo que Él hace es hecho con un propósito, y Él lo hace apasionadamente; lo hace con todo su corazón. Nosotros debemos amar a Dios con todo *nuestro* corazón, y hacer todo lo que hacemos con entusiasmo e impulso. Ningún esfuerzo a medias por nuestra parte agradará nunca a Dios, ni tampoco producirá verdadero gozo en nuestras vidas.

Hay un deseo innato en lo profundo de cada uno de nosotros de alcanzar metas que parecen inalcanzables. Estoy hablando de esas esperanzas y sueños que todos tenemos; algunos yacen justamente debajo de la superficie, pero algunos han sido tan profundamente enterrados por tanto tiempo, que se necesitará tiempo para desenterrarlos. Es nuestra naturaleza tener algo hacia lo cual estar avanzando en todo momento. Todos necesitamos algo por lo cual esforzarnos, hacia lo cual trabajar y sobre lo cual soñar. Necesitamos una razón para levantarnos de la cama por la mañana, una que sea más grande que la mera existencia durante otro día. Yo creo que todos tenemos un profundo deseo de ser atrevidos, de salir del molde y vivir al límite. Si alguien nos preguntase, enseguida reconoceríamos que queremos que la vida sea emocionante, pero algunos de nosotros nos hemos vuelto demasiado cómodos al estar sentados en nuestros respectivos sillones de la vida. Necesitamos un desafío, pero sólo algunos de nosotros nos atrevemos alguna vez a seguir el impulso de nuestros corazones. Yo he decidido ser una de esas pocas personas. ¿Quieres unirte a mí? ¿Te atreves a ser diferente? ¿Te atreves a vivir la vida de veras?

> ¿Te atreves a vivir la vida de veras?

Como algunas personas, yo pasé muchos años sin disfrutar del viaje de la vida. Yo luchaba contra la vida, al siempre desear tener algo diferente de lo que tenía. Finalmente, aprendí que la vida se trata más del viaje que del destino, e hice el compromiso de disfrutar de todo. Le doy gracias a Dios porque Él me enseñó a afrontar la vida con valentía, al saber que Él está conmigo y que puedo hacer cualquier cosa que necesite hacer con Él a mi lado, y puedo hacerlo con alegría. Ahora sé que tengo un propósito y Dios tiene un plan, y he decidido vivir mis días con pasión y entusiasmo. Creo que este libro tendrá un profundo efecto en ti; también añadirá una calidad a tu vida que puede que hayas perdido, y es mi oración que Dios te muestre el propósito y la pasión que Él quiere que tengas.

Nuestro mayor ejemplo de pasión

Como cristianos, cuando hablamos sobre pasión, muchos de nosotros pensaremos en las películas sobre la pasión que hemos visto en Semana Santa y, desde luego, en la película el año 2004, *La pasión de Cristo*, que muestra las últimas doce horas de la vida de Jesús en la tierra.

Jesús era apasionado con respecto a su propósito. Y Él no lo mostraba solamente en los momentos intensos y emocionales, como cuando se enojó al ver personas vender sus mercancías en el templo o cuando lloró al ver la incredulidad de la gente. Su pasión podía verse en su interés por los enfermos, los pobres y quienes eran tratados injustamente. Él siempre se detenía para ayudar y consolar a personas heridas que acudían a Él. Él oraba apasionadamente, y mostró un gran aguante mientras estaba en la cruz. Él amaba a su Padre apasionadamente. Podemos decir sin temor a equivocarnos que todo lo que Jesús hacía, lo hacía de todo corazón, y nosotros deberíamos seguir su ejemplo.

Cuando pensamos en pasión, tenemos que pensar en la pasión de Cristo. Necesitamos recordar su enfoque, su determinación, y lo mucho que participaba en la vida y en el plan de su Padre. Necesitamos adoptar su pasión para nosotros. Necesitamos participar tanto en la vida como Él lo hizo y lo hace.

Si quieres sacar el mayor partido a tu vida y vivirla con entusiasmo y celo del modo en que Jesús lo hizo, solamente leer este libro no será suficiente. Tendrás que tomar decisiones a lo largo del camino; puede que tengas que cambiar tu modo de enfocar la vida; puede que tu actitud y el modo en que empleas tu tiempo tengan que cambiar. Sin embargo, los resultados serán gratificantes. Levantarte cada día con propósito y vivir cada día apasionadamente es una recompensa en sí. Añade más valor a la vida, y, al final de cada día, podemos sentir satisfacción, realización. Podemos esperar el día siguiente con expectación.

> Vivir cada día apasionadamente es una recompensa en sí

Cuando abrazamos la vida con pasión, no experimentaremos tanto pavor o lamentos. Nuestras vidas se vuelven llenas de celo por el presente, y somos lo que yo denomino una persona del "AHORA".

Alguien que vive plenamente en el presente y saca el máximo partido de cada día. Hasta los "baches" que hay en la carretera del viaje de la vida tienen un propósito, y puedes aprender a encontrar valor en ellos en lugar de temerles y despreciarlos.

Haz este viaje conmigo. Aprendamos juntos cómo podemos ser más apasionados por la vida que Dios nos ha dado. Tengamos la determinación de cumplir nuestro propósito.

PARTE I

Los complementos de la pasión y el propósito

CAPÍTULO 1

Donde la pasión y el propósito comienzan

"La vida de Jesucristo fue un absoluto fracaso desde todo punto de vista excepto el de Dios. Pero lo que parecía ser un fracaso desde el punto de vista del hombre fue un triunfo desde el punto de vista de Dios, porque el propósito de Dios nunca es el mismo que el propósito del hombre."

— Oswald Chambers, *En pos de lo supremo*

El día 24 de diciembre de 1968, mientras las familias alrededor del mundo celebraban la llegada de la Navidad, se veía una perspectiva bastante distinta desde unos doscientos mil kilómetros por encima de la superficie de la tierra. Los astronautas Frank Borman, Jim Lovell y William Anders, a bordo del Apollo 8 en la primera e histórica misión espacial realizada por el hombre, miraban con maravilla y asombro desde su órbita lunar al mundo que estaba por debajo. En una emisión en directo por televisión donde mostraban imágenes de la tierra y la luna tal como se veían desde su cohete, la tripulación finalizó su transmisión con una lectura de Génesis.

"Para todas las personas de la tierra, la tripulación del Apollo 8 tiene un mensaje que le gustaría enviarles", dijo William Anders. *"Dios, en el principio, creó los cielos y la tierra. La tierra era un caos total, las tinieblas cubrían el abismo, y el Espíritu de Dios iba y venía sobre la superficie de las aguas. Y dijo Dios: '¡Que exista la luz!'. Y la luz llegó a existir."*[1]

Fue un momento muy intenso para una afirmación muy intensa. Aunque duró solamente un instante, aquellos astronautas, junto con el resto del mundo que miraba las pantallas de sus televisores, captaron una vislumbre de lo que Dios vio cuando empezó a crear el mundo. Nos trae a la mente el poder y la autoridad de Dios, y nos hace comprender lo poco que realmente entendemos sobre nuestro Creador.

"Dios, en el principio…" (Génesis 1:1). Estas son las cuatro primeras palabras de la Biblia registradas en Génesis, y lo que William Anders leyó. Yo creo que a veces leemos demasiado deprisa esas primeras palabras para llegar a la parte de la creación, pero necesitamos detenernos por un momento y echarles un vistazo, porque son palabras profundas. Dios no fue creado; Él ya estaba ahí en el principio y Él no tiene fin. ¡Dios es! Él creó todo y lo hizo de la nada. Nuestras mentes finitas tienen problemas para entender eso, pero hay una cosa de la que podemos estar seguros: nunca entenderemos a Dios, así que no tiene caso el intentarlo. Permíteme expresarlo de otro modo. Empleemos menos energía tratando de leer la mente de Dios en cuanto a por qué Él hace lo que hace y más energía en hacer lo que Él quiere que hagamos.

> Sus caminos, métodos y senderos no se pueden rastrear, son misteriosos y no pueden descubrirse.

La verdad es que si pudiéramos entender a Dios, Él no sería nuestro Dios. La Biblia dice en Romanos 11:33 que sus juicios y sus decisiones son indescifrables e inescrutables. Sus caminos, métodos y senderos no pueden rastrearse, son misteriosos y no pueden descubrirse. Sin embargo, también sabemos por la Escritura que Dios tiene un propósito en todo lo que hace. "Toda obra del Señor tiene un propósito…" (Proverbios 16:4).

¿Puedes sentir la emoción de misterio que surge en tu corazón cuando lees las palabras que intentan describir a un Dios indescriptible? Nadie conoce la mente de Dios ni puede entenderlo ni a Él ni sus pensamientos. Nadie puede aconsejar a Dios.

¿Te has dado cuenta alguna vez de lo mucho que intentamos darle consejos a Dios? ¿Cuántas veces tratamos de decirle a Dios qué es lo que nosotros vamos a hacer y luego le pedimos que nos ayude a realizarlo? Afortunadamente, Él no presta mucha atención a nuestros caprichos ni a nuestras estrategias y tramas. Dios sabe lo que es mejor, y su intención para nosotros es siempre mejor que cualquier cosa que nosotros podríamos planear.

Cuando se trata de nuestro propósito, deberíamos orar y luego hacer planes; no hacer planes y luego orar para que Dios acepte nuestro consejo y haga que nuestros planes funcionen. No es eso de lo que se trata el conocer el propósito de Dios para nuestras vidas. Se trata de vivir en su voluntad cada día, y es la única manera en que llegaremos a conocer la paz y el gozo verdaderos.

La Biblia nos enseña que nuestras mentes albergan muchos de nuestros propios planes, pero son los propósitos del Señor para nosotros los que permanecerán (ver Proverbios 19:21). Y deberíamos estar contentos por eso. Piénsalo: si todos nuestros planes llegaran a realizarse, tendríamos vidas muy desgraciadas. ¿Cuántas veces has deseado algo, no lo has obtenido, y luego has descubierto más adelante que eso habría empeorado tu vida en lugar de mejorarla?

No tenemos idea de las muchas veces en que pedimos cosas que no son buenas para nosotros. Dios, en su misericordia y sabiduría, no nos las da, pero continúa obrando su voluntad y su propósito en nuestras vidas. A nosotros nos parece frustrante y confuso, porque seguimos tratando de que las cosas salgan del modo en que queremos. Pero yo estoy de acuerdo con A. W. Tozer, que dijo que las personas crucificadas con Cristo tienen tres marcas distintivas: miran hacia una sola dirección, nunca pueden volver atrás, y ya no tienen sus propios planes. No disfrutaremos de la vida a menos que aceptemos la voluntad de Dios con gozo y dejemos de tratar de entender todo lo que sucede y que es contrario a nuestros propios deseos.

Recientemente, yo planeé un fin de semana en el lugar Lake of the Ozarks para pasar algún tiempo con mis hijas y algunos amigos. Lo tenía todo planeado: nos quedaríamos dos noches, iríamos al balneario, compraríamos, saldríamos a comer, jugaríamos, nos reiríamos, y, sencillamente, lo pasaríamos bien. Invité a todos con tres meses de antelación para estar segura de que ellos no tuvieran ya otros planes y, sin embargo, una por una, me informaron de que no podrían ir por un motivo u otro. Debo admitir que me sentí defraudada porque sentí que Dios me había estado diciendo que pasara más tiempo con mis amigos y me tomara tiempo para hacer cosas como ese viaje. Yo no entendí por qué las cosas no estaban resultando hasta tres meses después, cuando una amiga me recordó que la fiesta que yo planeaba resultó ser el mismo día en que enterré a mi padre.

Cuando comencé a planear aquel viaje, no sabía que mi padre moriría, pero Dios sí lo sabía. En una ocasión, cuando los discípulos de Jesús estaban confundidos por algo que Él había hecho, Él dijo: "Ahora no entiendes lo que estoy haciendo", le respondió Jesús, "pero lo entenderás más tarde" (Juan 13:7). Dios ve el fin desde el principio. Nosotros sólo sabemos lo que sabemos, pero Dios lo sabe todo.

> Nosotros sólo sabemos lo que sabemos, pero Dios lo sabe todo.

Aceptación con gozo

Yo creo que, con frecuencia, nos enredamos en tratar de descubrir el significado de las cosas y nunca llegamos a aceptar del todo el hecho de que confiar en Dios significa que siempre tendremos preguntas no respondidas. Pero hasta que aceptemos eso, nuestro gozo y nuestra pasión en la vida y en nuestro propósito no pueden realmente comenzar.

La mayoría de nosotros podemos recordar la película Indiana Jones y la última cruzada. Indy era un aventurero y explorador cuya aventura para encontrar el Santo Grial casi le costó la vida. En el clímax de la película, Indy se resbala y cae por el borde de una grieta en las rocas. Cuando su padre, el profesor Jones, intenta subirlo agarrándolo por un brazo, Indy estira el otro para tratar de agarrar el Grial, que está fuera de su alcance. Su padre le dice con firmeza: "Indiana, déjalo ir". Indy escucha con renuencia a su padre, y cuando ambos escapan de la estructura que se desmorona, el Grial se pierde. En nuestro intento de entender a Dios, a menudo no llegamos a comprender que hay muchas cosas acerca de Él que no deben entenderse. Y al igual que Indiana Jones, tenemos que aprender a dejarlo así.

He aprendido a disfrutar de saber que alguien que tiene más sabiduría que yo está a cargo de mi vida. Cuando me encuentro a mí misma detrás de otro auto que circula a veinte kilómetros a la hora por debajo del límite de velocidad porque hay mucho tráfico, me gusta pensar que quizá habrá un accidente de auto que yo evitaré por circular con más lentitud de la que deseaba. O cuando tengo planes de hacer algo y sucede alguna otra cosa que evita que siga mi plan original, me recuerdo a mí misma que Dios tiene el control y trato de aceptar el cambio con alegría. Debemos aceptar la Palabra de Dios y lo que Él hace en sentido literal y no cuestionarlo. Confiar en Dios cuando no entendemos trae mucha paz a nuestras vidas. Mi lema es: "Pide a Dios cualquier cosa que quieras, pero mantente contento con lo que Él te dé". ¡Confía en que su elección es siempre la mejor!

Hay muchas cosas en la Biblia que plantean la pregunta del "por qué" en nuestras mentes. La Palabra de Dios dice que Él nos ama porque quiere, no porque nosotros le demos ninguna buena razón para hacerlo. La Biblia dice que Él nos escogió para sí mismo en Cristo antes de la fundación del mundo. Él nos adoptó como sus propios hijos por medio de Jesucristo, de acuerdo con el propósito de su voluntad porque así le agradó (ver Efesios 1:4-5).

Debo admitir que hay veces en que no sé por qué Dios querría amarme o tener una relación conmigo, pero he aceptado lo que Él dice como la verdad. No tenemos que entender todos los "porqués" que hay detrás del amor de Dios; simplemente necesitamos aceptarlo. Como seres humanos, queremos entender todo, pero hay algunas cosas que solamente Dios entiende. Quizá si no desperdiciamos nuestro tiempo y energía tratando de descubrir lo que solamente Dios sabe, tendremos la energía para vivir vidas apasionadas y con propósito.

Poner fin al "por qué"

¿Por qué es el "por qué" siempre la gran pregunta en la vida? Parece como si todo el mundo quisiera saber el porqué en todas las cosas, y comienza cuando somos niños. Les preguntamos a nuestros padres por qué la luna está tan lejos, por qué tenemos que ir a la escuela, y por qué no podemos tener un poni en nuestro cuarto. Luego, a medida que crecemos, comenzamos a hacer preguntas más difíciles, como: ¿por qué las personas buenas tienen problemas? ¿Por qué mueren niños inocentes mientras que personas viejas y malas viven muchos años? ¿Y qué tal el abuso a los niños o el hambre en el mundo? Si Dios es bueno, ¿entonces por qué hay tanto sufrimiento en el mundo? ¿Por qué algunas personas son ricas y otras son pobres? ¿Por qué me sucedió esa tragedia? ¿Por qué tengo es aspecto que tengo? ¿Por qué no sé cantar o tocar el piano? ¿Por qué me resultó tan difícil sobrellevar los estudios mientras que mi hermana sobresalía en todo sin ni siquiera tener que esforzarse? ¿Por qué? ¿Por qué? ¿Por qué?

Como seres humanos, es natural para nosotros preguntar por qué. Dios nos hizo inquisitivos y curiosos; sin embargo, hay una fina línea entre buscar entender y demandar saber tanto como Dios. Tenemos que comprender que no todas las preguntas tendrán una respuesta; que hay muchas cosas que nunca llegaremos a entender totalmente, y tenemos que estar dispuestos a aceptarlo. Por ejemplo, si comenzamos a comparar nuestras vidas y situaciones con las de otras personas, probablemente veremos injusticia en todo lo que miremos, normalmente porque siempre nos comparamos con aquellos que tienen vidas mejores que la nuestra. No miramos las multitudes de personas cuyas vidas son mucho peores que la nuestra. Si lo hiciéramos, podríamos estar agradecidos en lugar de estar confundidos y amargados.

Crecí en un hogar disfuncional lleno de violencia, alcoholismo e incesto. Pregunté "por qué" cerca de cuarenta años y solamente terminé sintiéndome desgraciada y sin ninguna respuesta. Finalmente, decidí aceptar que mi vida "es lo que es" y determiné que trataría de descubrir lo que podría hacerse con el resto de mi vida.

Aunque sentía que no tenía nada que dar, entregué mi nada a Dios y, al igual que Él creó todo lo que vemos de la nada, me dio un futuro y una vida que vale la pena vivir. Él me mostró que yo tenía un propósito desde un principio, y aunque Satanás trató de destruirme, Dios me ha redimido, y su propósito para mí permanecerá y se cumplirá.

El propósito por el cual Jesús vino fue para destruir las obras del diablo (ver 1 Juan 3:8). Si lo invitas a que venga a tu vida para ser tu

Salvador y Señor, Él traerá justicia y te dará doble bendición por tus anteriores problemas (ver Isaías 61:7-8).

La mayoría de las personas tratan de entregarle a Dios lo que son, pero yo creo firmemente que también deberíamos entregarle lo que no somos. ¡Él hace más con nada que lo que hace con algo! Si sientes que no eres nada, entonces eres precisamente lo que Dios está buscando. Tú eres algo con lo que Él puede trabajar.

Entrégate a Él; acepta tu vida hasta ahora, aunque no tengas ni una pizca de entendimiento sobre ella, ¡y sentirás una paz que es maravillosa! No puedes regresar y cambiarla, ¿por qué, entonces, no dejar que Dios haga algo con ella? Él puede convertir tu dolor en ganancia y tu confusión en un milagro.

Sigo sin tener todas las respuestas con respecto al abuso de los niños. No entiendo el dolor de mi niñez, pero he decidido dejarlo en manos de Dios, donde pertenece, y confiar en Él para que haga que la vida que me quede sea mejor de lo que podría haber sido si no me hubieran hecho tanto daño. ¿Suena eso ridículo? Puede que sí, pero Dios puede hacerlo, y Él es el único que es capaz de hacerlo.

Deja de preguntar por qué estás vivo y cuál es tu propósito, y comprende en este momento que estás vivo para el agrado de Dios. Estás aquí porque Dios te quiere aquí, y Él quiere tener comunión contigo; Él quiere derramar su bondad sobre ti y deleitarte con sorpresas y bendiciones. Él no sólo quiere bendecirte, sino también hacer de ti una bendición para otros. Tú eres su representante en la tierra; eres embajador de Dios.

En lugar de preguntar: "¿por qué, Dios, por qué?", simplemente dile a Dios que confías en Él. Medita en lo grande que Él es. Él ha creado todo lo que vemos: las montañas, los océanos, los árboles, las aves, los animales, los insectos, las personas… todo.

La Biblia dice que si dejamos de apoyarnos en nuestra propia perspectiva y entendimiento, Dios dirigirá nuestros caminos y será salud para nuestros cuerpos y nos fortalecerá (ver Proverbios 3:7-8). En otras palabras, estaremos mucho más sanos si dejamos de preguntar "por qué" en todo y sencillamente aprendemos a confiar.

Como padres, comprendemos que es natural y hasta sano que los niños hagan preguntas, pero hay veces en que nos cansamos de que nos pregunten para explicar todo lo que hacemos. Ha habido padres que han tratado con un niño que pregunta tanto por qué esto y por qué aquello que la mamá o el papá finalmente dicen la clásica frase: "¡Porque te lo he dicho yo!". Dios puede estar diciéndote eso mismo en este momento de tu vida. ¿Has llegado a estar confuso por tratar de entender cosas que sólo Dios sabe? Puedes cambiar tu actitud en este instante si estás dispuesto a hacerlo. Date permiso para no saber y quédate satisfecho conociendo a Aquel que sí lo sabe.

> Date permiso para no saber y quédate satisfecho conociendo a Aquel que sí lo sabe.

Tienes que atreverte

Deja de preguntar por qué

No preguntes: ¿Por qué permitió Dios que sucediera esto?
Pregunta: ¿Qué puedo aprender de esto que me hará ser una mejor persona?

No preguntes: ¿Por qué hay tanto sufrimiento en el mundo?
Pregunta: ¿Cómo puede Dios usarme para ayudar en el sufrimiento?

Conocer a Dios

El apóstol Pablo dijo que su firme propósito era progresivamente llegar a conocer a Cristo plenamente y con más exactitud, y el poder de su resurrección (ver Filipenses 3:10). Si estás dispuesto a que tu búsqueda de toda la vida sea conocer a Dios, estarás cumpliendo tu principal propósito.

Yo creo que el conocimiento es progresivo. Todo en la vida funciona de acuerdo a la ley del crecimiento gradual. Cuando un niño va a la escuela, aprende progresivamente. Aprendemos del mismo modo cuando se trata del conocimiento espiritual. Para conocer a Dios, necesitamos conocer su Palabra. Se nos enseña en Lucas 1:4 que el propósito de Dios es que podamos conocer la verdad plenamente y entender las doctrinas de nuestra fe. La verdad es lo que nos hace libres; quita el engaño de nuestra vidas. Son necesarios tiempo y esfuerzo, pero si seguimos estudiando, poco a poco, aumentamos en conocimiento. Estudiar a Dios es sabio porque…

"Porque todas las cosas proceden de él,
    y existen por él y para él.
    ¡A él sea la gloria por siempre! Amén."
—ROMANOS 11:36

> La verdad es lo que nos hace libres.

Pablo fue inspirado a escribir ese versículo porque comprendía la importancia de ello y el hecho de que establece el propósito para cada una de nuestras vidas. Por favor, no lo leas apresuradamente sin tomarte tiempo para meditar en él; observa lo que nos dice: Todo comienza y termina con Dios. Todo proviene de Él, por medio de Él y para Él. En otras palabras, todo proviene de Él y todo lo que hacemos debe hacerse por medio de su capacidad; debemos hacerlo todo para Él. Él debe ser el centro de nuestras vidas. Hasta que se logre eso, no se encuentra satisfacción alguna en la vida. Como escribe Rick Warren en su libro Una vida con propósito: "Fuiste hecho por Dios y para Dios, y hasta que no entiendas eso, la vida nunca tendrá sentido". Hasta que aceptemos y abracemos que Dios lo es todo y que nosotros no somos nada sin Él, permaneceremos frustrados y no realizados, y batallaremos para encontrar gozo.

Dios no es aburrido

Cuando hablamos sobre abrazar la pasión y participar en la vida, muchas personas asienten con su cabeza de modo entusiasta hasta que relacionamos a Dios con ello. Entonces, se rascan la cabeza y piensan: ¿pasión y Dios en la misma frase? ¿No es eso acaso un oxímoron? Algunos cristianos hasta asocian a Dios con aburrimiento, no con emoción. Hablemos por ejemplo de la hermana mayor que estaba sentada cerca de su hermano más pequeño en la iglesia un domingo en la mañana tratando, sin éxito alguno, de hacer que se mantuviera quieto y callado. Finalmente, le susurró: "Me gustaría que te calmaras". El muchacho respondió: "No puedo; es muy aburrido". Al escuchar esa respuesta, la hermana se volteó y dijo: "Se supone que tiene que ser aburrido". Amigos, la religión puede ser aburrida, pero Dios no es nunca aburrido.

> Algunos cristianos hasta asocian a Dios con aburrimiento, no con emoción.

Los hombres anhelan aventura y las mujeres anhelan romance, y Dios proporciona ambas cosas en abundancia. Él nos ama apasionadamente, y servirle a Él es, sin duda alguna, una aventura que sorprenderá a cualquiera. ¡La vida cristiana no debe ser apagada y aburrida! Él nos dice en su Palabra que Él ha venido para darnos vida de la que podamos disfrutar y tenerla "en abundancia" (ver Juan 10:10). A Dios le encanta invadir la vida diaria, y Él está lleno de sorpresas; Él es el único que puede satisfacer los profundos anhelos que todas las personas sienten en su corazón. Él tiene una vida para ti que está por encima de ninguna cosa que pudieras nunca imaginar. Emociónate por conocer y servir a Dios, y espera con emoción cada día. ¡Vive con la apasionada expectativa de que algo bueno te va a suceder!

CAPÍTULO 2

Entender por qué uno hace lo que hace

Una vez oí una historia sobre un farero que trabajaba en una parte escarpada de la costa. Una vez al mes, el farero recibía nuevas provisiones de aceite para mantener encendido el faro, a fin de que los barcos pudieran navegar con seguridad cerca de la rocosa costa. Una noche, sin embargo, una mujer de una aldea cercana acudió a él y le suplicó que le diera algo de aceite para mantener caliente a su familia. En otra ocasión, un padre le pidió que le diera un poco para utilizarlo en su lámpara; otro hombre necesitaba lubricar una rueda. Ya que todas las peticiones parecían ser legítimas, el farero intentó agradar a todos ellos y les concedió todas sus peticiones.

Para el final del mes, el hombre observó que su provisión de aceite era peligrosamente baja. Poco tiempo después, se le terminó, y una noche la luz del faro se apagó y, como resultado, aquella noche varios barcos naufragaron y se perdieron incontables vidas. Cuando las autoridades investigaron, el hombre se mostró lleno de disculpas; les dijo que solamente trataba de ayudar con el aceite, sin embargo, la respuesta que ellos dieron a sus excusas fue sencilla y concreta: "A usted se le dio el aceite con un propósito, y sólo un propósito: ¡mantener encendida esa luz!".[1]

¿Cuándo fue la última vez que tomaste un minuto para pensar acerca de por qué haces lo que haces? ¿Qué es lo que guía tus elecciones, tu toma de decisiones, y lleva a cabo tus actos? ¿Estás haciendo lo que debes estar haciendo? ¿Y lo estás haciendo con anhelo y dedicación?

> ¿Cuándo fue la última vez que tomaste un minuto para
> pensar acerca de por qué haces lo que haces?

Es triste decirlo, pero la mayoría de las personas nunca se detienen el tiempo suficiente para preguntarse por qué hacen lo que hacen, pero ese es uno de los principales intereses de Dios. En realidad, Él no se impresiona por lo que hacemos, sino más bien está interesado en "por qué" lo hacemos. Las buenas obras hechas con motivos equivocados no recibirán ninguna recompensa cuando estemos delante de Dios el día del juicio.

> "Él sacará a la luz lo que está oculto en la oscuridad y
> pondrá al descubierto las intenciones de cada corazón.
> Entonces cada uno recibirá de Dios la alabanza que le
> corresponda."
> —1 CORINTIOS 4:5B

En ese día, todo hombre y toda mujer darán cuentas de sí mismos (ver Romanos 14:12). Esta es una idea que da qué pensar, y uno debería contemplarla con seriedad. Quienes hayan puesto su fe en Jesús y lo hayan recibido como Salvador no serán juzgados con respecto a la salvación —sus nombres ya están escritos en el Libro de la Vida del Cordero— sino que serán juzgados con respecto a sus obras hechas durante el tiempo que estuvieron en la tierra y serán recompensados según hayan sido.

La Biblia nos enseña que todas las obras hechas por un motivo incorrecto (maldad, egoísmo) serán quemadas, y la recompensa de ellas se perderá (ver 1 Corintios 3:13-15). Deberíamos asegurarnos de conocer cuáles son nuestros motivos.

Es posible conocer el propósito de tu vida y pasar tu vida haciéndolo con un motivo incorrecto en tu corazón. Por ejemplo, yo sé que parte de mi propósito en la vida es enseñar la Palabra de Dios por todo el mundo. En los primeros años de mi ministerio, Dios tuvo que reprenderme severamente porque, aunque estaba siguiendo mi propósito, mis motivos no eran los correctos. Yo quería ser importante, que pensaran bien de mí y me admirasen; buscaba encontrar mi valía en lo que hacía, cuando debería haberla encontrado en ser hija de Dios y saber quién era yo en Cristo.

Las cosas no iban correctamente en mi vida; mi ministerio no progresaba, y yo no era feliz. Me sentía frustrada la mayor parte del tiempo y no tenía paz ni gozo; sabía que algo iba mal. Yo pensaba que el diablo me estaba obstaculizando, y entonces Dios me mostró que lo que me obstaculizaba eran mis motivos. Yo oraba mucho tiempo y con fuerza cada día, pero Dios no podía responder mis oraciones, porque mis motivos no eran correctos.

> "Y cuando piden, no reciben porque piden con malas intenciones, para satisfacer sus propias pasiones."
> —SANTIAGO 4:3

Cuando comprendí que mi corazón no era correcto, tomé la decisión de vivir para Dios y para su gloria, y no para mí misma y mi gloria. Es posible cambiar nuestro motivo simplemente tomando una decisión, pero antes debemos saber cuáles son nuestros motivos y propósitos, y eso requiere que hagamos un profundo examen de corazón para el que pocas personas están dispuestas a tomarse el tiempo. Con bastante frecuencia, tenemos temor a conocernos realmente a nosotros mismos; una persona valiente es la que afronta la verdad sobre sí misma y hace todo lo que sea necesario para alinearse con la voluntad de Dios. Te reto a que seas lo bastante valiente para examinar sinceramente todos tus motivos y estar dispuesto a no hacer nada si no puedes hacer algo por las razones correctas.

Tienes que atreverte

Comprueba cuáles son tus motivos

Una de las mejores cosas que podemos hacer por nuestro caminar espiritual es sentarnos y tomar tiempo para pensar acerca de por qué hacemos lo que hacemos. Cuanto más entendamos cuáles son nuestros verdaderos motivos, mejor podemos trabajar para asegurarnos de que nuestro propósito esté en línea con el de Dios. Hazte estas preguntas y, cuando pienses en tus respuestas, escríbelas en un cuaderno o un diario para que puedas repasarlas periódicamente.

Pide a Dios que te ayude a sintonizar mejor tus motivos para que Él pueda usarte plenamente.

1. Cuando piensas en hacer algo para Dios, ¿qué esperas sacar de ello?
2. Cuando les dices a otros lo que estás haciendo por Dios, ¿esperas en secreto que ellos te admiren?
3. ¿Cuánto estás dispuesto a sacrificarte para hacer la voluntad de Dios?
4. ¿Te encuentras a ti mismo haciendo más de lo que parece que puedes manejar solamente para agradar a los demás?
5. ¿Oras antes y luego haces planes, o planeas primero y luego oras para que tus planes salgan adelante?
6. ¿Estás dispuesto a dejar de hacer algo si Dios te muestra que es momento de pasar a otra cosa?

Para ser sincera, yo quedé horrorizada cuando comprendí que muchos de mis propósitos y motivos eran incorrectos. Fue difícil para mí afrontarlo, pero por la gracia de Dios lo hice, y eso fue un importante punto de inflexión en mi vida. Dios me enseñó al principio de mi caminar con Él por qué es tan importante conocer y entender nuestros motivos, y te recomiendo encarecidamente que te tomes algún tiempo para examinar tu alma y saber cuál es el "porqué" que está detrás de lo que haces.

Factores motivadores

Enumera algunas de las cosas que te motivan para hacer lo que haces. Todo el mundo las tiene: esas fuerzas o personas que nos impulsan hacia delante o nos hacen emprender la acción con respecto a algo.

Quizá sea la esperanza de un ascenso en el trabajo o el amor de nuestros hijos lo que nos mantiene avanzando. Algunas personas son motivadas por el aplauso o la aprobación de los amigos, familiares o compañeros de trabajo. Lamentablemente, no todos los motivadores son buenos o agradables a Dios. La avaricia es un poderoso motivador para muchas personas, pero Dios nos advierte del peligro de la avaricia (ver Lucas 12:15). Roba la vida de quienes están motivados por ella.

Algunas personas son motivadas por los celos y la envidia; otras son motivadas por el odio y la amargura. Algunas son motivadas por la venganza y otras por la inseguridad y el temor. Nuestros motivadores son como el combustible en un auto: es la fuerza que nos impulsa. Necesitamos algo que nos motive, que nos mueva a la acción, pero tiene que ser algo que produzca buen fruto en nuestras vidas y en las vidas de otros. Cuando un niño no rinde bien en la escuela, su maestro a menudo dice que no tiene motivación. Quizá el niño no pueda agradar nunca a sus padres a pesar de lo que haga, y por eso ha perdido su motivación para siquiera intentarlo. Quizá no le hayan enseñado una buena ética de trabajo y sea básicamente perezoso; quizá los métodos de enseñanza que se utilizan en su escuela no sean apropiados para su modo de aprender. Algunas personas aprenden fácilmente de libros, mientras que otras necesitan más aplicación práctica. El punto es que cuando las personas no tienen motivación, o tienen una motivación incorrecta, normalmente existe una raíz que hay que localizar.

Las personas amargadas y enojadas que buscan venganza han sido heridas, y no han aprendido que Dios es su Redentor. No saben que Él traerá justicia a sus vidas si ellos solamente esperan en Él. Quienes están motivados por los celos y la envidia son individuos inseguros que se comparan a sí mismos y sus vidas con otras personas; piensan que su dignidad y su valor se encuentran en estar por delante de todos los demás. Quienes están motivados por la avaricia buscan poder de una fuente equivocada. Quienes están motivados por el materialismo han olvidado que vinieron a este mundo sin nada y que se irán sin nada.

Por lo tanto, ¿cuáles son algunos buenos motivadores a tener en tu vida? Utiliza esta lista para comenzar, y ve cuáles otros puedes añadir a ella:

1. El Espíritu de Dios. "Así que les digo: Vivan por el Espíritu, y no seguirán los deseos de la naturaleza pecaminosa" (Gálatas 5:16). Cuando escuchamos verdaderamente al Espíritu de Dios en nosotros, tenemos el mejor factor motivador posible para guiar nuestros pasos porque la verdad no puede mezclarse con nada menos que la verdad. Deberíamos poder decir que somos motivados por el Espíritu de Dios en lo que hacemos. Hacemos lo que hacemos porque creemos que es la voluntad de Dios.

2. Amor puro. La carta de Pablo a los filipenses indica que su encarcelamiento reveló las verdaderas motivaciones de la gente, tanto buenas como malas. "Es cierto que algunos predican a Cristo por envidia y rivalidad, pero otros lo hacen con buenas intenciones. Estos últimos lo hacen por amor, pues saben que he sido puesto para la defensa del evangelio. Aquéllos predican a Cristo por ambición personal y no por motivos puros, creyendo que así van a aumentar las angustias que sufro en mi prisión" (Filipenses 1:15-17). El amor genuino es un importante motivador para nuestro propósito y pasión porque con él, el odio, la envidia y la avaricia son difíciles de mantener. Deberíamos poder decir que hacemos lo que hacemos por amor puro.

3. Fe. Al igual que Moisés cuando sacó a los israelitas de Egipto, nosotros podemos ser motivados por nuestra fe, nuestra profunda creencia que nos permite aferrarnos a nuestro propósito con una lealtad firme, como "si estuviera viendo al Invisible" (ver Hebreos 11:27). Lo que no es de fe es pecado (ver Romanos 14:23); por tanto, que todo lo que hagamos sea hecho por fe.

4. Ser una bendición. Dios le dijo a Abraham que Él le bendeciría y le haría una bendición (ver Génesis 12:2). Yo creo que un deseo de ser una bendición es un estupendo motivador, y uno que agrada mucho a Dios. Me encanta poner sonrisas en los rostros. La Biblia dice que Jesús iba haciendo el bien (ver Hechos 10:38). ¡Esforcémonos por ser como Él!

5. Por causa de la justicia. Yo creo que un buen factor motivador es sencillamente hacer algo porque es lo correcto. Jesús le dijo a Juan que lo bautizara a fin de cumplir con toda justicia (ver Mateo 3:15); lo hizo porque era lo correcto. Hay veces en la vida en que "la obligación" debe ser nuestro motivador. El apóstol Pablo nos recuerda que es nuestra obligación ocuparnos de nuestros padres y abuelos ancianos (ver 1 Timoteo 5:4). Los ancianos son frecuentemente ignorados simplemente porque los miembros de su familia no cumplen con su obligación. Yo creo que hacer algo porque es nuestra obligación es un motivo que Dios acepta.

6. La Palabra de Dios. Ser obediente a la Palabra de Dios es uno de los mejores motivadores que conozco. No tenemos que sentirnos con ganas de hacer algo, o pensar que es justo o si queremos o no hacerlo. Pero si estamos dispuestos a hacer lo que Dios dice que hagamos en su Palabra, Dios se agradará de nuestros motivos y no perderemos nuestra recompensa.

Una vez más te insto a que conozcas tu propósito y tus motivos. ¿Qué o quién te motiva? ¿Una pasión por servir a Dios, o un deseo de que te vean? No tengas temor a responder a este tipo de preguntas con sinceridad. ¡La verdad te hará libre! Puedo asegurarte que no eres diferente a los demás. Aun si descubres que algunos de tus motivos son impuros, no estás solo; eres sencillamente una de las personas valientes que están dispuestas a afrontar la realidad y realizar los cambios que necesites. Mantener nuestros motivos puros es un proceso de toda la vida que debe buscarse con pasión. Es muy fácil engañarse a uno mismo, así que comprometámonos a examinar regularmente nuestros motivos delante de Dios, pidiéndole que revele cualquier motivo incorrecto que tengamos.

Pasión con pureza

La Biblia nos dice en Mateo 5:8 que quienes son puros de corazón verán a Dios. Yo creo que eso significa que las personas con corazones puros tienen una clara conciencia y entendimiento que Dios les da; ellos le oyen con gran claridad y tienen confianza en su voluntad.

Si hablas con un ingeniero sabrás que la única manera en que el metal puede utilizarse con seguridad es después de haberlo probado repetidamente bajo estándares y requisitos muy elevados. El metal que desea utilizarse debe ser puro, y a fin de que sea puro, tiene que pasar por el fuego: debe ser fundido y luego moldeado. Antes de poder cumplir nuestro propósito, debemos estar dispuestos a ser probados bajo los estándares de Dios y purificados para estar listos para ser usados.

Puede que hayas comenzado a leer este libro porque quieres saber cuál es tu propósito en la vida, y creo que lo encontrarás. Sin embargo, es vital que sepas cuál es la intención de tu corazón antes de poder entender y comprender el resto de lo que Dios tiene para ti.

La Biblia nos enseña cuál es la voluntad general de Dios para todas las personas. Algunas de esas cosas ya las hemos mencionado. El propósito de Dios es que disfrutemos de Él, le obedezcamos, disfrutemos de la vida, vivamos con pasión, y le representemos bien. Esas cosas son las mismas para todos; pero hay otras cosas específicas para cada individuo. Dios nos da a cada uno dones, talentos y capacidades únicas. A uno le es dada la capacidad de administrar (ver Romanos 12:6-8); otra persona podría tener la capacidad de enseñar y guiar, otra tiene la capacidad de cantar o pintar, y la lista sigue y sigue. Juntos formamos lo que la Biblia denomina el Cuerpo de Cristo. Él es nuestra cabeza y nosotros somos su cuerpo. Él guía y nosotros seguimos. Debemos entrenarnos a nosotros mismos para mantener puros nuestros motivos y seguir la voluntad de Dios en todo momento.

¿Te has entrenado alguna vez para algo intenso? ¿Quizá para una carrera de 5 kilómetros o hasta para una maratón? ¿Y si fueras a comenzar esa carrera sin haber siquiera trabajado para desarrollar esos músculos? ¿Y si, por el contrario, estuvieras todo el día sentado comiendo comida chatarra? Una vez que estés en la carrera —por mucho que tu mente quisiera impulsar a tu cuerpo a trabajar—, si esos músculos tuyos no están entrenados, no te va a ir bien. Lo mismo sucede con nuestra relación con Dios. Escogemos practicar el hacer lo que es correcto, y a medida que lo hacemos una y otra vez, formamos buenos hábitos que se convierten en parte de nuestro carácter. Nos convertimos en personas bien entrenadas para los propósitos de Dios.

Cuando trabajamos juntos colectivamente, su voluntad y su propósito se cumplen en la tierra. Por eso es tan importante entender por qué hacemos lo que hacemos y asegurarnos de que nuestros motivos sean puros, porque nuestro propósito definitivo es servir al propósito de Dios... y no al nuestro.

Dale todo lo que tienes

La Palabra de Dios nos da sencillas instrucciones con respecto al modo en que debemos manejar nuestras habilidades únicas y singulares; simplemente dice que te entregues a tus habilidades (ver 1 Timoteo 4:15). Para mí, eso significa que deberíamos mantenernos ocupados haciendo lo que es bueno y no tratando de hacer aquello para lo que no somos buenos o que somos incapaces de hacer. Muchas personas tratan de hacer aquello para lo cual otra persona es buena en lugar de hacer aquello para lo que ellos son buenos. Se comparan y compiten, y pierden su gozo en el proceso.

La Biblia dice:

> "Si es el de prestar un servicio, que lo preste; si es el de enseñar, que enseñe; si es el de animar a otros, que los anime; si es el de socorrer a los necesitados, que dé con generosidad; si es el de dirigir, que dirija con esmero; si es el de mostrar compasión, que lo haga con alegría."
> —ROMANOS 12:7–8

> Puede que los años arruguen tu piel, pero perder el
> entusiasmo arruga tu alma.

No sólo necesitamos encontrar el propósito de Dios y realizarlo con motivos correctos, sino que también debemos hacerlo con pasión, celo y entusiasmo. Puede que los años arruguen tu piel, pero perder el entusiasmo arruga tu alma; te seca por dentro y todo se siente muerto. Dios no quiere que le obedezcamos meramente por obligación; Él quiere que le sirvamos porque lo deseamos y que disfrutemos plenamente de Él. Tratar de servir a Dios por obligación sin que a la vez haya un deleite en Él es realmente un insulto. No somos marionetas, somos personas creadas por Dios con libre albedrío; Él nos ha escogido y quiere que nosotros lo escojamos a Él con alegría.

Recuerdo la boda, en Juan capítulo 2, en la que la madre de Jesús le pide ayuda cuando se descubre que se ha acabado el vino. Él les dice a los sirvientes que agarren seis tinajas grandes y las llenen de agua. Me pregunto lo que los sirvientes pensaron de esas instrucciones, sabiendo que su amo corría el riesgo de quedar avergonzado delante de sus invitados, y en ese momento aquel hombre llamado Jesús les estaba pidiendo que llenaran las tinajas de agua. Pero no parece que le cuestionaran; de hecho, la Biblia dice que ellos llenaron esas tinajas "hasta el borde" (Juan 2:7). De inmediato, el agua se convirtió en vino.

Este fue el primer milagro registrado del ministerio de Jesús en la tierra, y quiero recordarte que sus milagros no cesaron en ese punto. Él hará también milagros en tu vida si le obedeces y te entregas como una vasija limpia que Él pueda llenar.

Al igual que Jesús trabajó en colaboración con los sirvientes para convertir el agua en vino, trabaja en colaboración con nosotros hoy día. Siento pasión que se aviva en mi alma cuando me recuerdo a mí misma que estoy trabajando en colaboración con el Dios todopoderoso, omnisciente y omnipresente. Sólo piensa en ello… ¡tú eres colaborador de Dios!

Al igual que Jesús trabajó en colaboración con los sirvientes para convertir el agua en vino, trabaja en colaboración con nosotros hoy día.

Nada nos vigoriza más que tener una visión clara de lo que debemos estar haciendo. Tenemos que trabajar a fin de sobrevivir, pero el trabajo sin propósito nos agota. El mundo está lleno de personas cansadas y agotadas, y en su mayor parte se debe a que la gente "se mueve por inercia" en la vida; sin embargo, no ha encontrado su propósito. Pasan sus vidas haciendo lo que odian y no son lo bastante valientes para hacer lo que realmente quieren hacer. Tristemente, uno de los mayores motivadores para la gente es con frecuencia el salario que reciben. Te iría mejor si ganases menos dinero y estuvieras apasionado por lo que haces que ganar mucho dinero y estar haciendo algo que desprecias. ¿Te atreves seguir tu corazón a lo largo de todo el camino hasta sentirte realizado?

¿Te atreves seguir tu corazón a lo largo de todo el camino hasta sentirte realizado?

La eternidad sobrepasará con mucho cualquier periodo de tiempo que pasemos en esta tierra, así que deberíamos aprovechar al máximo los años que tenemos y comprender que lo que hacemos hoy, y en especial el "porqué" lo hacemos, nos afecta no sólo ahora, sino también más adelante. El aquí y el después. Tener pasión significa sentir, arriesgarse, soñar y vivir. Solamente tenemos una vida que vivir; no la desperdiciemos.

CAPÍTULO 3

Cómo poner sonrisas
en los rostros

Hay cosas temporales y hay cosas eternas. Lamentablemente, hemos cometido el error de prestar demasiada atención a las cosas temporales; nos enredamos en cosas en lugar de en el servicio, y esa es una de las maneras en que nosotros mismos podemos ser nuestros mayores enemigos cuando se trata de mantener ardiendo el fuego por el Reino.

La Biblia dice que todo lo que vemos realmente está desapareciendo (ver 2 Corintios 4:18). Cuando compramos algo y lo llevamos a casa, ya se está deteriorando. Si vas a un concesionario de autos y sales de él con un auto nuevo, ¡tu nueva compra ya vale menos de lo que acabas de pagar por ella hace cinco minutos! Conozco a una pareja que compró uno de esos nuevos grabadores digitales de video de última tecnología. Ellos estaban muy emocionados por llevárselo a su casa, pero al día siguiente se enteraron de que acababa de salir un nuevo modelo con características que su aparato no tenía. Su nueva compra ya estaba anticuada. Las cosas son temporales. Mi esposo, Dave, y yo, con frecuencia pasamos conduciendo al lado de chatarrerías y comentamos que esos montones de chatarra fueron una vez el sueño de alguna persona. Es probable que las personas se hayan metido en deudas, y puede que hasta hayan arruinado relaciones, para poseer lo que ahora yace en una chatarrería, oxidado y deteriorado.

La energía física, mental y hasta espiritual que a veces utilizamos para "mantener el ritmo y estilo de vida que llevan los Díaz" podría utilizarse mucho mejor. Cuando servimos a otros, somos las manos y los pies de Dios; estamos utilizando nuestra energía para un propósito eterno; estamos marcando una diferencia en las vidas de sus hijos, y con frecuencia nuestra recompensa es una sonrisa por parte de alguien. Es un recordatorio de que le hemos dado alegría a alguien, y podemos esperar cosechar en nuestra propia vida lo que sembremos en las vidas de otros.

Da alegría y siempre tendrás plenitud de gozo. La Biblia nos enseña que es más bendecido dar que recibir. No sé de ti, pero a veces algo que me emociona cada vez es el buen sentimiento que obtengo en mi interior cuando he ayudado a alguien. Ser una bendición para otros es una clave para mantener el entusiasmo en tu vida; es actuar con significado eterno en lugar de una falta de propósito temporal, de lo cual hablaremos más en el siguiente capítulo.

> Ser una bendición para otros es una clave para mantener el entusiasmo en tu vida.

Como está escrito:
"Repartió sus bienes entre los pobres;
su justicia permanece para siempre."
  —2 CORINTIOS 9:9

Servimos a Dios al servir a la gente, al hacer que sucedan cosas para ellos que ellos no son capaces de hacer por sí mismos. Al utilizar nuestras energías para facilitarles la vida y hacer que sea más agradable estamos siendo siervos de nuestro Creador. Esas son cosas que permanecen para siempre. Esas cosas tienen un valor eterno.

Sé que servir a otras personas no es un tema muy popular. Nos da la imagen mental de hacer cosas por los demás mientras ellos se aprovechan de nosotros. Tendemos a pensar en servir como un trabajo que no es muy impresionante, pero Jesús no pensaba de esa manera en absoluto. De hecho, Él dijo que si realmente queríamos ser considerados grandes en el reino de Dios tendríamos que servir (ver Mateo 5:19).

¿Qué tipo de imagen mental tienes cuando oyes la palabra siervo? ¿Ves a una doncella vistiendo un uniforme blanco y negro limpiando y lavando los platos? ¿Ves a un mayordomo abriendo la puerta de una mansión para los invitados que llegan? ¿O ves a Jesús con alegría y entusiasmo lavando los pies de sus discípulos y diciéndoles que hagan lo mismo?

El egoísmo conduce a la infelicidad

Servir a Dios y los demás es el sendero hacia la alegría, pero muy pocas personas lo comprenden. La mayoría de los individuos piensan que tener a otra persona que les sirva es el camino a seguir; piensan que obtener lo que quieren les dará satisfacción, pero están equivocados. El doctor, teólogo y filósofo Albert Schweitzer dijo una vez: "El propósito de la vida humana es servir, y mostrar compasión y la voluntad de ayudar a otros".[1] Algunas personas son benditas al comprender la verdad antes de desperdiciar su vida entera.

> **Servir a Dios y los demás es el sendero hacia la alegría.**

Oí una historia sobre una mujer que acudió a su pastor para recibir consejería porque estaba terriblemente deprimida. Él era un pastor con muchos años de experiencia y supo enseguida cuál era el problema que ella tenía, pero no sintió que ella estuviera preparada para oír la verdad. En lugar de correr el riesgo de ofenderla, él le dio una tarea para hacer en casa. Él sabía por experiencia del pasado que a ella le gustaba hornear, así que le pidió que se fuera a su casa, horneara algunas galletas y las regalara durante la semana, y que luego regresara a verlo la semana siguiente, cuando él tuviera más tiempo. La mujer nunca regresó para su segunda cita, y cuando pasaron varias semanas el pastor observó a la mujer en la iglesia y le preguntó por qué no había regresado. Ella respondió: "Oh, me entusiasmé tanto cuando comencé a hornear galletas y regalarlas a otras personas que me olvidé de estar deprimida". El pastor sabía que su depresión estaba arraigada en el egoísmo y en tener demasiado tiempo sin hacer nada y pensar en todo lo que a ella no le gustaba de su vida. Él creía que si podía hacer que ella estuviera activa haciendo algo por los demás, el gozo de Dios sería liberado en ella y, en efecto, funcionó.

Yo viví muchos años tratando de hacerme feliz a mi misma ocupándome en primer lugar de mí, sólo para descubrir que la felicidad me evadía por completo. Hallé en la Palabra de Dios que Jesús nos llamó como discípulos suyos a olvidarnos de nosotros mismos y seguirlo a Él (ver Marcos 8:34). Seguirlo a Él significa que estudiamos sus caminos y hacemos lo que Él hizo. Jesús obedeció a su Padre (Dios), y ayudaba a la gente (ver Hechos 10:38). Jesús lavó los pies de sus discípulos y les dijo que hicieran lo que le habían visto hacer a Él, y entonces serían felices.

Esto a veces nos resulta difícil de entender: el acto de dar a otra persona pasando por alto nuestras propias necesidades. Creemos en esta época en un mundo de autoservicio, donde hay autoservicio para la gasolina, las comidas y ahora hasta en las cajas de los supermercados. Es cierto, en algunas tiendas uno puede cobrarse a uno mismo sus propios productos en lugar de tener que hacer fila para que una cajera los cobre. La idea de servicio ha quedado diluida en el mundo en que vivimos, y sin embargo el acto de servicio estimula mucho el interior de nuestros corazones y espíritus. Simplemente, nos ayuda a apartar nuestra mente de nosotros mismos y ponerla en ayudar a otros. Hay necesidades a nuestro alrededor, pero con frecuencia estamos demasiado apresurados para observarlas. Reduzcamos la velocidad y hagamos el compromiso de ayudar a todas las personas que podamos, pues así estaremos poniendo una sonrisa no sólo en sus rostros, sino también en el de Jesús. Sospecho firmemente que hasta podremos terminar con una sonrisa en nuestros propios rostros.

Jesús no iba nunca apresurado; sin embargo, logró más en tres años de ministerio terrenal que lo que miles de nosotros juntos lograremos en toda una vida. Jesús no estaba meramente ocupado; Él era fructífero, tenía un propósito y lo perseguía apasionadamente. Yo creo que Jesús ponía sonrisas en rostros de personas dondequiera que iba; Él siempre tenía tiempo para detenerse y escuchar a la gente, y ayudarles. La mayoría de nosotros vamos apresurados, tratando de obtener las cosas que queremos en la vida y, en el proceso, puede que pasemos por alto completamente los principios por los cuales Dios quiere que vivamos. Cosas como: "Hay más dicha en dar que en recibir" (Hechos 20:35), y: "Den, y se les dará: se les echará en el regazo una medida llena, apretada, sacudida y desbordante..." (Lucas 6:38).

La Biblia dice que no sólo haremos las cosas que Jesús hizo, sino que haremos cosas aún mayores (ver Juan 1:50, 5:20, 14:12). ¿Por qué no vemos más de esas obras mayores? Yo creo que se debe a que nuestra cultura en la actualidad está casi totalmente ensimismada. Nuestra publicidad empuja a la gente a tener más. A finales del año 2005, la deuda media de los hogares en la tarjeta de crédito era de 9.159 dólares, según CardWeb.com, que publica estadísticas sobre tarjetas y los mejores negocios en la industria. En total, los hogares tenían 711 mil millones de dólares en deudas de tarjetas de crédito.[2]

No importa si lo necesitamos o nos lo podemos permitir, se nos enseña que lo merecemos; pero la verdadera felicidad no consiste en tener cada vez más. En realidad, cuanto más tenemos, no sólo tenemos que pagar más sino también tenemos que ocuparnos de ello. Si vas a seguir llevando cada vez más cosas a tu casa, al menos comienza regalando parte de lo que ya tienes a personas que no tienen tanto como tú.

> **La verdadera felicidad no consiste en tener cada vez más.**

Siempre que yo comienzo a sentirme infeliz, puedo preguntarme qué he estado haciendo por otras personas y normalmente localizo la raíz de mi infelicidad. Dios nos creó para llegar a los demás, y prometió que, si lo hacíamos, Él llegaría a nosotros y nos daría un gozo que no podemos encontrar en ningún otro lugar. Lo que hagamos que suceda para otros, Dios hará que suceda para nosotros en abundancia. Si quieres ser más feliz, comienza sembrando semillas haciendo feliz a otra persona. Puedes servir; puedes ser quien ponga sonrisas en los rostros de otros.

El hombre más necio en la Biblia

La avaricia es la causa de gran parte de infelicidad, y definitivamente es un perjuicio para nuestra pasión y propósito. Enron y WorldCom eran gigantes entre las 500 empresas de Fortune, y sus líderes eran admirados en una época, pero fueron destruidos por la avaricia. La Biblia nos enseña que nos guardemos de la avaricia y nos mantengamos libres de toda codicia (el deseo desmesurado de riqueza y el avaricioso anhelo de tener más). (Ver Romanos 7:7.) Es interesante observar que debemos guardarnos a nosotros mismos de la avaricia. Podemos pedir la ayuda de Dios, pero finalmente debemos guardar nuestros corazones y guardar nuestras emociones de los peligros que puede tener la avaricia. Debemos decir no a nosotros mismos al igual que decir sí. ¿Cómo vivimos de ese modo en una sociedad tan ensimismada? Yo creo que la única manera para batallar contra la avaricia es ser un dador dinámico.

Jesús quería que las personas entendieran lo que Él estaba diciendo acerca de la avaricia, así que relató una historia sobre un hombre que ya era rico y tenía en perspectiva otra cosecha que prometía ser abundante. Ese hombre ya tenía tanto que no podía decidir dónde almacenar su nueva cosecha; así que pensó en ello y decidió derribar sus almacenes y construir otros más grandes y mejores. Luego el hombre dijo: "Y diré: Alma mía, ya tienes bastantes cosas buenas guardadas para muchos años. Descansa, come, bebe y goza de la vida". Pero Dios le dijo: "¡Necio! Esta misma noche te van a reclamar la vida. ¿Y quién se quedará con lo que has acumulado?" (Lucas 12:19-20).

Ese hombre perdió una gran oportunidad no sólo de bendecirse a sí mismo, sino también de ser una gran bendición para otros. Yo lo llamo el hombre más necio en la Biblia porque él tenía los medios para dar y lo único que hizo fue volverse más y más egoísta. En lugar de utilizar sus recursos para ser un dador alegre, lo perdió todo.

Cuando estemos en nuestro lecho de muerte, ninguno de nosotros pedirá nuestro saldo bancario. Querremos tener a nuestra familia y amigos; querremos sentir que estamos dejando un buen legado, y sentir que hemos hecho un depósito aquí en la tierra que hará que personas se alegren de que hayamos vivido y que sientan que nos vayamos.

El hombre pudo haber tenido ambas cosas. Dios no nos pide que no tengamos nada y que lo demos todo; sin embargo, Él nos pide que utilicemos parte de nuestros recursos para servirlo a Él y a otras personas.

Dios es un dador, y su voluntad es que nosotros sigamos su ejemplo. Una cosa es segura: Dios es feliz, y si queremos compartir su alegría necesitamos hacer las cosas a su manera.

> **Dios es un dador, y su voluntad es que nosotros sigamos su ejemplo.**

Billy Graham es uno de los hombres más admirados y respetados del mundo, y él dijo: "Mi único propósito en la vida es ayudar a las personas a encontrar una relación personal con Dios, la cual, creo yo, viene mediante conocer a Cristo". Él ha dado su vida para ayudar a otras personas a encontrar vida; él vive para hacer sus vidas mejores. Billy Graham no empleó su vida tratando de ser admirado, y sin embargo lo es; él es un verdadero siervo de Dios; persigue su propósito apasionadamente con un corazón puro, y Dios le recompensa. Si hacemos lo que Dios nos pide que hagamos al vivir para servirle a Él y a los demás, Él hará más por nosotros de lo que nunca podríamos hacer por nosotros mismos.

Trata a otros como quieras ser tratado

¡Cosechamos lo que sembramos! El modo en que tratemos a otros es el modo en que nosotros seremos tratados. Si creemos esa afirmación y vivimos de acuerdo a ella, tendremos vidas mucho mejores. George Washington Carver dijo: "Lo lejos que llegues en la vida depende de que seas tierno con los jóvenes, compasivo con los ancianos, comprensivo con los que luchan, y tolerante con los débiles y los fuertes; porque algún día tú habrás sido todas esas cosas". Con mucha frecuencia en la vida no terminamos con lo que queremos o creemos que merecemos, pero olvidamos que cuando tuvimos una oportunidad de proporcionar esas cosas a otras personas no las consideramos importantes.

La madre Teresa fue una mujer que dio su vida para ser una dadora de sonrisas. Probablemente, ella fuera una de las mujeres más admiradas y respetadas del mundo. La gente leerá y hablará de su vida durante siglos futuros; sin embargo, ella llevó una existencia muy sencilla. Su filosofía era: "Que nadie acuda nunca a ti sin irse mejor y más feliz". Ella vivió por este principio y dio más de sí misma de lo que ella esperaba nunca de otros. ¿Eres lo bastante valiente para entregar tu vida para ayudar a otros a encontrar vida? Cuando pensamos en esa pregunta, nuestros primeros pensamientos son normalmente: "¿Y qué de mí? ¿Quién se ocupará de mí, de mis deseos y de mis sueños?". La respuesta es: ¡Dios lo hará! Cuando entregamos nuestras vidas por causa de Él, Él siempre devuelve mucho más de aquello a lo que estamos dispuestos a renunciar.

> Vive para dar; no vivas para obtener.

Comienza a tratar a las personas del modo en que te gustaría ser tratado y cumplirás uno de los propósitos más elevados de Dios para tu vida. Vive para dar; no vivas para obtener. Enfócate en regalar sonrisas y siempre descubrirás que tus propias sonrisas siempre serán abundantes.

Tienes que atreverte

Haz sonreír a otras personas

Muchas veces esperamos hasta estar preparados para ayudar a otros, pero lamentablemente puede que eso sea mucho tiempo. Haz el esfuerzo de acercarte a otros usando los dones y las capacidades con las que Dios te ha equipado hoy. Hazte las siguientes preguntas y escribe tus respuestas en un cuaderno o diario, a fin de que puedas repasarlas más adelante:

1. Nombra tres cosas que hagas bien.
2. Nombra tres cosas que te guste hacer.
3. Toma una cosa de tu lista de cosas que haces bien y piensa en todas las maneras posibles en que podrías usar esa capacidad o talento para servir a otras personas.
4. Pide a Dios que te dé un corazón de siervo y te ayude a abrazar más pasión en tu servicio para Él.

Usa lo que esté en tu mano

Dios nos está llamando a cada uno de nosotros a hacer cosas grandes, pero las cosas grandes se logran haciendo muchas cosas pequeñas. Yo tengo un ministerio en todo el mundo, pero comencé enseñando a veinticinco personas cada martes en la noche en la sala de mi casa, y fui fiel en eso durante cinco años antes de que Dios me diera una oportunidad de hacer algo mayor. Habla con muchas personas que tienen grandes ministerios, grandes organizaciones o negocios exitosos y compartirán historias parecidas. Si eres fiel en las cosas pequeñas, Dios te hará gobernar sobre mucho.

Cuando Dios llamó a Moisés a libertar a los israelitas de la esclavitud en Egipto, le preguntó qué tenía en su mano. Era una vara, una herramienta que los pastores utilizan mientras guían a su rebaño. Dios le dijo a Moisés que lanzara a tierra la vara y Él la llenó de poder; luego le dijo que la volviera a recoger. Es la misma vara que Moisés utilizó para dividir el mar Rojo y ayudar a que los israelitas estuvieran seguros contra los egipcios.

Rut utilizó sus manos para recoger trigo del campo de Booz para alimentarse a ella y a su suegra, Noemí. En cualquier momento ella habría podido dejarlo y regresar a su familia, pero escogió quedarse con la mujer a la que admiraba y amaba tanto, y trabajó duro para cuidar de Noemí y hacer todo lo que pudiera por ella (ver Rut 2:2).

Jael fue una mujer a la que Dios utilizó para ayudar a libertar a los israelitas de Jabín, el rey de Canaán. Ella mató a uno de sus enemigos utilizando simplemente lo que estaba en su mano, una estaca y un martillo, los cuales hincó en su sien mientras él dormía (ver Jueces 4:21).

Una mujer de quien no se da el nombre utilizó una piedra de molino que resultó que tenía a mano para matar al malvado Abimelec (ver Jueces 9:53). Ella podría haber dicho fácilmente: "No puedo hacerlo todo, no tengo ninguna arma".

> Realmente no es lo que tenemos en nuestra mano lo que hace el trabajo, sino es el poder de Dios llenando lo que tenemos en nuestra mano.

Quizá tengas influencia o una posición en la sociedad que Dios podría utilizar como a Débora, que fue una juez poderosa y ella utilizó su influencia y posición para ayudar a la gente (ver Jueces 4 y 5).

Realmente, no es lo que tenemos en nuestra mano lo que hace el trabajo, sino es el poder de Dios llenando lo que tenemos en nuestra mano. No importa lo que no tenemos, mientras tengamos a Dios; su fortaleza se perfecciona en nuestras debilidades. No cometas el error de pensar que no tienes suficiente para cumplir el propósito de Dios para ti. Simplemente comienza a utilizar lo que sí tienes y Dios hará el resto.

Muchas personas no cumplen el plan de Dios para ellas porque se sienten mal equipadas para dar un paso adelante; tienen temor al fracaso. Sir Winston Churchill dijo: "El éxito es la capacidad de ir de un fracaso a otro sin ninguna pérdida de entusiasmo". Si cualquier persona decide perseguir el propósito de Dios, cometerá algunos errores a lo largo del camino. La madre Teresa dijo: "Dios no requiere de nosotros que tengamos éxito; Él sólo requiere que lo intentemos".

No te concentres en lo que crees que no puedes hacer; sólo haz lo que puedas hacer. La madre Teresa también dijo: "Si no puedes alimentar a cien personas, entonces alimenta sólo a una". Este es un estupendo consejo. Yo creo que a veces no sentimos que nuestro propósito o nuestra pasión sea lo bastante grande si no estamos alcanzando a muchas personas o si nuestro impacto no es tan grande como pensamos que debiera ser. Siempre digo que yo tenía una boca y se la entregué a Dios, y Él la está utilizando por todo el mundo. Yo tenía una sala y se la entregué a Dios, y es donde mi ministerio comenzó. Mantén tus ojos en Dios, no en ti mismo. Después de todo, ¡no se trata de ti, de todos modos!

No pospongas hasta más tarde lo que puedas hacer hoy

"Quizá cuando sea más mayor"; "quizá cuando estemos más estableci-dos"; "quizá cuando los niños crezcan"; "quizá cuando esté listo para jubilarme".

La indecisión es un gran ladrón del propósito de Dios para su pueblo. Podrías tener intención de hacer algo algún día, ¿pero qué te detiene para hacerlo ahora? Puede que pienses que tienes demasiados problemas en tu vida para estar ayudando a otra persona. Lo cierto es que hasta que comiences a ayudar a otra persona, puede que tus problemas nunca se resuelvan. Solamente Dios puede resolver tus problemas, de todos modos, y Él lo hará si le das algo con lo que tra-bajar tomando la acción llena de fe para alcanzar a otros. No podemos esperar una cosecha si no estamos dispuestos a sembrar semillas.

Cuando nos comprometemos a abrazar la vida con pasión, lo pri-mero que Satanás intenta hacer es derrotarnos por cualquier medio que sea necesario. Una de las cosas más fáciles que él intenta para lograrlo es sugerir que esperemos hasta otra ocasión; nos convence de que tenemos mucho tiempo para emocionarnos por el llamado de Dios, para llegar a ser apasionados por nuestro propósito y lo que Dios nos está pidiendo que hagamos. Así que lo posponemos hasta mañana, y luego llega mañana; entonces lo posponemos hasta el día siguiente. Somos indecisos acerca de muchas cosas en la vida: ejerci-cio, oración, estudio de la Biblia, salir de las deudas, perder peso, y sí, lo hacemos hasta cuando se trata de hacer un compromiso a entregar-nos a nosotros mismos a nuestro propósito.

"Pero sencillamente no siento que sea el momento, Joyce", dices. Puede que no sientas que estás preparado, pero Dios no nos da el lujo de sentirnos preparados. Dar pasos de fe significa que normalmente lo hacemos con temor y temblor, sabiendo que si Dios no acude y nos ayuda, haremos el ridículo. Hay momentos en que sabemos en lo profundo de nuestro corazón que aún no es el momento, pero debemos asegurarnos de que el sentimiento sea del corazón, y no de la cabeza o las emociones.

> **Dios no nos da el lujo de sentirnos preparados.**

Recientemente, Dios me pidió que hiciera algo, y yo, sin duda alguna, no sentía hacerlo. Al principio, rechacé la idea por completo, pero en mi interior sentía que era algo que en realidad debería hacer. Obedecer a Dios significaba que tendría que defraudar a otra persona. Esperé, esperando oír otra palabra de parte de Dios, pero lo único que obtuve fue confirmación en cada paso. Simplemente porque no sintamos hacer algo no significa que Dios no quiera que lo hagamos. Debemos vivir por el discernimiento espiritual que tenemos en nuestro interior, y no por el sentimiento que tenemos en nuestra carne.

¡El hoy importa! Emprende la acción hoy. No pospongas hasta mañana lo que puedas hacer hoy. El mundo está lleno de personas tristes y heridas. Tú puedes pones sonrisas en los rostros; tú puedes ser un dador de sonrisas. Usa lo que tienes en tu mano para hacer que la vida de otra persona sea mejor. Eso enriquecerá tu vida y descubrirás que también tú estás sonriendo.

CAPÍTULO 4

Falta de propósito

Gwen Gavin, de treinta y ocho años de edad, es una esposa y madre de tres hijos que sabe lo que se necesita para tener propósito. Ella encontró su propio propósito cuando comenzó a trabajar con niños en su iglesia y descubrió que tenía talento para relacionarse y conectar con los adolescentes y entender cómo hablar con ellos. Ella pasa tiempo cada semana como voluntaria en programas extraescolares, ayudando a jóvenes a aprender cómo edificar autoestima y cómo hacer buenas elecciones.

"Trato de ayudar a los jóvenes a comprender que tienen un propósito", dice Gwen, "y se necesita visión para llegar a eso".[1]

Visión. Qué gran palabra, y una palabra importante en la que pensar cuando hablamos de pasión y propósito. En esta época, no veo que se aproveche mucha visión; más bien parece haber más falta de propósito apoderándose de nuestra cultura. Las personas están quedando enredadas en la actitud de hacerlo mejor, más rápido, más barato y más fácil: una enfermedad en nuestra sociedad que amenaza con convertirse en epidemia. Estamos tan acostumbrados a que las nuevas tecnologías hagan todo por nosotros que es fácil perder la pasión y el motivo para la excelencia que son necesarios para hacer bien las cosas. La calidad no es tan importante para la mayoría como la cantidad. Es raro encontrar una persona que entregue todo su corazón a lo que esté haciendo y se esfuerce por hacerlo con excelencia. Aunque la buena moral y la pasión por la santidad puede que estén desapareciendo, el mundo está esperando a alguien que adopte una actitud firme. Alguien que diga: "Me atreveré a vivir con propósito y pasión. Me atreveré a vivir con excelencia y compromiso. Haré todo lo que pueda para ser el mejor yo que pueda ser. ¡Tendré la valentía para ser uno de los pocos!".

Vivir con propósito significa esforzarse por algo: apuntar a una meta, ser decidido y determinado. ¿Hacia qué estás apuntando? ¿Por qué te estás esforzando?

La falta de propósito no es sólo un problema para adultos; también afecta a los jóvenes. El suicidio es actualmente la tercera causa de muerte para nuestros adolescentes.[2] Ellos no ven motivo para vivir; nada tiene sentido para una generación más joven, y ellos son curiosos y están preocupados por su futuro, con solamente tres de cada diez sintiéndose bien preparados para la edad adulta.[3] Ellos buscan personas sinceras, genuinas y excelentes que sean modelos a seguir para ellos, y no hay muchas. En muchos casos, sus padres los han decepcionado al flotar corriente abajo con el resto de la sociedad. Han vivido en hogares llenos de concesiones, promesas sin cumplir y mediocridad; no ven nada que alcanzar. Nada les hace sentirse motivados y, como resultado, se preguntan por qué están aquí. Esto es una tragedia, pero las estadísticas pueden cambiarse si hay suficientes personas que decidan alejarse del camino en el que han estado viviendo e ir al camino donde deberían estar viviendo.

Debemos comprender que estamos estableciendo un ejemplo para la siguiente generación, y ellos harán más de lo que nos vean hacer a nosotros que de lo que nos oigan decir. Decirles a los demás qué hacer —y no hacerlo tú mismo— es peor que no decir nada en absoluto.

> **Decirles a los demás qué hacer** —y no hacerlo tú mismo— es peor que no decir nada en absoluto.

Hazlo bien o no lo hagas

Piensa en lo que podría suceder si todos nosotros nos despertáramos mañana y decidiéramos que cualquier cosa que hiciéramos, la haríamos con excelencia. Le daríamos todo lo que pudiéramos con nada menos que un ciento por ciento. ¿Cambiaría nuestro impacto? ¿Cambiaría nuestras relaciones? ¿Cambiaría el mundo? ¡Puedes apostar a que sí! Hacer las cosas con excelencia significa que no tomas atajos. No tomas el camino fácil sólo porque es fácil.

> **Hacer las cosas con excelencia significa que no tomas atajos.**

No hay duda de que Noé no tomó el camino fácil. Cuando Dios le pidió que construyera el arca él tenía unos quinientos años de edad. Necesitó cien años para terminar el arca según las instrucciones de Dios, al igual que reunir a dos ejemplares de cada animal y criatura viviente sobre la tierra. Su pasión y dedicación a seguir las instrucciones de Dios fueron necesarias para el futuro de su familia, al igual que para el del mundo, y sabemos que él lo hizo con excelencia porque sabemos que el resultado fue exitoso. El arca, todo y todos los que estaban en ella sobrevivieron, mientras que el resto del mundo no lo hizo.

Toma la decisión de ser una persona excelente. Quizá si hiciéramos menos, podríamos hacer más cosas con excelencia. Parte de nuestro problema en la sociedad es que la mayoría de las personas tratan de hacer tantas cosas que no pueden hacer ninguna bien. Reduce la velocidad, piensa seriamente en lo que estás haciendo, y pregúntate si estás haciendo alguna cosa con todo tu corazón. ¿Le estás dando lo mejor de ti?

¿Hay alguna cosa que ames lo suficiente para dedicarle todo tu ser? Los héroes, leyendas, líderes y campeones que llenan nuestros libros de Historia fueron todos ellos personas que amaban lo que hacían lo suficiente para dedicarse a sí mismos a ello.

> **¿Hay alguna cosa que ames lo suficiente para dedicarle todo tu ser?**

A finales del siglo XVIII, Nellie Bly fue una de las primeras reporteras de noticias de investigación, y las historias que ella escribió cambiaron leyes y sacaron a la superficie graves situaciones sociales y gubernamentales. A pesar de la crítica y del rechazo que ella experimentó por ser una mujer reportera, siguió adelante para dejar un legado duradero, pero fue su pasión y su sentimiento de propósito y dedicación lo que le ayudó a seguir.[4]

George Washington Carver nació esclavo y creció durante la era de Reconstrucción de nuestro país. Afrontó numerosos desafíos, incluyendo la expulsión de una universidad simplemente sobre la base del color de su piel. Sin embargo, se negó a tirar la toalla, y finalmente obtuvo un master en Ciencias y es responsable de ayudar a salvar y restaurar la industria agrícola del Sur llevando a cabo investigaciones sobre los cacahuates y las batatas. Su entusiasmo y dedicación finalmente le ayudaron a desarrollar más de cuatrocientos productos adicionales, incluyendo queso, jabón, plásticos y cosméticos.[5]

> A fin de amar lo que haces, debes hacer lo que amas.

Clara Barton fue conocida por su disposición a tomar la iniciativa cuando veía una necesidad. Cuando surgió la Guerra Civil en Estados Unidos en 1861, Clara organizó medicinas y provisiones para los soldados heridos y viajó con el ejército a lo largo de los cuatro años de guerra. Sus esfuerzos dieron como resultado la formación de la Cruz Roja, y ella continuó dirigiéndola y solicitando contribuciones para ella hasta que llegó a los ochenta y tres años de edad.[6]

Las personas que están dedicadas a algo tienen una razón para levantarse de la cama. Tienen algo que lograr, algo que las motiva. A fin de amar lo que haces, debes hacer lo que amas. Deja de dar todo tu tiempo a algo que no amas lo suficiente para darle tu dedicación. No encontrarás a ninguna persona exitosa que no estuviera dedicada a aquello en lo que quería tener éxito.

Tienes que atreverte

Haz lo que amas

Jesús dijo: "Ama al Señor tu Dios con todo tu corazón, con todo tu ser y con toda tu mente" (Mateo 22:37). Nuestra primera búsqueda en la vida es amar a Dios: con pasión, con oración y con inteligencia. Podemos tomar esos mismos instrumentos de la vida y aplicarlos a hacer lo que Dios quiere que hagamos.

Sé apasionado por lo que amas: No dejes que el temor o las preocupaciones de lo que otros piensen te obstaculicen para emocionarte por lo que haces. Si eres verdaderamente feliz en el lugar donde Dios te ha puesto, mantén ardiente ese entusiasmo porque tu pasión puede ser la llama que encienda una chispa en otra persona.

Mantén en oración lo que amas: Busca siempre la guía de Dios a medida que persigues tu propósito. Puede que te guste el arte o la música, o quizá te encanten los números, pero siempre debes preguntar, no a ti mismo, sino a Dios, si estás manteniéndote en el curso de seguir su voluntad y no la tuya propia. Mantente en oración y sabrás y tendrás confianza y seguridad de que estás en su voluntad.

Medita en lo que amas: A veces el peor problema que podemos tener son demasiadas cosas que nos gusta hacer. Quizá seas uno de esos benditos individuos a quienes Dios ha dado muchos talentos, o muchas pasiones que te gustaría seguir. Piensa en lo que te gusta hacer y pregúntate cuál de esas cosas marca una diferencia en las vidas de otros.

Haz algo a propósito

"Así que tengan cuidado de su manera de vivir. No vivan como necios sino como sabios."
—EFESIOS 5:15

Este siempre ha sido uno de mis pasajes favoritos de la Escritura. Nunca he tenido problema con ser una persona de propósito. Mi propósito no fue siempre el que debería haber sido, pero me levantaba cada día con un propósito. Las personas sin propósito tienden a frustrarme. Veo mucho potencial desperdiciado y sé que el desperdicio siempre conduce al lamento. Conozco a personas que han desperdiciado sus vidas y ahora son viejas y no tienen otra cosa sino lamentos. ¡Eso es triste!

> Ten un plan para cada día y trabaja tu plan.

Yo creo que, ya que estás leyendo este libro, es un buen momento para hacer un serio inventario de lo que estás haciendo con tu vida, talentos, energía, finanzas, tiempo, y todo lo que haya en medio. Si descubres que no estás haciendo lo mejor en lo que haces, entonces toma la decisión de cambiar.

Ten un plan para cada día y trabaja tu plan. No seas legalista y no dispuesto a ser flexible si necesitas alterar tu plan, pero tampoco estés sin propósito. Salomón sabía lo que era buscar cosas que no necesariamente tenían significado. Leamos lo que él dice en Eclesiastés 2:4-10:

> "Realicé grandes obras: me construí casas, me planté
> viñedos, cultivé mis propios huertos y jardines, y en ellos
> planté toda clase de árboles frutales. También me construí
> aljibes para irrigar los muchos árboles que allí crecían. Me
> hice de esclavos y esclavas; y tuve criados, y mucho más
> ganado vacuno y lanar que todos los que me precedieron
> en Jerusalén. Amontoné oro y plata, y tesoros que fueron
> de reyes y provincias. Me hice de cantores y cantoras, y
> disfruté de los deleites de los hombres: ¡formé mi propio
> harén! Me engrandecí en gran manera, más que todos los
> que me precedieron en Jerusalén; además, la sabiduría
> permanecía conmigo. No le negué a mis ojos ningún

deseo, ni a mi corazón privé de placer alguno, sino que disfrutó de todos mis afanes. ¡Sólo eso saqué de tanto afanarme!".

A primera vista, parece que a Salomón le va bien, ¿no? Está ocupado, activo, es rico; hace tratos y maneja el volante, podríamos decir. Pero sigamos leyendo:

> "Consideré luego todas mis obras y el trabajo que me había costado realizarlas, y vi que todo era absurdo, un correr tras el viento, y que ningún provecho se saca en esta vida".
> —ECLESIASTÉS 2:11

La traducción en *The Message* lo describe de este modo: "Entonces eché un buen vistazo a todo lo que había hecho, miré todo el sudor y el duro trabajo. Pero cuando miré, no vi otra cosa sino humo. Humo y escupir al viento. No había nada en ello. Nada".

Salomón comprendió que uno puede estar ocupado pero corriendo en parada; uno puede tener un calendario lleno pero estar vacío en el interior al mismo tiempo. El libro de Eclesiastés en la Biblia termina con instrucciones de buscar y obedecer a Dios por encima de todo. Salomón descubrió que eso era el fundamento de toda felicidad y el propósito completo del hombre.

Sé una persona de propósito

Las personas exitosas son siempre disciplinadas, y las personas indisciplinadas son siempre infructuosas. El éxito no cae simplemente sobre las personas; ellas deben ser disciplinadas, dedicadas y comprometidas. ¿Eres una persona de propósito o simplemente te levantas cada día y esperas ver cómo te sientes antes de hacer ningún plan? ¿Eres fácilmente influenciado por lo que otros quieren hacer, o tienes un plan y te ciñes a tu plan? ¿Estás haciendo lo que te gusta, o simplemente haciendo un montón de cosas que te mantienen ocupado pero no te satisfacen?

> No es difícil estar dedicado a lo que te gusta.

Mark Twain dijo que el secreto del éxito era ser capaz de hacer de tu vocación tu vacación. Me gusta esa idea. Yo he experimentado ese sentimiento con mi trabajo. Me gusta tanto lo que hago que incluso cuando estoy en unas así denominadas vacaciones tengo problemas para no seguir con mi vocación. No es difícil estar dedicado a lo que te gusta. Cuando te gusta algo y eres apasionado con ello, la disciplina resulta fácil.

> ¿Eres lo bastante atrevido para seguir tu corazón en lugar de seguir a la multitud?

Escribí un libro titulado *Adicción a la aprobación*, y en él explico que muchas personas nunca llegan a cumplir el propósito de Dios para ellas, debido a que están ocupadas manteniendo felices a los demás. El mundo está lleno de personas que creen que saben lo que tú deberías estar haciendo con tu vida; pero lo fundamental es que es tu vida, y, cuando estés delante de Dios, Él no le preguntará acerca de tu vida a ninguna otra persona sino a ti. Tú rendirás cuenta ante Dios del modo en que viviste, y si no lo estás haciendo ya, debes comenzar a vivir de tal manera que te capacite para estar delante de Dios sin avergonzarte. ¿Eres lo bastante atrevido para seguir tu corazón en lugar de seguir a la multitud? ¿Te estás manteniendo enfocado aun cuando muchas voces tratan de desviarte de tu propósito?

Hay un interesante fenómeno que sucede cuando alguien está falto de propósito: se irrita mucho con las personas de propósito. Con frecuencia me han dicho que yo soy demasiado intensa, y quizá hasta cierto grado eso sea cierto; pero prefiero ser demasiado intensa en lo que estoy tratando de lograr que ser tan acomodadiza que pase por alto lo mejor que Dios tiene para mi vida.

Un término popular en estos tiempos especialmente entre los adolescentes es "lo que sea". Cuando hago una pregunta directa y

obtengo como respuesta "lo que sea", eso me dice que la persona realmente no se interesa en absoluto. La indiferencia es quizá la mayor
tragedia de todas.

También he observado que si una persona no está de acuerdo conmigo, en lugar de estar firme en cuanto a lo que cree que es correcto,
con frecuencia cede y dice: "lo que sea". Esa tampoco es una buena
actitud. No quiero ver a los jóvenes siendo rebeldes, pero tampoco
quiero verlos sin que les importe lo que sienten que es correcto.

Uno no puede esperar a sentirse motivado, dedicado y comprometido; debes elegir hacer algo a propósito; tienes que ser intencional. Vive la vida a propósito. No te limites a esperar y ver lo que las
demás personas están haciendo y luego seguir a la multitud. Adopta
una postura firme y establece un estándar que otros quieran alcanzar.
Hay dos tipos de personas en el mundo: quienes esperan a que algo
suceda y quienes toman la iniciativa y hacen que algo suceda. No
digas: "Me gustaría que ellos hicieran algo con respecto a este problema". Tú eres ellos: ¡haz tú algo!

No dejes que tus sentimientos voten

Todos vamos a tener abundancia de sentimientos mientras estemos
vivos, pero debemos aprender que son siempre cambiantes. No se
puede depender en absoluto de los sentimientos. Puedes tener sentimientos, pero no permitas que emitan el voto final en tu toma de
decisiones. Como dije anteriormente, hay un principio demostrado
por el tiempo llamado "obligación" que no está en realidad anticuado
en lo que a Dios respecta. A veces sencillamente necesitamos cumplir
con nuestra obligación.

Quienes sirven en las fuerzas armadas saben lo que eso significa. Cuando entran en cualquier rama del servicio militar, hacen un
juramento de "mantener verdadera fe y lealtad" para apoyar y defen-
der. Hacen lo que se les dice que hagan —cumplen con su obligación— porque es lo que deben hacer. Dejan a un lado sus posibles
sentimientos de temor, incertidumbre, preocupación y mero agotamiento. Cumplen con su obligación porque es lo correcto. Nosotros

necesitamos hacer lo que es correcto porque es correcto. Ni siquiera creo que deberíamos hacer lo correcto meramente para obtener un resultado correcto; creo que nuestro compromiso debería ser el de vivir la vida correctamente y dejar que Dios se ocupe de los resultados. Si no nos comprometemos plenamente, podríamos comenzar a hacer concesiones si no obtenemos resultados con bastante rapidez.

Necesitamos hacer lo que es correcto porque es correcto.

Uno no puede ser vago e indeciso simplemente porque se sienta vago e indeciso. Avívate, toma una decisión y sigue en una dirección. Uno no puede conducir un auto estacionado. La duda y la indecisión pueden llegar a ser un verdadero problema en las vidas de muchas personas. Es casi adictivo. Cuanto más vagas son las personas, más vagas se vuelven, hasta que finalmente su decisión es no tomar decisiones. Según el apóstol Santiago, las personas de doble ánimo se vuelven indecisas e inseguras en todo lo que piensan, sienten y deciden.

"Quien es así no piense que va a recibir cosa alguna del
Señor; es indeciso e inconstante en todo lo que hace."
—SANTIAGO 1:7-8

A mí no siempre me gusta tomar decisiones, en especial decisiones importantes. Después de todo, ¿y si me equivoco? Pero entiendo que parte de ser líder es ser decisivo. Si no les doy dirección a las personas, lo único que cualquiera de nosotros estará haciendo será nada. Si yo cometo errores (y los cometo), al menos sabré que no debo volver a hacer eso. Algunas de las mayores lecciones que he aprendido en la vida han sido mediante cometer errores.

Entiendo que parte de ser líder es ser decisivo.

Yo creo que la razón por la cual muchas personas no prosiguen hacia la excelencia es que sus sentimientos ceden antes de que la tarea sea finalizada. Tus sentimientos con frecuencia son provocados por algo nuevo, pero antes de haber terminado puede que tengas que seguir avanzando simplemente porque estás decidido a hacerlo. Es como comprar una casa. Cualquier dueño de una casa ha experimentado la euforia de encontrar un nuevo y maravilloso lugar donde vivir, y luego la comprensión del estresante proceso por el que tiene que pasar antes de poder vivir realmente en esa casa. Sin embargo, si quieres lo bastante esa casa, estarás dispuestos a seguir en el camino. Lo mismo sucede con la excelencia. Dedícate a la excelencia y no dejes que tus sentimientos dirijan tu vida. Recuerda: siempre los tendrás, pero ellos no tienen que tenerte.

Jesús fue un éxito

Si hay algún ejemplo a seguir exitoso al que debiéramos mirar, debería ser Jesús. Sé lo que estás pensando: "Bueno, Jesús fue exitoso porque era Jesús". No exactamente. Él tuvo las mismas tentaciones que tú y yo afrontamos, pero aun así hizo la voluntad de su Padre celestial. Él sabía por qué estaba aquí y cuál era su misión, y persiguió la voluntad de Dios sin desmayar. Cuando otros tiraron la toalla, Él siguió adelante. Les pidió a sus discípulos que orasen con Él mientras sufría en el huerto de Getsemaní, pero ellos se quedaron dormidos y, como muchos de nosotros, Él tuvo que afrontar el momento más difícil de su vida solo. Sin embargo, no salió corriendo, pues ya había decidido que aun si tenía que permanecer solo, lo haría. Las personas exitosas no huyen de las cosas difíciles; afrontan los problemas y los tratan.

> **Las personas exitosas no huyen de las cosas difíciles.**

El carácter es la clave del éxito. Jesús tenía buen carácter. Él era excelente, comprometido, dedicado, diligente, honesto, verdadero, bueno y amable con los demás. Él mostró cualidades que el mundo está buscando hoy día. Si más personas mirasen a Jesús, quizá veríamos más propósito y pasión en nuestra sociedad en la actualidad. Estoy segura de que el índice de suicidio entre jóvenes disminuiría de modo drástico. El suicidio entre jóvenes se ha triplicado desde que se prohibió la oración en las escuelas en el año 1963.[7] Ellos necesitan alguien a quien mirar, alguien a quien respetar y seguir. Muchos jóvenes hoy día se sienten desesperanzados; no ven razón alguna para continuar con una vida que sienten que siempre estará llena de la vaciedad que sienten por no tener propósito.

Jesús tenía propósito y era apasionado con respecto a su propósito. Los jóvenes de hoy necesitan ver ese tipo de ejemplo. En Juan 17:4, se registra que Jesús le dijo a su Padre: "Yo te he glorificado en la tierra, y he llevado a cabo la obra que me encomendaste". En esencia, Jesús estaba diciendo: "¡Lo perseguí y no dejé que nada me retuviese!". Cada vez que leo ese pasaje, me llega al corazón. Yo quiero ser capaz de decir eso mismo a Dios. Creo que glorificamos a Dios prosiguiendo y haciendo todo lo que Él nos ha dado que hagamos. No podemos esperar que otros nos alienten; no podemos seguir a la multitud; no podemos esperar a tener ganas; ¡sólo tenemos que hacerlo! ¿Te atreves a vivir tu vida de tal manera que otra persona diga: ¡Quiero ser como tú!".

Jesús conocía su propósito y hablaba de él con frecuencia. Dijo: "Porque he bajado del cielo no para hacer mi voluntad sino la del que me envió" (Juan 6:38). Él dijo que sólo buscaba hacer la voluntad de Aquel que lo envió (ver Juan 5:30). Él sabía que había sido enviado para destruir las obras del maligno, y no se desvió de su propósito ni a derecha ni a izquierda. No se salió de su curso en absoluto, sino que miró hacia delante con un propósito fijo. En otras palabras, Jesús estaba decidido. ¿Con cuánta solidez estás tú decidido? Sin una mentalidad correcta nunca tendrás éxito a la hora de cumplir el propósito de Dios. La voluntad de Dios no cae sobre nosotros, sino que debemos estar decididos a tenerla.

¿Cambias de opinión cuando te sientes incómodo?

"Ahora todo mi ser está angustiado, ¿y acaso voy a decir: 'Padre, sálvame de esta hora difícil'? ¡Si precisamente para afrontarla he venido!"
—JUAN 12:27

Jesús sufrió tal angustia mental en el huerto de Getsemaní que realmente sudó sangre. Ni siquiera podemos imaginar cómo sufrió, y Él sin embargo se negó a pasar por alto su propósito. Algunas veces hemos tomado una decisión hasta que nos sentimos incómodos, y entonces cambiamos de opinión. Puedo decirte de antemano que si tienes intención de perseguir algo en la vida que valga la pena, habrá momentos en que no te sentirás cómodo.

Satanás odia el verdadero éxito; desprecia a las personas que cumplen su propósito y luchará contra aquellas que se decidan a hacerlo. Él tiene muchas herramientas en su caja de engaños, y es más que feliz al poder utilizar tantas como pueda. Sus armas incluyen: mentiras y decepciones, rechazo de familiares y amigos, desánimo, temor, estar solo, enfermedad, problemas familiares, y la lista sigue y sigue.

> Es increíble lo que Dios puede hacer con personas que simplemente se niegan a tirar la toalla.

Sin embargo, nosotros también tenemos armas, como la armadura que Dios nos ha dado. Debemos levantar el escudo de la fe con el cual podemos apagar todos los dardos de fuego del enemigo. No importa lo que ocurra, te aliento a que sigas confiando en Dios porque Él es fiel. ¡No tires la toalla! Es increíble lo que Dios puede hacer con personas que simplemente se niegan a tirar la toalla. Sé positivo; mira las posibilidades, no los problemas; echa un vistazo a tus problemas y mira fijamente a Jesús. ¡Mantente enfocado! Todas esas cosas te ayudarán, pero nadie puede quitar por completo todo el sufrimiento.

Lo fundamental es esto: Si has de cumplir el propósito de Dios para tu vida, tendrás momentos en que sufrirás y querrás huir. Te aliento a que ESTÉS QUIETO Y VEAS LA SALVACIÓN DEL SEÑOR.

Tus esfuerzos nunca son una pérdida de tiempo

Una de las mentiras que Satanás utiliza es decirles a las personas que lo que están haciendo es una pérdida de tiempo y que no saldrá nada bueno de sus esfuerzos. ¡Es entonces cuando tenemos que recordar que Satanás es un mentiroso! Dios dice que si permanecemos firmes, inamovibles, siempre abundando en la obra del Señor (siempre siendo superiores, excelentes, haciendo más que lo suficiente en el servicio al Señor), nuestra obra nunca es una pérdida de tiempo o algo sin propósito (ver 1 Corintios 15:58).

Siempre que estés haciendo todo lo posible por servir a Dios, nunca estás desperdiciando tu tiempo. Dios es fiel, y Él siempre da una recompensa a aquellos que con diligencia le buscan (ver Hebreos 11:6).

Mantén tus ojos en el premio. Jesús despreció la cruz, pero la soportó por el gozo del premio que había al otro lado. La cruz que todos debemos llevar hasta cierto grado tiene dos caras. La cruz tiene la cara de la crucifixión y la cara de la resurrección. Permite que te recuerde que la mañana del domingo en el sepulcro fue emocionante. No hubo lágrimas, ¡sólo maravilla y regocijo! Fue el domingo de resurrección, Jesús resucitó de la muerte, pero Él también tuvo que pasar por el viernes para llegar al domingo. Nosotros también.

> Recuerda que tu obra en el Señor nunca será una pérdida de tiempo.

No importa lo que puedas estar pasando en este momento o hayas pasado hace años, recuerda siempre que tu obra en el Señor nunca será una pérdida de tiempo. Y recuerda hacerlo de todo corazón, porque el propósito sólo se cumple cuando pones entusiasmo y amor en lo que estás haciendo.

CAPÍTULO 5

Con todo tu corazón

¿Qué significa hacer algo con todo tu corazón?

Deuteronomio 6:5 dice que deberíamos amar "al Señor tu Dios con todo tu corazón y con toda tu alma y con todas tus fuerzas". El propósito apasionado requiere todo lo que tenemos, sin retener nada. Cualquiera que realmente cumpla su destino probablemente pagará un precio mayor que el que pensó que se requeriría. Tomará más tiempo del esperado y será más difícil de lo que imaginaba, pero valdrá la pena. No hay mayor sentimiento que saber que has completado un objetivo, y lo cierto es que cuanto más pones en ello, más satisfacción obtienes.

Cuando Jesús habló de amar a Dios con nuestra pasión, oración e inteligencia, estaba hablando de lo que se necesita para hacerlo de todo corazón, y no a medias (ver Mateo 22:37). Él habla de apasionarnos por Él y por la vida que Él nos ha dado. No es la voluntad de Dios que no tengamos pasión o que nuestra pasión esté mal situada. Él no quiere que vivamos haciendo un esfuerzo mediocre y tibio hacia nuestra misión en la vida. En realidad, la Biblia tiene mucho que decir acerca de la integridad. David, Isaías y Jeremías hablaron de la importancia de servir a Dios con todo el corazón. Para mí, eso significa servirle con pasión. La pasión es una emoción poderosa, y nos llena de abundante entusiasmo y celo.

> Él no quiere que vivamos haciendo un esfuerzo mediocre y tibio hacia nuestra misión en la vida.

Dios es celoso

Por tanto, ¿por qué quiere Dios que seamos suyos de todo corazón? Una razón es que Él no quiere compartirnos con ninguna otra persona ni cosa. La Biblia dice que los celos de Dios no soportan una lealtad dividida (ver Salmo 79:5). Sí, Dios es celoso de sus hijos. Por favor, considera el peso de lo que los dos siguientes pasajes dicen:

> "¡Oh gente adúltera! ¿No saben que la amistad con el mundo es enemistad con Dios? Si alguien quiere ser amigo del mundo se vuelve enemigo de Dios.
>   ¿O creen que la Escritura dice en vano que Dios ama celosamente al espíritu que hizo morar en nosotros?".
> —SANTIAGO 4:4-5

Hay otros lugares en la Palabra de Dios donde aprendemos que Dios es un Dios celoso. Él desea nuestro afecto y quiere que le amemos y le sirvamos de todo corazón. Eso no significa que no podamos disfrutar de otras cosas, pero Dios exige ser el primero. San Agustín, en el siglo XVI, dijo: "Ama a Dios, y luego haz lo que te plazca". Si verdaderamente lo amamos a Él con todo nuestro corazón, no haremos cosas que sean desagradables a Él, sino que podremos disfrutar de todo en la vida, sabiendo que Él también se deleita en nuestro disfrute.

¿Te gusta cuando las personas hacen cosas por ti, pero puedes decir que su corazón no está en ello? Desde luego que no. Sabes que lo están haciendo por inercia, fingiendo, y que su actitud es la de cumplir con una obligación, no la de hacer algo con alegría y sincero entusiasmo. Podemos fingir estar emocionados y ser entusiastas, y algunas personas serán engañadas, pues no siempre se dan cuenta de que estamos fingiendo, pero Dios detecta a un engañador enseguida. Él sabe si le estamos sirviendo con amor y compromiso íntegros o por mera obligación. Puede que haya ocasiones en que comencemos simplemente cumpliendo con nuestra obligación, pero deberíamos recordar que lo que Dios realmente desea es pasión, y eso no puede ser genuino sin que pongas todo tu corazón en lo que haces. Podemos orar por cualquier cosa y abrir la puerta para que Dios obre; hasta podemos pedirle que nos dé pasión en lo que hacemos.

> Dios detecta a un engañador enseguida.

También podemos tomar la decisión de tener una mejor actitud en la vida a fin de que pueda surgir la pasión. Una mala actitud puede matar la pasión. Si una persona hace algo con una actitud de autocompasión, nunca será apasionada.

Mi padre abusó de mí sexualmente por muchos años, y cuando él tenía más de setenta años, Dios me pidió que lo trasladase para que viviera cerca de mi casa y pudiera ocuparme de él. Admito que yo no quería hacerlo. Pensaba que no era justo que me pidieran hacer tal cosa después de la manera en que él me trató cuando yo era niña. Al principio, me negué por completo. A medida que Dios puso esa suave presión en mi espíritu que solamente Él puede traer, sometí mi voluntad a la de Él. Lo hice durante un tiempo en obediencia a Dios, pero lo hacía con una mala actitud en mi corazón. Después, finalmente, cambié mi actitud y lo hacía con alegría. Como resultado de lo que Dios me guió a hacer, mi padre al final se arrepintió de su pecado y aceptó a Jesús como su Salvador. Cuando murió unos años después, yo tuve paz, sabiendo que él estaba en el cielo.

Creo que las personas siempre pueden saber si nuestros actos los hacemos con una buena o una mala actitud, y ellos no son bendecidos hasta que hagamos nuestros esfuerzos de todo corazón. Dudo que mi padre hubiera sido movido a aceptar al Jesús que yo decía que representaba si mi actitud hubiera seguido siendo mala. ¿Hay algo que estés haciendo con una mala actitud? Puedes cambiar tu actitud cambiando tu modo de pensar. La Biblia dice que deberíamos renovar nuestra mente y nuestra actitud diariamente (ver Efesios 4:23). Quizá esta sea un área que deberíamos examinar con mayor frecuencia. Es fácil tener una mala actitud y pensar que no es un problema. Después de todo, hacemos lo que debemos hacer, así que ¿a quién le importa si somos felices por ello o no? ¡A Dios le importa! Él quiere que pongamos todo nuestro corazón en lo que hacemos; ningún esfuerzo a medias es aceptable.

Sincera adoración

Debemos adorar y alabar a Dios con todo nuestro corazón. Eso significa que uno no aplaude, canta o levanta las manos por inercia mientras que la mente está en el restaurante comiendo o mientras se preocupa por un problema o se pregunta qué pensará la gente en la iglesia de su nuevo traje.

> Yo hacía ciertas cosas para impresionar a Dios, no para amarlo, y Él siempre conoce la diferencia.

Si adoramos a Dios de esa manera, no significa nada para Él. Cualquier cosa que hagamos a medias podríamos muy bien no hacerla en absoluto, en cuanto a Dios respecta. Puede que Él nos permita que hagamos un esfuerzo a medias durante un periodo de tiempo, pero finalmente Él tratará con nosotros acerca de nuestra actitud. Recuerdo bien cuando el Señor habló a mi corazón y dijo: "Joyce, no quiero que hagas ninguna cosa más por mí a menos que verdaderamente quieras hacerla". Puede que recuerdes que dije que muchos de mis motivos eran erróneos en los primeros tiempos de mi ministerio. Yo hacía ciertas cosas para impresionar a Dios, no para amarlo, y Él siempre conoce la diferencia. Por ejemplo, yo podría orar y los primeros quince minutos eran maravillosos, pero yo quería impresionar a Dios y a mis amigos orando una hora, así que me obligaba a mí misma a continuar aunque el Espíritu Santo hubiera terminado en quince minutos. Después de que el Espíritu Santo ya no estuviera vigorizando mi oración, yo realmente no quería seguir allí. Mi mente vagaba, yo no oraba con sinceridad, sino que meramente parloteaba, esperando a que el reloj marcara los minutos.

Estaba atrapada en lo que la Biblia denomina "las obras de la carne" (ver Gálatas 5:19), lo cual significa: yo tenía muchos planes sobre cómo podía conseguir que se hicieran las cosas. Yo no era guiada por el Espíritu Santo, así que no hacía con pasión muchas de las cosas que hacía. Es el Espíritu de Dios quien nos da celo y quien es la razón de que siempre nos esforcemos por ser llenos del Espíritu, tal como la Biblia enseña.

Yo oraba por mucho tiempo, pero no obtenía recompensa porque mis motivos no eran puros. Yo no oraba con todo mi corazón; simplemente ponía mi tiempo en ello. Dios quería que yo orase durante los quince minutos que eran guiados por el Espíritu Santo y abandonara los cuarenta y cinco minutos que yo añadía para causar una buena impresión. Cuando le obedecí, Él en realidad aumentó mi deseo de orar más. Me negué a servirle de labios y sin poner el corazón en ello, y Él honró mi decisión.

> Yo oraba por mucho tiempo, pero no obtenía recompensa porque mis motivos no eran puros.

Creo que si nos negamos a hacer cosas con un motivo incorrecto, entonces Dios nos ayudará a descubrir lo que podemos hacer con un motivo correcto.

¿Quieres un caminar más profundo con Dios?

¿Por qué algunas personas parecen estar tan cerca de Dios mientras que otras no lo están? Hay una razón, porque todo tiene una razón. Es el principio de causa y efecto. Cualesquiera que sean los efectos que tenemos en nuestra vida, son debidos a algo hecho o no hecho, bien por nosotros o por quienes están en autoridad sobre nosotros.

David dijo que encontraríamos a Dios cuando le buscáramos con todo nuestro corazón. En el Salmo 119, dijo que deberíamos buscarlo y anhelarlo con todo nuestro corazón. ¿Cómo se comporta una persona que anhela algo? Normalmente, hace cualquier cosa que sea necesaria para que su anhelo quede satisfecho. Las mujeres embarazadas tienen historias sobre enviar a sus esposos en la oscuridad de la noche a comprarles un helado o pollo. Se sabe que yo he conducido una hora, en viaje de ida y vuelta, para conseguir una taza de café de Starbucks. ¿Suena eso ridículo? Bien, antes de que me juzgues, pregúntate cuán ridículo eres tú cuando anhelas algo.

Dios quiere ser querido.

Si anheláramos a Dios y lo buscáramos como hacemos con otras cosas, tendríamos una relación mucho más íntima con Él. Dios quiere ser querido. Él no nos presionará; nosotros debemos buscarlo. Pide a Dios que te llene de pasión por Él. Quizá nunca hayas pensado en orar para tener un deseo apasionado por lo que Dios desea, pero es momento de comenzar. Un ministro oró que Dios quebrara su corazón con aquello que quebraba el corazón de Dios, y llegó a ser un misionero famoso en todo el mundo que cambió la vida de miles de personas. En lugar de sentirte culpable porque no quieres orar, pide a Dios que te dé una profunda revelación del poder de la oración y el deseo de practicarla.

Un esfuerzo a medias siempre será detectado por Dios e ignorado, así que no te limites a hacerlo por inercia esperando que nadie se dé cuenta. Debemos poner todo nuestro ser a la hora de buscar y servir a Dios. Si realmente no estás dispuesto a hacerlo, pero te gustaría estarlo, entonces pide a Dios que te haga estar dispuesto a estar dispuesto. Yo creo que Dios aprecia la comunicación sincera, honesta y clara. Él acudirá al lugar donde tú estás y te ayudará a llegar donde necesitas estar si eres sincero con Él.

Puedes estar tan cerca de Dios como quieras estar.

Puedes estar tan cerca de Dios como quieras estar; queda determinado por la cantidad de tiempo que estés dispuesto a emplear en llegar a conocerlo a Él. Recuerda: Pablo dijo que su determinado propósito era conocer a Cristo más íntimamente (ver Filipenses 3:10). Él tomó una decisión y estaba preparado para pagar el precio necesario para obtener el resultado que deseaba.

Roma no se construyó en un día, y tú no tendrás la disciplina necesaria en un día para tener una estupenda e íntima relación con Dios. Comienza con pequeñas disciplinas que no sean abrumadoras. Si no estás leyendo nada de la Biblia, entonces comienza con un capítulo por día. Léela despacio, digiérela y asegúrate de aprender al menos una cosa de lo que leas que tenga significado para ti. Practica la lectura de tu Biblia buscando calidad, no cantidad. No te enfoques la lectura bíblica o el estudio bíblico sólo para obtener información; enfócalo con expectación porque está llena de vida. Jesús dijo: "Las palabras que les he hablado son espíritu y son vida" (Juan 6:63).

Cuando te sientas preparado, puedes pasar a leer dos capítulos por día. A veces, me gusta leer un capítulo del libro de Proverbios, porque da mucha sabiduría y perspectiva práctica para el diario vivir. También me gusta leer un capítulo de los Salmos, porque dan aliento y consuelo. Yo intercambio entre el Antiguo y el Nuevo Testamento.

> No sólo trates de "conquistar" un libro; ¡léelo!

Lee libros que te ayudarán a entender principios bíblicos; y recuerda que un libro se lee página a página. No sólo trates de "conquistar" un libro; ¡léelo! No necesitas tratar de impresionar a Dios ni a ti mismo con inmensas cantidades de alguna cosa. Simplemente comienza y sigue haciendo progreso.

"La tortuga y la liebre"
Una de las fábulas de Esopo

Había una vez una liebre que, presumiendo de que podía correr con más rapidez que nadie, siempre se burlaba de la tortuga por su lentitud. Entonces, un día, la airada tortuga le respondió: "¿Quién te crees que eres? No negaré que eres rápida, ¡pero hasta tú puedes ser vencida!".

La liebre chilló de la risa.

"¿Vencida en una carrera? ¿Por quién? ¡Seguro que no por ti! Apuesto a que no hay nadie en el mundo que pueda ganarme. Yo soy muy rápida. Ahora bien, ¿por qué no lo intentas?"

Molesta por tanta presunción, la tortuga aceptó el desafío. Se planeó un recorrido, y al día siguiente al amanecer, ambas estaban en la línea de salida. La liebre bostezaba somnolienta a la vez que la mansa tortuga iba andando lentamente. Cuando la liebre vio lo dolorosamente lenta que era su rival, decidió, medio dormida, tomarse una rápida siesta. Dijo: "¡Tómate tu tiempo! Me echaré una siesta y luego te alcanzaré en un minuto".

La liebre se despertó al no dormir bien y echó un vistazo, buscando a la tortuga; pero la criatura estaba a corta distancia, habiendo cubierto apenas una tercera parte del recorrido. Con un suspiro de alivio, la liebre decidió que bien podría desayunar también, y se fue para comerse algunas coles que vio que había en un campo cercano. Pero la pesada comida y el calor del sol hicieron que sus ojos se cerrasen. Con un descuidado vistazo a la tortuga, que ahora iba por la mitad del recorrido, decidió echarse otra siesta antes de llegar la primera a la línea de meta. Y sonriendo al pensar en la expresión de la cara de la tortuga cuando viera a la liebre sobrepasarla, se durmió y enseguida roncaba de felicidad. El sol comenzó a esconderse por el horizonte, y la tortuga, que había estado avanzando hacia la línea de meta desde la mañana, estaba apenas a un metro de distancia de la llegada. En ese mismo momento, la liebre se despertó sobresaltada; pudo ver a la tortuga, una mota en la distancia, y se apresuró. De un salto salió corriendo, con la lengua fuera, faltándole la respiración. Un poco más y sería la primera en llegar a la meta. Pero el último salto de la liebre llegó demasiado tarde, porque la tortuga había llegado primero a la línea de meta. ¡Pobre liebre! Cansada y avergonzada, se desplomó al lado de la tortuga que silenciosamente le sonreía.

Le dijo: "¡Ir lento lo consigue siempre!".

> No puedes llegar a ninguna parte si no comienzas en la dirección en que quieres ir.

Si no sientes que tienes tiempo para pasarlo con Dios, comienza a disciplinarte renunciando a media hora de televisión u otro entretenimiento que te guste. Vete a la cama media hora más temprano para que puedas levantarte antes y pasar tiempo con Dios. Puede que finalmente llegues a disfrutar de pasar días enteros o tardes leyendo, orando, escuchando música y adorando a Dios. No puedes llegar a ninguna parte si no comienzas en la dirección en que quieres ir. Simplemente sigue adelante y prosigue, y ganarás la carrera porque terminarás la carrera bien. Como el Señor me mostró en una ocasión: "¡Sencillamente sigue prosiguiendo!".

> Dios se agrada con tu esfuerzo más pequeño si es ofrecido con una actitud íntegra.

Cualquier disciplina que desees debe construirse gradualmente. No entender esto es la causa de una gran cantidad de fracaso. Sé paciente contigo mismo y comprende que Dios se agrada con tu esfuerzo más pequeño si es ofrecido con una actitud íntegra. Si nunca has caminado para hacer ejercicio y tu deseo es caminar tres kilómetros al día, tendrás que prepararte para esa distancia o probablemente presionarás tus músculos y te desanimarás tanto que lo dejarás. Yo solía quejarme de que cada vez que trataba de hacer ejercicio me dolía, y finalmente comencé a usar eso como excusa para no hacer ejercicio. Lo cierto era que yo no era lo bastante paciente para comenzar gradualmente; quería tener en un sólo día la disciplina que otros habían desarrollado durante muchos meses o hasta años.

Ser impaciente te causará mucho sufrimiento en la vida; es en realidad una de las raíces del fracaso, pero muy pocas personas lo comprenden. Podrías decir: "Bien, pensé que me habías dicho que fuera entusiasta y lleno de celo". Sí que quiero que seas entusiasta, celoso y apasionado; quiero que estés totalmente comprometido, pero la sabiduría debe ser la piedra angular de toda empresa. El celo sin sabiduría obra en contra nuestra, y no a nuestro favor.

Tienes que atreverte

Sé íntegro

Cuando oyes la palabra "integridad", ¿te emociona o te asusta? ¿Te hace querer salir corriendo y servir a Dios, o te cansa solo pensar en un compromiso más? Déjame alentarte a no dudar en amar a Dios con TODO tu corazón. Los siguientes son algunos consejos para comenzar a usar todo tu corazón para Dios.

1. Sé intencional.
Pregúntate cuando afrontes una elección o una pregunta si eso va a añadir o a restar de lo que Dios te ha llamado a hacer. No trates de hacer tantas cosas que no puedas hacer ninguna de ellas de todo corazón. Mantente centrado en la meta.

2. Cambia tu temor por fe.
Si el temor o algo te está deteniendo de dar tu todo, pide a Dios que cambie tus temores por fe, y ten confianza en que Él te sostiene y va delante de ti todo el camino. Valor es hacer una cosa mientras sientes temor, así que no esperes a que se vaya todo sentimiento de temor; ¡hazlo con miedo!

3. Sé dedicado.
Vivir tu vida con una actitud íntegra requiere compromiso y dedicación. Escoge algo pequeño a lo que puedas dedicarte cada día o cada semana. Quizá sea llevarle el correo a tu vecina anciana o escribir una nota a alguien sólo para hacerle sonreír. Quizá sea llevar café o una botella de agua al guardia que ayuda a cruzar a los niños en la escuela cercana. Escoge algo pequeño pero comprométete a hacerlo. Te sorprenderás de cómo tu disciplina en las cosas pequeñas puede crecer hacia cosas mucho mayores en las que Dios quiere usarte.

Obediencia íntegra

El rey David dijo que él guardaba los mandamientos de Dios con todo su corazón (ver Salmo 119:10). Eso es fácil de decir, ¿pero lo decimos de verdad? ¿Cuántas personas que se llaman a sí mismas cristianas guardan genuinamente los mandamientos de Dios con todo su corazón? Si la mayoría de los cristianos estuviera guardando los mandamientos de Dios de todo corazón y sirviéndole con pasión, veríamos la Iglesia, que se compone de todos los cristianos en todas partes, afectando la sociedad de manera mucho más positiva de lo que lo vemos.

> ¿Cuántas personas que se llaman a sí mismas cristianas guardan genuinamente los mandamientos de Dios con todo su corazón?

Lo cierto es que el mundo no está muy impresionado con la Iglesia en general, y se debe a todo el fingimiento que ven. No hay duda de que el mundo es crítico y enseguida grita: "¡Hipócrita!", pero necesitamos asegurarnos de que no les estemos dando una buena razón para no respetarnos.

> Obedecer a Dios es el propósito de toda persona sobre la tierra.

Haz de la obediencia a Dios una prioridad diaria en tu vida. Cuando el Espíritu Santo te dé convicción de la necesidad de hacer algo o de no hacer nada, está dispuesto a cambiar. Obedecer a Dios es el propósito de toda persona sobre la tierra. Salomón malgastó su vida buscando propósitos equivocados; tenía pasión, pero estaba mal situada. Como vemos en sus escritos en Eclesiastés, él finalmente comprendió lo que era realmente importante:

"El fin de este asunto es que ya se ha escuchado todo.
Teme, pues, a Dios y cumple sus mandamientos, porque
esto es todo para el hombre".
—ECLESIASTÉS 12:13

> **Muchas personas no prestan ninguna atención a las cosas
> pequeñas, y eso es un gran error.**

Comienza por obedecer a Dios en las cosas pequeñas, pues es el
entrenamiento que necesitarás para obedecer a Dios en cosas mayores
más adelante. Muchas personas no prestan ninguna atención a las
cosas pequeñas, y eso es un gran error. Muchas cosas pequeñas dan
como resultado cosas grandes. La Biblia afirma que si somos fieles
en las cosas pequeñas, también seremos fieles en cosas mayores (ver
Lucas 16:10).

Con frecuencia, relato una historia de cómo Dios me enseñó a
volver a poner en su lugar mi carrito de la compra en el espacio reservado para los carritos en el supermercado. Para mí, era difícil hacerlo
si hacía mal tiempo o yo tenía prisa, y en realidad necesité casi dos
años para llegar al punto en que lo hacía todas las veces. Dios me
estaba entrenando en las cosas pequeñas a fin de que pudiera dirigir
cosas mayores más adelante en la vida. En ese momento, yo tenía
niños pequeños y no podía tener formación profesional para el ministerio, así que Dios me formó allí donde yo estaba. Él utilizó muchas
cosas prácticas, como el ejemplo del carrito del supermercado, para
prepararme para las cosas que hago ahora.

> **Dios me estaba entrenando en las cosas pequeñas a fin de
> que pudiera dirigir cosas mayores más adelante en la vida.**

Dios quiere enseñarnos principios y edificar carácter en nosotros.
Él puede hacerlo de varias maneras si nos sometemos a Él dondequiera que estemos.

> Como cristianos, deberíamos despertarnos cada mañana emocionados por la relación que tenemos con nuestro Creador.

¿Estás emocionado por ser cristiano?

Como cristianos, deberíamos despertarnos cada mañana emocionados por la relación que tenemos con nuestro Creador y lo que Él va a mostrarnos y enseñarnos en ese día. En cambio, con frecuencia tratamos nuestra salvación del mismo modo en que tratamos nuestra respiración: nos alegramos de que esté ahí, pero realmente no pensamos en ello a menos que algo vaya mal. Es como la historia que oí de un hombre que servía como pastor interino para una pequeña iglesia en una diminuta ciudad en lo profundo del corazón de Texas. Una mañana llegó temprano y se detuvo en la pastelería local con su Biblia para repasar sus notas para el sermón de aquella mañana. Un hombre estaba sentado en una mesa cercana y observó la Biblia.

"¿Es usted predicador o algo así?", preguntó.

El pastor asintió con la cabeza y le dijo la iglesia donde iba a predicar. El hombre se emocionó y dijo:

—Vaya, ¡yo soy miembro de esa iglesia!

El predicador, pareciendo un poco confundido, dijo: "¿De verdad? He estado predicando allí por más de tres meses y no creo haberle visto por allí".

Entonces, llegó el turno de que el hombre tuviera una expresión extraña en su cara. Le dijo al pastor: "Bueno, dije que era miembro de esa iglesia. ¡Nunca dije que fuera un fanático de ello!".

Si eres cristiano, ¿estás emocionado por ello? ¿Disfrutas de estar con otros cristianos, de adorar con otros creyentes y de hablar sobre lo que Dios está haciendo en tu vida y en las vidas de otros? ¿O te has acostumbrado a la idea de que vivirás eternamente y que Dios cuida de ti? Dios habló una vez a mi corazón de que yo siempre debería vivir sorprendida y no volverme indiferente a cosas que una vez me emocionaron. Recuerdo lo emocionada que estaba cuando Dios me reveló su amor. ¡GUAU! Dios me ama por ninguna otra razón a excepción de porque Él quiere hacerlo. Su amor es incondicional e interminable. Yo estaba tan emocionada y entusiasmada que sentía que iba a explotar si no se lo decía a alguien. Pero después de un tiempo, me acostumbré al hecho de que Dios me ama, y ya no sentía la misma pasión. Estoy segura de que tú has experimentado lo mismo, ¿pero hay algo que podamos hacer al respecto? Yo creo que sí lo hay.

> Siempre debería vivir sorprendida y no volverme indiferente a cosas que una vez me emocionaron.

Pablo le dijo a Timoteo que se avivara (ver 2 Timoteo 1:6); que atizara la llama y avivara las ascuas del fuego que una vez tuvo. Pablo estaba hablando acerca de la fe de Timoteo que le había sido transmitida por su abuela y su madre. Timoteo se permitió volverse temeroso, y el mensaje de Pablo fue: "Avívate". Parece que era responsabilidad de Timoteo, y no de alguna otra persona.

¿Qué podemos hacer para mantenernos apasionados por Dios y su propósito para nuestras vidas? Podemos cuidar nuestra manera de vivir; cuidar nuestro modo de pensar; cuidar nuestra manera de hablar; y cuidar con quién pasamos tiempo.

Todas esas cosas afectan nuestra actitud y nuestras emociones. Podemos pensar sobre algo de la manera correcta y eso nos llenará de entusiasmo. De igual modo, si pensamos de la manera incorrecta, podemos aborrecer hacer aquello por lo que debiéramos estar emocionados.

> Si estás sirviendo para que te den las gracias, entonces tus motivos son incorrectos.

Deja de pensar de esta manera: "Estoy muy cansado de hacer siempre lo mismo. Voy a la iglesia, pero nadie aprecia el esfuerzo que hago. Llevo tres años trabajando de voluntario en la guardería, y nadie nunca me ha dado las gracias". Ese tipo de pensamiento te deprimirá y te hará sentir resentido. Si estás sirviendo para que te den las gracias, entonces tus motivos son incorrectos. Sirve a Dios, no a los hombres, y tu recompensa vendrá de Él.

Por el contrario, piensa así: "Estoy deseando ir a la iglesia hoy. Recuerdo cuando me sentía desgraciado y ni siquiera sabía si iría al cielo cuando muera. Estoy muy contento de tener una oportunidad de servir a Dios trabajando en la guardería. Dios ve todo lo que hago, y ninguna de mis labores quedará sin recompensa de Él".

> Puedes escoger estar con personas que siempre te desafiarán a subir a nuevos niveles.

Si pasamos mucho tiempo con personas que no tienen visión para sus vidas, ningún propósito, ni pasión, ni entusiasmo, probablemente comenzaremos a ser como ellas. Sin embargo, si pasamos tiempo con personas que nos desafíen a ser mejores, estamos eligiendo sabiamente. La Biblia dice que la impiedad es contagiosa, pero la santidad no lo es (ver Hageo 2:12-13).

Por ejemplo, podemos agarrar un catarro por contagio de otra persona, pero no podemos agarrar buena salud, eso tenemos que escogerlo. Si vagas sin destino por la vida pasando tiempo con otros que también vagan sin destino, solamente te hundirás cada vez más profundamente en la trampa de la falta de propósito. Pero puedes escoger estar con personas que siempre te desafiarán a subir a nuevos niveles. No estés con alguien sólo porque esa persona esté disponible. ¡Escoge a tus amigos sabiamente!

Cuando todo nuestro corazón está comprometido e invertido en algo que buscamos con pasión y propósito, no sólo andamos vagando y seguimos cualquier cosa que llegue. Oramos, pensamos las cosas, y elegimos con propósito. Deberíamos hacer elecciones que nos ayuden a cumplir nuestro propósito. John Maxwell dijo que deberíamos emplear el 80 por ciento de nuestro tiempo en nuestras dos o tres metas principales. En otras palabras, ¡mantenernos enfocados! Es fácil en la sociedad hoy día llegar a desviarnos y comenzar a andar en una dirección que será perjudicial para nuestro futuro. Mantente decidido a servir a Dios con todo tu corazón. Imagino que alguien estará pensando ahora: "Joyce, me gustaría sentir esa pasión de la que hablas, pero sencillamente no la siento". Deja que te recuerde: pasión es una decisión sobre cómo enfocaremos la vida antes de que se convierta en un sentimiento. Una persona con propósito que lo busca con pasión es una persona que glorificará a Dios y será recordada mucho tiempo después de que se haya ido de la tierra.

> Una persona con propósito que lo busca con pasión es una persona que glorificará a Dios y será recordada.

CAPÍTULO 6

Pasión depositada en las cosas equivocadas

Es posible ser muy apasionado por algo incorrecto. El apóstol Pablo en un tiempo era celoso por perseguir a los cristianos; los perseguía con vehemencia y hacía todo lo que estaba en su poder para verlos encarcelados o destruidos. Él dijo más adelante en su vida que estaba lleno de celo, pero que era sin conocimiento. En otras palabras, él era apasionado, pero lo era por las cosas incorrectas.

Muchas personas pasan su vida intentando subir la escalera del éxito sólo para descubrir que, cuando llegan a lo más alto, su escalera había estado apoyada todo el tiempo en el edificio equivocado.

¿Eres ocupado o fructífero?

Todo el mundo hoy parece estar ocupado. Pregunta a cualquier persona cómo está y responderá: "Ocupado". Y no es de extrañar. Cerca del 78 por ciento de las mujeres con hijos de edades entre seis y diecisiete años trabajan fuera del hogar.[1] Aunque mis hijos ya son adultos ahora, sé lo que es compaginar trabajo, familia, iglesia, y todo lo que hay en medio, y no necesariamente en ese orden. De hecho, en 2003, según informes Gallup, un poco más de una cuarta parte (28 por ciento) de los adultos con hijos menores de dieciocho años dice que sus familias cenan juntas en casa siete noches por semana, descendiendo desde el 37 por ciento en 1997.[2] Añadamos a esos hechos las actividades extras y los deportes en los que nuestros hijos participan a un ritmo cada vez mayor y, tienes razón: ¡estamos ocupados! Pero

Dios nunca nos dijo ni una sola vez en su Palabra que estuviéramos ocupados; Él nos dijo que fuésemos fructíferos.

Cometemos un error si igualamos estar ocupado con tener éxito. Puedo recordar cuando, siendo una joven ministro, con frecuencia oía a otros ministros hablar sobre cómo no se habían tomado un día libre durante años. En aquel momento yo era impresionable y no tenía experiencia, y recuerdo pensar lo dedicados y comprometidos que ellos estaban. Ahora comprendo que ellos no eran nada sabios y estaban en oposición a las leyes de Dios sobre el descanso. Sus vidas estaban gravemente desequilibradas y, cuando ese es el caso, siempre hay una puerta abierta para que Satanás traiga destrucción.

Muchos matrimonios son destruidos debido a que una o ambas partes están demasiado ocupadas para pasar tiempo alimentando su relación. Muchas personas pierden su salud porque son adictos a vivir un ritmo de vida rápido. No descansan adecuadamente, y al final sus cuerpos se desmoronan bajo la presión de la actividad incesante.

Por muchos años, yo seguí los ejemplos que veía a mi alrededor. Pensaba que cuanto más ocupada estuviera, más se agradaría Dios de mí. La verdad era que cuanto más ocupada estaba, menos tiempo tenía para oír de Dios con respecto a cuál era su voluntad para mí. Yo tenía un plan y estaba haciendo que se cumpliera; era apasionada, pero mi pasión con frecuencia estaba en cosas inadecuadas. Decía sí a cosas que Dios me habría indicado que dijera que no si me hubiera tomado el tiempo para preguntarle. Finalmente, me enfermé, y necesité mucho tiempo para recuperarme. Gracias a Dios, finalmente comprendí que Dios no nos ha llamado a estar ocupados, sino a dar buen fruto.

> Sólo estar ocupado no significa que seas un éxito.

Había una vez un leñador muy fuerte que pidió empleo a un maderero y lo consiguió. El salario era realmente bueno y también lo eran las condiciones de trabajo. Por esa razón el leñador estaba decidido a hacer lo mejor que pudiera; quería ser un éxito en su nuevo empleo.

Su jefe le dio un hacha y le enseñó el área donde él debía trabajar.

El primer día, el leñador cortó dieciocho árboles.

El jefe le dijo: "Le felicito, ¡siga de esa manera!".

Muy motivado por las palabras del jefe, el leñador trabajó más al día siguiente, pero sólo pudo cortar quince árboles. El tercer día trabajó aún más, pero sólo pudo cortar diez árboles. Día tras día, sin importar lo mucho que trabajara, cortaba menos árboles.

Debo de estar perdiendo mi fuerza, pensó el leñador. Acudió al jefe a disculparse, diciendo que no podía entender lo que estaba sucediendo.

"¿Cuándo fue la última vez que afilaste tu hacha?", le preguntó el jefe.

"¿Afilar? No tuve tiempo de afilar mi hacha. He estado muy ocupado tratando de cortar árboles."[3]

> No cometas el error de estar demasiado ocupado para hacer las cosas que necesitas hacer a fin de ser un genuino éxito.

¿Te están robando el tiempo?

Este es un buen lugar para volver a pensar en nuestros motivos. Como mencioné anteriormente en el libro, Dios no se impresiona con lo que hacemos o con cuánto de ello hacemos; Él sólo se impresiona con el "porqué" lo hemos hecho, y debe ser por una buena y piadosa razón. Hacer cosas para impresionar a las personas y para ser admirado no son buenos motivos; hacer cosas sólo para agradar a las personas tampoco es siempre lo correcto. Se nos dice que nos esforcemos por agradar a otros y no vivir para agradarnos a nosotros mismos (ver Romanos 15:2-3); sin embargo, eso no significa que debamos querer agradar a la gente a expensas de no agradar a Dios.

Si Dios dice "no", entonces nosotros debemos decir "no", sin importar lo mucho que seamos presionados por otros a decir "sí". De igual manera, si Dios está diciendo "sí", entonces nosotros debemos decir "sí", ¡aun cuando el mundo entero esté diciendo "no"!

Si no aprendes a seguir tu corazón y el Espíritu de Dios, siempre vivirás bajo presión. El diablo es un ladrón, y una de las cosas que a él le gusta mucho es robar nuestro tiempo. El tiempo es un recurso precioso que Dios nos ha dado. Cada uno de nosotros tiene cierta cantidad que se le otorga, y una vez que hemos consumido cualquier porción de él, nunca podemos recuperarlo. Esta es una idea que da qué pensar, y debería provocarnos a escoger utilizarlo sabiamente.

> **Si no aprendes a seguir tu corazón y el Espíritu de Dios, siempre vivirás bajo presión.**

¿Estás frustrado con tu horario? ¿Parece verdad para ti esta oración?

El reloj es mi dictador, no descansaré.
Me hace descansar sólo cuando estoy exhausto.
Me conduce a la profunda depresión.
Persigue mi alma.
Me guía en círculos de frenesí, por causa de las actividades.
Aunque corra frenéticamente de tarea en tarea, nunca
    llegaré a hacerlo todo,
porque mi ideal está conmigo.
Fechas tope y mi necesidad de aprobación, ellas me
    impulsan.
Demandan rendimiento de mí, por encima de los límites de
    mi calendario.
Ungen mi cabeza con migrañas,
Mi bandeja de entrada rebosa.
Ciertamente, la fatiga y las presiones de tiempo me seguirán
Todos los días de mi vida.
Y moraré en las ataduras de la frustración
Para siempre.[4]
—ANÓNIMO

¿Te encuentras quejándote mucho por todo lo que tienes que hacer? Si es así, deberías inspeccionar el fruto de cada cosa en la que estás empleando tu tiempo. Puedo garantizarte que descubrirás que muchas de tus actividades no te están ayudando a cumplir tu propósito en la vida.

El diablo puede robar tu tiempo, haciéndote sentir culpable por no hacer algo que te han pedido que hagas. Los debería y debiera en la vida pueden ser muy opresivos. Te aliento a que comprendas que cada persona quiere que hagas lo de él o ella; ellos tienen planes y quieren que tú les ayudes a cumplirlos, pero probablemente no estén interesados en si tú estás cumpliendo tu propósito o no. Toma una decisión hoy con respecto a si vas a vivir para la gente o para Dios; y mientras lo haces, recuerda que estarás delante de Dios en el día del juicio para dar cuentas de tu vida. Las personas que demandan cosas de ti no estarán contigo para ayudarte a explicar por qué nunca llegaste a hacer lo que Dios te había llamado a hacer.

> Toma una decisión hoy con respecto a si vas a vivir para la gente o para Dios.

Todos tenemos recursos

Dios ha puesto recursos a disposición de todos nosotros, pero debemos estar dispuestos a darles un uso adecuado. Los recursos que Él nos ha dado son dones de Él y deberían ser respetados. Somos llamados a ser buenos administradores de la gracia de Dios, de sus dones y talentos, de nuestro tiempo, nuestro tesoro y otras muchas cosas. Aun nuestra energía es un recurso que Dios nos da para ayudarnos a cumplir su voluntad. Si hacemos un mal uso de nuestra energía, seguimos usándola, y aunque la recuperamos diariamente con un descanso adecuado, creo que todo lo que usamos mal de algún modo se pierde.

> Tú creas tu horario, ¡y tú eres la única persona que puede cambiarlo!

La próxima vez que te sientas realmente cansado, pregúntate cuál es la causa. Si estás cansado por realizar un esfuerzo que te está ayudando a cumplir el propósito ordenado por Dios para ti, entonces regocíjate. Si estás cansado por correr en círculos estando ocupado, pero sin llegar a ninguna parte, entonces arrepiéntete y haz algunos cambios en tu horario a fin de no seguir repitiendo el mismo círculo inútil. Tú creas tu horario, ¡y tú eres la única persona que puede cambiarlo!

Las personas se frustran cuando no están cumpliendo su propósito. La pasión depositada en cosas equivocadas no nos vigoriza, sino que nos agota. Podemos llegar a enredarnos en meras exageraciones emocionales que no tienen que ver nada en absoluto con el propósito de nuestra vida. No cometas el error de malgastar tu vida y no tener otra cosa sino lamentos al mirar atrás.

Tienes que atreverte

A ser fructífero y no sólo ocupado

Hazte estas preguntas:

1. ¿Estás haciendo lo que realmente deseas hacer, o tratas de estar a la altura de las expectativas y demandas que otros han puesto en ti?
2. ¿Ves resultados tangibles de tu tiempo y esfuerzo o sólo estás ocupado?
3. ¿Te sientes realizado y satisfecho o aborreces muchas de tus actividades?
4. ¿Te frustras mucho o tienes paz? ¿Disfrutas de tu vida?
5. ¿Tomas tiempo para edificar una buena relación con Dios, contigo mismo y con los demás?
6. ¿Tienes confianza en que aquello en lo que empleas tu tiempo es lo que realmente debes hacer?

7. ¿Crees que deberías estar haciendo otra cosa con tu tiempo, pero no tienes el valor de decir no a las exigencias de otros?

Responder estas preguntas con sinceridad te ayudará a decidir si eres o no fructífero o si sólo estás ocupado.

Esperar y desear que las cosas cambien no las hará cambiar.

El cambio requiere decisiones

¿Sientes que tus prioridades no están ordenadas? ¿Sientes que estás desperdiciando tus recursos? Si necesitas cambio, no empieces a poner excusas o sentir lástima de ti mismo. Muchas veces, las excusas o la autocompasión son nuestra manera de no tratar con problemas que realmente necesitamos abordar. Esperar y desear que las cosas cambien no las hará cambiar. El cambio requiere decisión, y con frecuencia conlleva algo de dolor. Por ejemplo: podrías tener que tomar una decisión de no hacer algo y eso enojará a otra persona porque él o ella quiere que lo hagas. Necesitarás mantener tu postura y pasar por el dolor emocional de comprender que esa persona está molesta contigo. Pero ten esto en mente: si la gente tiene una mala reacción a que tú obedezcas a Dios, es su problema, no el tuyo.

Si tienes demasiados compromisos y no estás satisfecho y quieres cambiar, tienes que tomar algunas decisiones que te ayudarán a emplear tu tiempo en tu propósito. Tendrás que eliminar algunas cosas de tu lista de "quehaceres". Di "no" a algunos que quieren oír un "sí". Debes afrontar la realidad de que algunas personas se enojarán contigo; no lo entenderán, porque son el tipo de personas que nunca entienden ninguna cosa excepto lo que ellos quieren.

Una cosa buena, con frecuencia, puede ser un enemigo de lo mejor que Dios tiene para ti.

Cuando escoges mantenerte enfocado, tienes que eliminar algunas cosas de tu vida que te gustan, pero que no dan fruto. Hay muchas cosas en la vida que son buenas, pero puede que no sean cosas "de Dios" para ti. Muchas personas han sido engañadas por "las cosas buenas". Una cosa buena, con frecuencia, puede ser un enemigo de lo mejor que Dios tiene para ti. Si Satanás no puede engañarnos con cosas malas, su siguiente truco para engañarnos puede que sea el uso de "cosas buenas". Las buenas obras hechas en la carne sin la aprobación de Dios son igual de peligrosas que las cosas malas hechas en la carne. El término "en la carne" simplemente significa hechas por decisión y esfuerzo del hombre sin la aprobación de Dios. Hay hasta personas que hacen tantas "buenas obras" en la iglesia que sus familias y sus matrimonios se están destruyendo. En realidad, ¡uno de los mejores lugares para ocultarse de Dios puede ser la iglesia! Estamos ocupados haciendo cosas que creemos que son buenas, y de repente estamos demasiado ocupados para oír de Dios o para ser sensibles a lo que nuestros amigos y familiares tratan de decirnos.

No nos molesta eliminar cosas de nuestras vidas que aborrecemos y despreciamos, de todos modos, ¿pero y si lo que necesitamos eliminar es algo a lo cual estamos unidos? Eso lo hace mucho más difícil, porque participan nuestras emociones. Recuerdo cuando Dios me mostró que yo necesitaba quedarme más tiempo en casa para estudiar y prepararme para el ministerio al que Él me había llamado. Eso significaba que no podría salir tanto con mis amigas. Ellas eran "buenas" amigas; pasábamos un "buen" tiempo; no había nada "malo" en lo que empleábamos nuestro tiempo. Acudíamos a ventas de segunda mano; íbamos al mercado en el centro para comprar verduras y fruta; comíamos juntas; y disfrutábamos de estar juntas. A mí me gustaba participar; no me gustaba la idea de quedarme fuera y no saber lo que sucedía con mis amigas, pero Dios me estaba mostrando claramente que yo necesitaba estar más centrada en lo que Él me estaba llamando a hacer. En efecto, ellas no lo entendieron, y hasta me acusaron de ser una exagerada y convertirme en una "fanática religiosa".

Ese periodo de mi vida fue muy difícil para mí; pero al mirar atrás ahora puedo ver que estaba haciendo una transición que finalmente permitió a Dios llevarme a un nuevo nivel espiritualmente, y el diablo estaba tratando de usar mis emociones para refrenarme. No quiero decir que Dios estaba requiriendo de mí que renunciara a todas mis amigas, sino que Él requería que dijera no a mucha de la "actividad" que no era productiva para mí, que me mantenía ocupada pero no era fructífera. Muchos años después Dios trató conmigo con respecto a la necesidad de pasar más tiempo desarrollando buenas relaciones. Me había enfocado tanto que no era saludable para mí emocionalmente; necesitaba algo de diversión buena y limpia. Pasaba demasiado tiempo sola y necesitaba relacionarme más socialmente. Si verdaderamente escuchamos al Espíritu Santo, Él nos guiará a llevar vidas equilibradas, y también nos ayudará a discernir las diferentes épocas en nuestras vidas.

> **La Biblia dice que todo es hermoso en su tiempo.**

La Biblia dice que todo es hermoso en su tiempo (ver Eclesiastés 3:11). Algo puede que no sea malo en sí mismo, pero si no es el momento adecuado para nosotros, eso lo hace malo para esa época en particular en nuestra vida. En otro momento, puede que sea perfectamente permisible y algo que deberíamos hacer. He descubierto que mantenerse equilibrado en la vida y hacer lo suficiente de algo, pero no demasiado, es uno de los mayores desafíos que afrontamos. La Biblia dice en 1 Pedro 5:8 que debemos permanecer bien equilibrados, porque nuestro adversario el diablo anda alrededor como león rugiente buscando a quién devorar. Esta parte de la Escritura nos dice que Satanás puede devorar a quienes no tienen equilibrio. Vivir en extremos es una puerta abierta para nuestro enemigo.

> **Vivir en extremos es una puerta abierta para nuestro enemigo.**

Algunas personas tienden a hacer "demasiado" de todo. Trabajan demasiado, comen demasiado, gastan demasiado dinero, o hablan demasiado. Necesitamos hacer todas esas cosas, pero si las hacemos en exceso se convierten en grandes problemas. Busca el equilibrio y mantente abierto al proceso de poda de Dios. Permite que Él mantenga tu vida bien equilibrada añadiendo o quitando cualquier cosa que pueda ser útil en la actual época de tu vida.

> **Busca el equilibrio y mantente abierto al proceso de poda de Dios.**

Te estoy pidiendo que evalúes sinceramente tu vida y estés dispuesto a cambiar. Puede que seas apasionado por cosas que no te están ayudando a perseguir tu propósito; tu pasión podría estar en un lugar equivocado, y eso a veces es más peligroso que no tener pasión alguna.

Puede que tengas pasión por ganar dinero y tener éxito, pero necesitas preguntarte si tu pasión está impulsada por el Espíritu de Dios o más por la mera ambición. Te aliento a que no des al dinero prioridad sobre tu familia. Puede que estés tratando de ganar mucho dinero para ocuparte bien de tu familia, pero lo cierto es que ellos te quieren a ti más que al dinero.

Sólo porque una persona tenga dinero no significa que sea rica. La Biblia dice que hay quienes son ricos cuando, en realidad, son pobres (ver Apocalipsis 3:17).

Lo pobres que somos

Un día, un padre y su familia rica llevaron a su hijo de viaje al campo con el firme propósito de enseñarle lo pobre que puede ser la gente.

Pasaron un día y una noche en la granja de una familia muy pobre. Cuando regresaron a su casa, el padre le preguntó a su hijo qué pensaba del viaje.

"¡Muy bien, papá!", dijo el hijo.

"¿Viste lo pobres que pueden ser las personas?", quiso saber el padre.

"¡Sí!"

"¿Y qué aprendiste?"

"Vi que tenemos un perro en casa", respondió el hijo, "y ellos tienen cuatro. Nosotros tenemos una piscina que llega hasta la mitad del jardín, y ellos tienen un riachuelo que no tiene fin. Nosotros tenemos lámparas importadas en el jardín, y ellos tienen las estrellas. Nuestro patio llega hasta la parte de delante de la casa, y ellos tienen todo un horizonte".

Cuando el niñito hubo terminado, su padre quedó sin habla. Su hijo añadió:

—¡Gracias, papá, por enseñarme lo pobres que somos![5]

Este padre probablemente quería enseñarle a su hijo lo terrible que era la pobreza, para que él siguiera sus pasos y empleara su vida tratando de ser rico. Su plan no resultó. Su hijo vio lo que tiene verdadero valor, y probablemente aprendió una de las lecciones más importantes de su vida. Es una lección que todos nosotros deberíamos aprender.

¿Te vigoriza tu actividad o te agota?

Yo creo que cuando somos apasionados por las cosas correctas, la actividad requerida para lograr esas cosas nos vigorizará. Eso no significa que no nos cansemos, sino que nuestro cansancio es un tipo de cansancio satisfactorio, que nos llena. No es un sentimiento de cansancio que nos deja sintiéndonos agotados y vacíos. Por otro lado, he descubierto de primera mano que si mi pasión está en un lugar equivocado, estoy operando por emociones en lugar de operar por la verdadera pasión; al final de un día o de un proyecto, estoy agotada y tengo un sentimiento de frustración y de insatisfacción. Esa es una de las maneras en que he aprendido a discernir si estoy haciendo obras de la carne o si estoy siguiendo verdaderamente al Espíritu Santo. No cabe duda de que si Dios me guía a hacer algo, Él me dará la capacidad necesaria y la fortaleza para la tarea. ¡Donde Dios guía, Él provee!

> Dios nos da gozo para el viaje que ha preparado para
> nosotros.

Dios nos da gozo para el viaje que ha preparado para nosotros. Jesús dijo que su yugo es ligero y fácil de soportar (ver Mateo 11:30). Me sorprende descubrir tantas personas que hacen cosas que parecen pensar que Dios les está guiando a hacer y, sin embargo, son desgraciadas y no tienen gozo. Eso significa que, o bien lo están haciendo de la manera incorrecta, o se han engañado a sí mismas. Es fácil para nosotros querer hacer algo con tanta fuerza que nos convencemos a nosotros mismos de que nuestra voluntad es también la voluntad de Dios. Si no tienes gozo en tus empresas, te sugiero encarecidamente que seas muy sincero contigo mismo y localices dónde está el problema.

Quizá no estés en la voluntad de Dios, o quizá estés haciendo lo que Dios te ha llamado a hacer pero lo estés haciendo en dependencia de ti mismo en lugar de depender de Dios. Ese es un error que muchas personas bien intencionadas cometen, y te dejará vacío y frustrado, simplemente porque Dios resiste a los soberbios pero da gracia a los humildes (ver 1 Pedro 5:5). El profeta Zacarías dijo que nuestras tareas se completan no con fuerza, ni con poder, sino por el Espíritu de Dios (ver Zacarías 4:6). El profeta Isaías dijo que si esperamos en el Señor, nuestras fuerzas serán renovadas y podremos correr y no cansarnos (ver Isaías 40:31).

Si has perdido el gozo en tu viaje, quizá se deba a que has permitido que una mala actitud se cuele en tu alma. ¿Has dejado de ser agradecido y has comenzado a quejarte? ¿Estás albergando malos sentimientos hacia alguien? ¿Sientes que no eres apreciado? Cualquier actitud no piadosa puede bloquear el gozo y la paz.

Yo no estoy dispuesta a estar sin gozo por más tiempo. Cambiaré lo que tenga que cambiar a fin de disfrutar de mi vida. Pasé muchos años sin disfrutar de mi viaje debido a diversas razones, pero finalmente decidí que no me limitaría a existir, sino que disfrutaría de mi vida y de mi trabajo. El gozo es un fruto del Espíritu Santo. Jesús dijo que Él vino para que tuviéramos vida y la disfrutáramos en abundancia (ver Juan 10:10). Te aliento a que tomes la decisión de que disfrutarás de cada aspecto de tu vida y que harás cualquier cosa que necesites hacer para ver que eso sucede. Es parte de tu destino y, sin duda, parte del propósito global de Dios para tu vida.

> **Emplea tu energía en algo que sea profundamente satisfactorio y que dé mucho fruto bueno.**

Encuentra algo que te guste hacer y hazlo. Si lo haces, te sentirás como si nunca trabajaras ni un sólo día en tu vida. Cuando estás cumpliendo tu propósito, tu trabajo parece encajar en tu vida y tu vida encaja en tu trabajo, y toda tu actitud mental hacia ello es más sana. Yo nunca cuento cuántas horas por semana trabajo; simplemente hago lo que necesito hacer a fin de cumplir mi destino. No permitas que tu pasión esté en un lugar equivocado. Emplea tu energía en algo que sea profundamente satisfactorio y que dé mucho fruto bueno.

Sigue dedicado a tu propósito

Los doce apóstoles estaban dedicados a su propósito. Sin embargo, en Hechos 6, leemos sobre una situación donde ellos se encontraron estando demasiado ocupados con los detalles del ministerio en lugar de con la predicación de la Palabra de Dios.

Como es el caso de muchos ministerios y organizaciones en la actualidad, su problema era un problema bueno, porque estaban creciendo en su ministerio. La iglesia añadía nuevos miembros cada día, pero más personas significaba más responsabilidad para ocuparse de quienes necesitaban ayuda, como las viudas y los ancianos. Las personas comenzaron a quejarse de que se pasaba por alto a algunos. Podría haber sido muy tentador para unos cuantos de aquellos discípulos haber recortado tiempo de la predicación y el ministerio para acudir allí, remangarse, y comenzar a distribuir alimentos, servir mesas y supervisar el trabajo de satisfacer necesidades físicas. Sin embargo, ellos reconocieron que su propósito, su llamado, era predicar la Palabra; pero seguían teniendo un problema que necesitaban resolver.

> He aprendido que hay cosas que soy llamada a hacer y cosas que puedo hacer.

Cualquiera que sea tu tarea en la vida, probablemente no serás capaz de realizar todas las partes de ella por ti mismo. Las personas que no saben cómo delegar siempre terminarán frustradas y demasiado ocupadas. Yo he aprendido que hay cosas que soy llamada a hacer y cosas que puedo hacer. Los apóstoles eran llamados a predicar la Palabra de Dios; claro que podían distribuir alimentos y servir mesas, pero eso habría sido un desperdicio de sus dones. Ellos confrontaron la situación y encontraron una solución. Eligieron a siete hombres de buen carácter y les asignaron la tarea de ocuparse de ese tipo de cosas. En realidad, les asignaron la tarea de ocuparse del "ajetreo", mientras ellos se dedicaban a la oración y al ministerio de la Palabra.

Yo podría manejar muchos de los detalles de dirigir nuestro ministerio, pero cuando me permito implicarme con demasiada profundidad, siempre experimento frustración. Puedo hacerlo, pero no es lo que soy llamada a hacer; no es mi propósito en la vida. Dios ha traído a otras personas a mi lado y al de Dave, y ellas están dotadas para los negocios, así que por qué no permitirles que hagan aquello en lo que son buenos y yo dedicarme a aquello en lo que soy buena. Si yo no les permitiera ayudarme, ellos pronto estarían frustrados porque se sentirían insatisfechos. Cada persona tiene una parte, y deberíamos trabajar juntos para la gloria de Dios. Descubre cuál es tu parte y dedícate a ella.

> Descubre cuál es tu parte y dedícate a ella.

Conoce tus prioridades

En uno de sus muchos viajes, Jesús entró en una pequeña aldea y una mujer llamada Marta lo recibió en su casa (ver Lucas 10:38). Ella tenía una hermana llamada María, quien se sentó a los pies del Señor y escuchaba atentamente a su enseñanza mientras Marta estaba demasiado ocupada. Ella se distrajo con la comida y servir a los invitados, y asegurarse de que todo estuviese bien. Como resultado, no oyó lo que Jesús estaba diciendo, aunque eso debería haber sido su principal prioridad.

Jesús no siempre se detenía y realizaba sesiones de enseñanza en una habitación llena de personas. Aquel era un evento importante que debería haber tomado preferencia sobre cualquier otra cosa en ese momento en particular, pero Marta era adicta a estar ocupada. Hasta se enojó con María porque ella no la ayudaba con su ajetreo. En la mente de Marta, ella estaba trabajando duro y tratando de que todo funcionara, y lo único que María podía hacer era sentarse. Marta pensó que lo menos que su hermana podía hacer era levantarse y ayudarla a servir y poner las mesas; ella no entendía que María estaba exactamente donde necesitaba estar, y haciendo exactamente lo que necesitaba hacer. Era Marta quien estaba en el lugar equivocado haciendo las cosas equivocadas.

Jesús le dijo a Marta que ella estaba ansiosa y se preocupaba demasiado.

"Marta, Marta", le contestó Jesús, "estás inquieta y
preocupada por muchas cosas, pero sólo una es necesaria.
María ha escogido la mejor, y nadie se la quitará".
—LUCAS 10:41–42

María escogió lo que le beneficiaría más adelante; se aprovechó de una rara oportunidad y comprendió que podría regresar al trabajo ordinario después de que Jesús se marchara.

Me pregunto: ¿Cuántas veces Dios trata de decirnos algo, o de mostrarnos algo acerca de alguna situación en la que estamos, pero tiene problemas para comunicarse con nosotros porque estamos "demasiado ocupados" para detenernos y escuchar? ¿Cuántas veces en la vida un padre o una madre están ocupados y uno de sus hijos trata de comunicarles algo muy importante para él o ella?

En lugar de encontrar un oído que escucha, el niño sólo escucha: "Estoy demasiado ocupado ahora mismo". Si el niño oye eso con demasiada frecuencia, puede que deje de intentar hablar o puede que busque a otra persona con la que hablar y que no esté demasiado ocupada para escuchar. Comprendo que no podemos dejar que nuestros hijos nos molesten siempre que quieran, pero probablemente deberíamos ser más sensibles a la urgencia de sus voces en ciertos momentos.

> ¿Cuántas veces Dios trata de decirnos algo o de mostrarnos algo acerca de alguna situación en la que estamos, pero tiene problemas para comunicarse con nosotros porque estamos "demasiado ocupados" para detenernos y escuchar?

Yo tuve que aprender a no ser tan intensa con respecto a lo que yo hacía de modo que no observaba las necesidades importantes que me rodeaban. Jesús se detenía para oír lo que la gente tenía que decir. Él los consolaba y los ayudaba.

¿Cuán ocupado te encuentras estos días? ¿Sabías que puedes ser adicto a estar ocupado? Es cierto. Si te mantienes ocupado durante largos periodos de tiempo, como semanas o meses, descubrirás que es muy difícil tomar un descanso cuando tienes oportunidad de hacerlo. Es difícil relajarte y darte a ti mismo permiso para recuperar el aliento, para leer un libro y disfrutar de él o para sentarte a ver una película en la televisión. ¿Has pasado alguna vez unas vacaciones de las que regresaste sintiéndote aún cansado? Tu cuerpo no estaba acostumbrado a un estilo de vida más relajado. ¿Eres tan adicto a estar ocupado que no tienes tiempo para Dios o para ayudar a personas que sufren? Si es así, este es un buen momento para cambiar. Gracias a Dios, nunca es demasiado tarde para comenzar de nuevo. Si estás demasiado ocupado para pasar tiempo con Dios o para ayudar a personas, entonces algo necesita cambiar. Nuestras actitudes necesitan cambiar y nuestras prioridades, sin duda alguna, necesitan un ajuste.

> **Dios no nos ha llamado a "extendernos hacia adentro";**
> **Él nos ha llamado a "extendernos hacia fuera".**

Si Dios es nuestra pasión número uno, entonces tendremos compasión de las personas necesitadas y que sufren. Las personas egoístas son apasionadas por hacerse felices a sí mismas, pero su pasión está en un lugar equivocado. Dios no nos ha llamado a "extendernos hacia dentro"; Él nos ha llamado a "extendernos hacia fuera". Cuando nos acercamos a otros para hacer que sus vidas sean mejores y les ayudamos a ver un poco más de felicidad, estamos cumpliendo una importante parte de nuestro propio propósito en la vida.

¿Dónde vas con tanta prisa?

Hace unos años dos psicólogos de la Universidad Princeton, John Darley y Daniel Batson, decidieron dirigir un estudio inspirado por la historia bíblica del buen samaritano. Se reunieron con un grupo de seminaristas, de manera individual, y le pidieron a cada uno que preparara al instante una charla sobre un tema bíblico dado, y que luego fuera caminando a un edificio cercano para presentarlo. A lo largo del camino hacia la presentación, cada estudiante se encontró con un hombre desplomado en un callejón, con la cabeza agachada, los ojos cerrados, tosiendo y quejándose. La pregunta era: ¿quien se detendría y ayudaría?

Darley y Batson introdujeron tres variables en el experimento, para hacer que los resultados fueran más significativos. En primer lugar, preguntaron a cada seminarista en un cuestionario por qué habían elegido estudiar teología. ¿Lo hicieron para encontrar un medio de realización personal y espiritual? ¿O estaban buscando una herramienta práctica para encontrar significado en la vida cotidiana? Luego variaron el título del que se pidió a los estudiantes que hablasen. A algunos se les pidió hablar de la relevancia del clero profesional en la vocación religiosa. A otros se les dio la parábola del buen samaritano. Finalmente, las instrucciones dadas a cada estudiante también variaron. En algunos de los casos, al enviar a los estudiantes a su tarea, uno de los directores miraba su reloj y les decía: "Oh, llegas tarde. Te esperaban allí hace unos minutos. Es mejor que te apures". En otros casos, les decían: "Aún quedan unos minutos hasta que estén preparados para recibirte, pero igualmente podrías ponerte en camino ahora".

Si les preguntaras a personas que predijeran cuáles de los seminaristas harían lo mismo que el buen samaritano, sus respuestas serían muy coherentes. Casi todos dijeron que los estudiantes que habían entrado en el ministerio para ayudar a personas, y quienes recordaban la importancia de la compasión por acabar de leer la parábola del buen samaritano, serían quienes más posibilidad tendrían de detenerse. La verdad es que eso no aumentó de modo significativo su conducta ayudadora. Lo único que verdaderamente importó fue si el estudiante tenía prisa. Del grupo que tenía tiempo de sobra, el 63 por ciento se detuvo; del grupo que tenía prisa, sólo el 10 por ciento se detuvo para ayudar.

> Todo el mundo tiene prisa por llegar a algún lugar, y sin embargo pocos saben a dónde se dirigen.

Mira a tu alrededor. Tu ajetreo no es nada nuevo. El mundo entero parece andar con prisas; todo el mundo está ocupado. Al igual que esos estudiantes, todo el mundo tiene prisa por llegar a algún lugar, y sin embargo pocos saben a dónde se dirigen. Yo realmente creo que es muy fácil caer en la trampa de estar meramente ocupado sin dar ningún fruto bueno y permanente. Quedamos tan enredados en el ajetreo que pasamos por alto ver a otros que tienen necesidad, y posiblemente podemos pasar por alto nuestro propósito por completo. Jesús les dijo a sus discípulos que los escogió para que llevaran fruto y para que su fruto pudiera ser permanente y duradero (ver Juan 15:16). ¿Estás empleando tu tiempo en algo que permanecerá después de ti? Si tienes hijos, ellos probablemente vivirán más tiempo que tú, así que asegúrate de emplear suficiente tiempo en ellos para educarlos adecuadamente. No permitas que la televisión o la internet eduquen a tus hijos en lugar de hacerlo tú.

> ¿Estás empleando tu tiempo en algo que permanecerá después de ti?

En este momento, estoy pasando mucho tiempo escribiendo este libro, y creo que dará buen fruto y perdurará después de mí. Mi esperanza es que haya personas que lo lean mucho tiempo después de que yo haya muerto. Es emocionante para mí pensar que mi vida puede proseguir y perdurar para siempre por medio del trabajo que hago ahora. Hemos educado a cuatro hijos que creemos que continuarán nuestro ministerio mucho tiempo después de que nosotros ya no estemos, y esperamos que sus hijos lo continúen tras ellos. Me emociona pensar que estoy dejando un legado. Te aliento a que vivas tu vida de tal manera que dejes algo maravilloso a tus espaldas cuando tu tiempo llegue a su fin. ¡Sé una persona de propósito!

> Estar ocupado no es la respuesta para sentirse satisfecho.

Hay una urgencia en mi espíritu por ayudar a las personas a entender que sólo "estar ocupado" no es la respuesta para sentirse satisfecho. Me parece que el mundo está lleno de personas frustradas, infelices e insatisfechas; también está lleno de personas "ocupadas" que tienen prisa. A veces, siento que el ajetreo es como una maldición; nos subimos a una rueda de molino llamada "ocupado" y parece que no podemos encontrar la manera de bajarnos.

Asegúrate de saber hacia dónde te diriges. ¿Te está ayudando tu actividad diaria a alcanzar tus metas? ¿Acaso tienes alguna meta o sólo te levantas cada día y te enredas en el ajetreo de la vida cotidiana? Si no tienes metas, establece algunas, conoce de modo preciso cuáles son y examina cuán cerca estás de cumplirlas Tener propósito y dirección te dará entusiasmo para levantarte de la cama cada día. Desarrollar metas a largo plazo y a corto plazo te ayudará hacia completar tu propósito.

Tus metas pueden variar en diferentes épocas de tu vida, pero es muy importante que tengas algunas. Ten siempre algo delante de ti hacia lo que avanzar. Niégate a ser el tipo de persona que siempre tiene prisa pero que no tiene idea de hacia dónde se dirige. Sé apasionado pero mantente enfocado. Sé comprometido y, lo más importante, sé fructífero.

CAPÍTULO 7

Ocho maneras de malgastar tu tiempo

Hay una página web que puedes visitar llamada Bored.com. Su propósito es ofrecer "cosas divertidas mientras estás aburrido". Hay vínculos a todo tipo de cosas: puedes leer tiras cómicas online, ver vídeos musicales y hasta insertar una melodía con la barra espaciadora de tu teclado a fin de que tu computadora pueda adivinar qué canción estás "tocando". Realmente puedes leer, de entre todas las cosas, cartas de ruptura de las relaciones de otras personas. Puedes jugar online con "papel y tijeras", igual que cuando eras niño. Todo esto se proporciona a personas que están aburridas, y aunque no hay nada de malo en divertirse, debemos evitar cosas que simplemente desperdician el tiempo.

Una mujer a la que conozco me dijo que ella realmente llegó a ser adicta a jugar a juegos de computadora en la noche. Comenzó a jugar al solitario, y poco tiempo después estaba tan enredada en ese juego de cartas que se apresuraba a regresar a su casa del trabajo, se apuraba para terminar de cenar, queriendo estar a solas para jugar. Si lo permitimos, cualquier cosa puede volverse adictiva.

¿Has pasado alguna vez toda una tarde buscando algo decente que ver en la televisión? ¡Yo lo he hecho! He cambiado de canales utilizando el control remoto por más de dos horas, viendo un poco de un programa y luego otro, y pensando a la vez: ¡esto es estúpido!". Al final de la tarde, me sentí muy frustrada porque había "malgastado" mi tiempo. Es mucho mejor tener cosas a mano para hacer de las que disfrutarás cuando tengas tiempo para hacerlas. Planear de antemano nos ayudará a no desperdiciar tiempo.

Dios no quiere que malgastemos ninguno de nuestros recursos, especialmente nuestro tiempo. Deberíamos esforzarnos por utilizar nuestro tiempo sabiamente. ¿Alguna vez estás tumbado en la cama en la noche y te sientes frustrado porque aunque estuviste todo el día ocupado sentiste que no conseguiste nada? ¿Que simplemente desperdiciaste tiempo? Yo lo he hecho, y no me gusta ese sentimiento en absoluto. Somos creados por Dios para progresar, alcanzar logros y dar fruto. Está en nuestro ADN espiritual y sin ello nos sentimos incompletos.

> Somos creados por Dios para progresar, alcanzar logros y dar fruto.

Si queremos estar seguros de que estamos dando fruto y buscando apasionadamente nuestro propósito, podríamos tener que echar un serio vistazo a nuestras vidas y ver si hay alguna manera en que estamos malgastado tiempo. Es posible entregarte a una larga lista de cosas que no te estén haciendo ningún bien ni a ti ni a ninguna otra persona. He descubierto algunas cosas que malgastan tiempo, y las compartiré contigo, pero probablemente tú puedas añadir más a mi lista.

La preocupación es una pérdida de tiempo

A veces, me gusta sentarme en una mecedora y enseñar sobre la preocupación. Lo hago para subrayar el punto de que, al igual que la mecedora, la preocupación nos mantiene ocupados, pero no nos lleva a ninguna parte. Frecuentemente, me encuentro con personas cuando estoy fuera que me dicen lo mucho que les ha ayudado el ejemplo de "la mecedora". Jesús nos dijo que no nos preocupáramos porque eso no causa ningún bien (ver Mateo 6:34). Hay muchas cosas en la vida sobre las que no podemos hacer nada al respecto, pero Dios sí puede. La preocupación no mueve la mano de Dios, pero la fe sí lo hace. Cambia la preocupación por la confianza en Dios y verás progreso.

La próxima vez que te veas tentado a preocuparte, sólo recuérdate que no hará ningún bien ni a ti ni a ninguna otra persona. Después de todo, es difícil estar apasionado por tu propósito y preocuparte. La preocupación lentifica tu impulso y pone obstáculos delante de tu determinación. La preocupación es una total pérdida de tiempo.

> **La preocupación lentifica tu impulso y pone obstáculos delante de tu determinación.**

Comprométete a no malgastar tiempo. Usa el tiempo que emplearías preocupándote y medita en la promesa de Dios de ayudarte. Si sabes cómo preocuparte, entonces también sabes cómo meditar. Preocuparse es darle vueltas a la misma cosa una y otra vez en tu mente, y lo mismo es la meditación. Toma una de las promesas de Dios, como Josué 1:9, y musítala una y otra vez: "¡Sé fuerte y valiente! ¡No tengas miedo ni te desanimes! Porque el Señor tu Dios te acompañará dondequiera que vayas". Dale vueltas varias veces en tu mente, y descubrirás que surge esperanza en tu corazón, tu gozo regresará y reinará la paz.

Podrías sentir que estás afrontando una situación imposible, así que te preocupas por lo que podrías hacer para arreglarla. Bien, lo primero que debes comprender es que si es realmente imposible, no hay nada que puedas hacer de todos modos, así que ¿por qué preocuparte? Lo siguiente a entender es que lo que es imposible para el hombre es posible para Dios (ver Lucas 18:27). Dios hizo todo lo que vemos de la nada, así que ocuparse de nuestros problemas no es problema para Él.

> **Si es realmente imposible, no hay nada que puedas hacer de todos modos, así que ¿por qué preocuparte?**

Haz lo que puedas y deja que Dios haga lo que tú no puedes hacer. La Biblia dice que debemos hacer lo que la crisis demande y luego permanecer firmemente en nuestro lugar (ver Efesios 6:13). Nuestro lugar es "en Cristo", confiando en Él para que abra un nuevo camino donde no parece haber ninguno.

Yo siempre estuve más inclinada a preocuparme, mientras que mi esposo era fácilmente capaz de dejar su preocupación y confiar en Dios. Yo veía a Dave disfrutar de su vida mientras yo me sentía desgraciada. Yo desperdiciaba mi tiempo y él utilizaba el suyo sabiamente. Cualquier cosa que estés pasando en este momento finalmente pasará, así que bien puedes igualmente disfrutar de tu vida mientras tanto. Mary Hemingway dijo: "Preocúpate un poco cada día y en toda una vida habrás perdido un par de años. Si algo está mal, arréglalo si puedes, pero entrénate para no preocuparte. La preocupación nunca arregla nada".[1]

> ¿Qué deberíamos hacer cuando Dios parece estar durmiendo y nosotros tenemos un problema?

Jesús y sus discípulos estaban en una barca cruzando al otro lado del lago cuando surgió una furiosa tormenta y las olas golpeaban contra la barca, amenazando con volcarla y ahogarlos a todos. Mientras Jesús dormía profundamente en la popa de la barca, los discípulos se preocupaban frenéticamente y eran incapaces de entender cómo Jesús podía dormir cuando ellos corrían un peligro tal. ¿Qué deberíamos hacer cuando Dios parece estar durmiendo y nosotros tenemos un problema? Después de despertarse, Jesús reprendió a sus discípulos por ser tan temerosos, tímidos y no tener fe. Él calmó la tormenta, y ellos llegaron al otro lado tal como Él había dicho que harían. Sin embargo, mientras Jesús descansaba, los discípulos malgastaron el viaje preocupándose (ver Marcos 4:35-41).

Cualquiera que sean las metas que estés tratando de alcanzar en la vida, encontrarás muchas tormentas que amenazan con detenerte. Puedes hacerte desgraciado a ti mismo con la preocupación o puedes confiar en Dios. Tú eres el único que puede hacer la elección, así que te sugiero que consideres seriamente de qué manera quieres vivir.

Un día, en marzo de 1976, yo estaba escuchando el primer sermón grabado que había oído nunca. Yo estaba haciendo mi cama y escuchando a la vez un mensaje titulado: "Cruza al otro lado". El mensaje hablaba sobre confiar en Dios y disfrutar del viaje, y eso fue algo que yo nunca había hecho en mi vida, y me sorprendió saber que fuera incluso una opción. Yo había pasado mi vida tratando de ocuparme de mí misma y de arreglar todos mis problemas. Estaba cansada, agotada y quemada emocionalmente y mentalmente. Estaba preparada para un cambio, y los versículos en Marcos capítulo 4 me dieron la esperanza que necesitaba para estar dispuesta a intentar una nueva manera de vivir.

Yo me preocupaba siempre; esa era mi primera respuesta a cualquier problema. Me encantaría poder decir que era capaz de dejar de preocuparme de inmediato y confiar en Dios, pero eso no sucedía. Necesité disciplina y dedicación para aprender nuevas maneras de enfocar los problemas en lugar de preocuparme; sin embargo, poco a poco, vi de primera mano la fidelidad de Dios y comprendí que si descansaba en sus promesas, Él siempre haría lo que había que hacer. Si quieres levantarte de la mecedora de la preocupación, comienza por buscar todos los pasajes en la Biblia que hablan sobre la preocupación y la ansiedad. Léelos una y otra vez y deja que surja la fe en tu corazón. La fe viene por el oír la Palabra de Dios.

> La fe viene por el oír la Palabra de Dios.

Lo siguiente que te recomiendo es utilizar tu fe en algo pequeño para comenzar. Quizá te preocupes cuando estás conduciendo en medio de la lluvia. Di una oración antes de arrancar el auto y dile a Dios que intercambias tu temor a conducir en medio de la lluvia por la fe en que Él cuidará de ti. No trates de abordar algo realmente importante la primera vez. Cuando comiences a borrar las pequeñas preocupaciones de tu vida, también experimentarás la fidelidad de Dios, y será más fácil para ti confiar en Dios en cada área de la vida, incluyendo las importantes.

Recientemente oí la historia de un ministro que estaba disfrutando de una película mientras viajaba a algún lugar en su avión privado. De repente, se rajó la ventana frontal del avión. El ministro pausó la película, hizo una oración por protección para el avión y quienes iban a bordo, y luego anunció que iba a terminar de ver su película porque no había ninguna otra cosa que pudiera hacer.

Lo más importante a recordar cuando surge un problema es que la preocupación es inútil. No malgastes tu tiempo haciéndolo.

La culpabilidad es una pérdida de tiempo

Vamos a cometer errores, y para ser sinceros, si quisiéramos, podríamos malgastar cada día de nuestra vida sintiéndonos culpables acerca del ayer. Pero no tenemos por qué hacerlo, porque Jesús llevó nuestros pecados en la cruz. Él pagó por ellos a fin de que pudiéramos vivir libres de la tiranía de ellos. La Biblia afirma que Él llevó nuestras iniquidades y la culpabilidad (ver Isaías 53:11). Sentirse culpable por errores del pasado no los borrará. No puedes hacer nada en cuanto a tu pasado, pero puedes hacer mucho en cuanto a tu futuro, y mucho de eso tiene que ver con tu actitud.

Lo siguiente es lo que Charles Swindoll tiene que decir con respecto a la actitud:

"Cuanto más vivo, más entiendo el impacto que tiene la actitud en la vida. La actitud, para mí, es más importante que los hechos; es más importante que el pasado, que la educación, que el dinero, que las circunstancias, que los fracasos, que los éxitos, que lo que otras personas piensan, dicen o hacen. Es más importante que el aspecto, las capacidades o la destreza. Formará o romperá una empresa… una iglesia… un hogar. Lo destacable es que tenemos una elección cada día con respecto a la actitud que adoptaremos en ese día. No podemos cambiar nuestro pasado… no podemos cambiar el hecho de que las personas se comportarán de cierta manera. No podemos cambiar lo inevitable. Lo único que podemos hacer es tocar la única cuerda que tenemos, y es la de nuestra actitud. Estoy convencido de que la vida es un 10% lo que me sucede, y un 90% el modo en que reacciono a ello. Y lo mismo le sucede a usted. Nosotros estamos a cargo de nuestras actitudes".[2]

> ¿Te sientes obligado a sentirte culpable cuando cometes errores? Si es así, necesitas una nueva actitud.

Quizá necesitas una nueva actitud hacia la culpabilidad, y una nueva manera de mirarla. Hubo una época en mi vida en que yo lo hice. ¿Te sientes obligado a sentirte culpable cuando cometes errores? Si es así, necesitas una nueva actitud. Nuestra actitud es lo que alimenta nuestros sentimientos. Muchas personas dicen que no pueden evitar sentirse culpables. Testifican que a pesar de lo mucho que traten de no sentirse culpables, se siguen sintiendo. Quizá nunca hayan cambiado su actitud y sus pensamientos con respecto a sus errores.

Yo pasé la mayor parte de mi vida sintiéndome culpable por algo. En cuanto una cosa terminaba, alguna otra nueva aparecía. Realmente me sentí culpable por tanto tiempo que no me sentía bien si no me estaba sintiendo mal. Mi círculo de culpabilidad comenzó temprano en mi niñez, como resultado del abuso sexual. Yo creí la mentira del diablo de que era culpa mía, y desde ese punto en adelante todo lo que iba mal era culpa mía, y yo constantemente vivía en la agonía de la culpabilidad. Podría haber sido culpa desde mi niñez o culpa desde el día anterior, pero yo constantemente vivía mi vida bajo la nube de la culpabilidad y la condenación.

> Los seres humanos cometemos errores; por eso precisamente necesitamos un Salvador.

Finalmente, llegué a un punto en que no estaba dispuesta a vivir de esa manera por más tiempo y declaré guerra a vivir en el pasado, y eso es la culpabilidad. La misericordia de Dios es nueva cada día y, cuando no la utilizamos, se desperdicia, en cuanto a nosotros se refiere. La Biblia no nos enseñaría mediante incontables versículos sobre la misericordia de Dios si no fuéramos a cometer errores. Los seres humanos cometemos errores; por eso precisamente necesitamos un Salvador. No podemos estar a la altura del estándar de Dios de santidad, así que Jesús lo hizo por nosotros. Mientras le miremos a Él para nuestra salvación, Dios nos ve como santos y en una buena relación con Él (ver 2 Corintios 5:21).

Si estás preparado para un cambio en esta área, ¿por qué no tomar una decisión de abandonar la ciudad del lamento? La siguiente es una historia por Larry Harp para ayudarte a entender que no estamos indefensos cuando se trata de culpabilidad; puedes hacer algo al respecto.

Abandonar la ciudad del lamento

Yo realmente no había planeado hacer un viaje en esta época del año, y sin embargo me encontré a mí mismo haciendo maletas con bastante prisa. Este viaje iba a ser desagradable, y yo sabía de antemano que no saldría de él ningún bien.

Estoy hablando de mi anual "viaje a la culpa".

Saqué boletos para volar allí con la compañía aérea DESEARÍA HABER. Era un viaje extremadamente corto. Agarré mi equipaje, que no pude facturar. Escogí llevarlo yo mismo durante todo el camino. Me sentía pesado con miles de recuerdos de lo que podría haber sido. Nadie me saludó cuando entré a la terminal del aeropuerto internacional Ciudad del Lamento. Digo internacional porque personas de todo el mundo llegan a esta deprimente ciudad.

Cuando me registré en el hotel Último Refugio observe que estaban realizando el evento más importante del año: la fiesta anual de Compasión. Yo no iba a perderme esa gran ocasión social. Muchos de los principales ciudadanos de ese lugar estarían allí.

En primer lugar, estaría la familia Hecho; ya sabes, *Debería Haber Hecho*, *Habría Hecho* y *Podría Haber Hecho*. Luego, llegaría la familia *Hubiera*. Probablemente conozcas al *Viejo Hubiera Hecho* y su clan. Desde luego, los *Oportunidades* estarían presentes, *Pasadas* y *Perdidas*.

La mayor familia sería los *Ayer*. Hay demasiados para poder contarlos, pero cada uno tendría una triste historia que compartir.

Luego, los *Sueños Deshechos* seguramente harían su aparición. Y *Es su Culpa* nos regalaría historias (excusas) sobre cómo las cosas fallaron en su vida. Cada historia sería muy aplaudida por *No me Culpes* y *No Pude Evitarlo*.

Bien, para no alargar la historia, fui a esa deprimente fiesta sabiendo que no habría ningún beneficio real al hacerlo. Y, como siempre, me deprimí mucho. Pero cuando pensé en todas las historias de fracasos traídas desde el pasado, se me ocurrió que el resto de este viaje y las subsiguientes "fiestas de compasión" ¡podrían ser canceladas por *MÍ*!

Comencé a comprender de verdad que yo no tenía por qué estar allí. No tenía por qué estar deprimido. Una cosas seguía pasando por mi mente: *NO PUEDO CAMBIAR EL AYER, PERO SÍ TENGO EL PODER DE HACER DEL DÍA DE HOY UN DÍA MARAVILLOSO.* Puedo ser feliz, alegre, satisfecho, alentado y también ser alentador. Sabiendo esto, abandoné la ciudad del *Lamento* de inmediato y no dejé dirección alguna. ¿Lamento los errores que he cometido en el pasado? ¡Sí! Pero no hay manera física de deshacerlos.

Por lo tanto, si estás planeando un viaje de regreso a la ciudad del *Lamento*, por favor cancela en este momento todas tus reservas. En cambio, haz un viaje a *Comenzar de Nuevo*.

Me gustó tanto que ahora he hecho allí mi residencia permanente. Mis vecinos, los *Me Perdono a mí Mismo* y los *Nuevos Comienzos*, ayudan mucho. A propósito, no tienes por qué llevar arrastrando equipaje pesado, porque la carga te la quitan de los hombros al llegar. Dios te bendiga al encontrar esta estupenda ciudad. Si puedes encontrarla —está en tu propio corazón— por favor búscame. Yo vivo en la calle *PUEDO HACERLO.*[3]

Yo me sobrepuse a la culpabilidad y también tú puedes hacerlo. Hay muchos pasajes que Dios utilizó para ayudarme a vencer los sentimientos de culpa, pero uno en particular es el siguiente:

"Mis queridos hijos, les escribo estas cosas para que no pequen. Pero si alguno peca, tenemos ante el Padre a un intercesor, a Jesucristo, el Justo".
—1 JUAN 2:1

La Biblia entera está escrita para nuestra instrucción, para que pudiéramos vivir vidas santas y no pecar. Cada día, nuestra meta y propósito deberían ser vivir vidas rectas que glorifiquen a Dios; pero si pecamos, debemos comprender que Jesús vino por nosotros y que ya ha pagado por cada error que cometeríamos. Si vivimos en la culpabilidad del pasado, no tendremos energía para vivir el hoy para la gloria de Dios. La culpabilidad te quita toda tu fortaleza y no hace ningún bien en absoluto.

> La culpabilidad te quita toda tu fortaleza y no hace ningún bien en absoluto.

La culpa es ira dirigida solamente a ti por algo que hiciste o no hiciste. Jesús llevó el castigo de nuestros pecados y su sacrificio fue completo y perfecto; ningún otro sacrificio es necesario nunca más. El suyo fue un sacrificio bueno para siempre; Él lo hizo una vez y para siempre (ver Hebreos 10:10-12). No necesitamos añadir nuestro sacrificio de culpa al sacrificio que Él ya hizo de su vida. Te prometo que Él hizo un trabajo completo y no necesita nuestra ayuda.

Nuestra posición debería ser la de admitir nuestros pecados, arrepentirnos de ellos, lo cual significa estar dispuestos a darles la espalda y seguir a Dios y la justicia. Deberíamos lamentar nuestros pecados, y hasta hay un momento en que podemos sentir remordimiento y pensar en ellos; pero el tiempo del lamento no debería durar más allá del verdadero arrepentimiento. Si lo hace, estamos básicamente diciendo por nuestros actos que aunque nos hemos arrepentido, nuestro pecado aún tiene poder sobre nosotros y debemos continuar sintiéndonos culpables por él.

La Biblia dice en Romanos capítulo 6 que estamos muertos al pecado y el poder de él ha sido quitado. Estar muerto al pecado simplemente significa que la parte renovada de ti (tu espíritu nacido de nuevo) no quiere pecar. La parte de nueva criatura de ti odia el pecado, aunque tu carne aún tenga en ella el principio del pecado y con frecuencia obtenga lo mejor de ti. La carne hace guerra contra el espíritu (ver Gálatas 5:17). El espíritu está dispuesto, pero la carne es débil (ver Mateo 26:41). El apóstol Pablo preguntó que quién nos liberaría de este cuerpo de muerte. ¡Jesucristo es el único! (ver Romanos 7:24-25).

Comprender que Jesús es el único que puede liberarnos nos ayuda un poco más en nuestro entendimiento de la siguiente manera en que podemos malgastar tiempo sin a veces darnos cuenta de que lo hacemos.

Tratar de cambiar lo que sólo Dios puede cambiar es una pérdida de tiempo.

¡Tratar de cambiar algo que no puedes controlar es una total pérdida de tiempo! Hay un viejo dicho que dice que la definición de locura es hacer lo mismo una y otra vez, esperando resultados diferentes. ¿Acaso no es así como enfocamos la vida a veces? Sabemos que al final le corresponde a Dios hacer algo; sin embargo, seguimos batallando por tratar de hacer algo que sólo Dios puede hacer. Permitimos que algo que ya hemos mencionado, las obras de la carne, tomen prioridad. Por el contrario, deberíamos recordar que somos colaboradores de Dios y, como tales, tenemos responsabilidades, pero si nos confundimos y empleamos nuestro tiempo tratando de hacer lo que sólo Dios puede hacer, quedaremos frustrados porque ninguno de nuestros esfuerzos producirá ningún buen fruto.

Por ejemplo, solamente Dios puede cambiar el corazón de una persona. Podemos orar por las personas, pero solamente Dios puede cambiarlas. No podemos ni siquiera cambiarnos a nosotros mismos. Podemos tratar de comportarnos mejor y tener algún éxito; podemos disciplinarnos a nosotros mismos y aprender mejores maneras de responder a las personas y las situaciones, pero cuando se trata de un genuino cambio de corazón, solamente Dios puede hacer eso. Él es el único que puede alcanzar el interior de una persona para sanar lo que necesita ser sanado y cambiar lo que necesita un cambio.

> Cuando se trata de un genuino cambio de corazón, solamente Dios puede hacer eso.

¿Estás batallando contigo mismo? Si es así, dirige tus esfuerzos hacia la oración y comenzarás a ver resultados increíbles. Dios responde a la oración llena de fe, y no a las obras de la carne.

Todos tenemos cosas incorrectas en nosotros que necesitan cambiar, y normalmente es una larga lista. Dios nos cambia a su imagen a medida que estudiamos regularmente su Palabra. La Palabra de Dios tiene poder innato y obra cosas increíbles en nuestros corazones.

Acude a Dios con total dependencia de Él y dile que comprendes que tú no puedes cambiarte a ti mismo ni a ninguna otra persona. Pídele que Él te cambie. Emociónate y sé entusiasta por los cambios que ves, y no deprimido y desalentado por las cosas que quedan por hacer. Celebra cada victoria que Dios te dé. Piensa en lo lejos que has llegado, y no sólo en lo que te queda por avanzar.

> Piensa en lo lejos que has llegado, y no sólo en lo que te queda por avanzar.

Dios ha comenzado una buena obra en ti y Él la completará (ver Filipenses 1:6). Él es el autor y consumador de nuestra fe (ver Hebreos 12:2). Él nos ha llamado a ser un cuerpo, alma y espíritu totalmente santificados y Él lo hará. Él cumplirá su llamado en tu vida a medida que te apoyes y confíes en Él (ver 1 Tesalonicenses 5:22-23). Él te completará y te hará lo que debieras ser (ver 1 Pedro 5:10). Tú no puedes alcanzar la perfección dependiendo de la carne (ver Gálatas 3:3).

> **Dios nunca te ayudará a ser otra persona distinta a ti.**

Yo malgasté muchos años de mi vida batallando con mi personalidad. No me gustaba a mí misma y quería ser otra persona distinta a la que era. Observa que dije malgasté muchos años. Te estoy pidiendo que aprendas de mis errores y hagas las cosas a la manera de Dios, no a la manera del hombre. Dios nunca te ayudará a ser otra persona distinta a la que eres.

Aquellos años fueron frustrantes y desalentadores porque yo siempre me sentía un fracaso. Siempre le decía a Dios lo difícil que era intentarlo, pero lo que realmente necesitaba era intercambiar mi intento por la confianza en Él. Una vez que hice eso, Él comenzó a cambiarme, y ha hecho tantas cosas en mí que apenas me reconozco a mí misma en aquella época.

Otra gran pérdida de tiempo se produce cuando intentamos cambiar a otras personas. Tratar de cambiar a alguien que no quiere que lo cambien es inútil. Yo he pasado años tratando de ayudar a diferentes personas, sólo para que ellas siguieran haciendo cosas que las estaban destruyendo. Finalmente comprendí que Satanás las estaba utilizando para quitarme la energía que necesitaba para ayudar a personas que realmente querían ayuda.

Las personas no cambiarán a menos que quieran y estén dispuestas a acudir a Dios por su ayuda. Podemos señalar todo el día los defectos de las personas, y eso sólo les hará sentir enojadas o inseguras. Una vez más, deberíamos emplear nuestra energía en orar y permitir a Dios obrar. Cuando oramos abrimos la puerta para que Dios obre, y luego Él obtiene la gloria cuando se produce el cambio.

Podemos enseñar a nuestros hijos la manera en la que Dios quiere que vivan, pero no podemos obligarlos. Al igual que con cualquier otra persona, ellos son quienes finalmente tienen que decidir. Ahora bien, la Biblia dice que si los formamos correctamente, cuando sean viejos no se apartarán del camino (ver Proverbios 22:6). Es de esperar que nunca se aparten de hacer lo correcto, pero tenemos la promesa de Dios de que aun si lo hacen, al final regresarán a las raíces rectas.

Yo desperdicié mucho tiempo tratando de hacer que mis hijos fueran lo que yo pensaba que deberían ser. Una de ellas era desordenada y yo quería que fuese ordenada; otro quería controlarlo todo y yo quería que él se calmase y fuera más fácil llevarme bien con él; otro sólo quería pasarlo bien, convertía todo en una fiesta y no estaba muy interesado en la escuela y otras responsabilidades. La cuarta era tan perfeccionista y tan detallada que casi me volvía loca. Todos mis esfuerzos por cambiarlos sólo me frustraban a mí y a ellos. Gracias a Dios, finalmente aprendí que Dios nos crea a cada uno de nosotros con un propósito especial en mente. Nosotros somos su barro y Él hace de nosotros lo que quiere que seamos.

> Forma un hábito de encontrar lo bueno en las personas, no sus errores.

En nuestro orgullo, queremos que todos sean como nosotros o que sean como nosotros creemos que deberían ser. Dios quiere que oremos porque se haga su voluntad; quiere que disfrutemos de las personas que Él ha puesto en nuestras vidas, y no que las juzguemos y las critiquemos. Forma un hábito de encontrar lo bueno en las personas, no sus errores. Todos tenemos nuestra propia carga de faltas opresivas, y somos llamados a ser pacientes y soportarnos los unos a los otros. Eso significa literalmente que tendremos que soportar algunas cosas que no nos gustan a fin de tener relaciones que perduren y edifiquen.

Sin embargo, también debemos recordar que otras personas tienen que pasar por alto algunas de nuestras faltas también. Esa es la única manera en que podemos tener relaciones pacíficas. Todos debemos practicar el ser adaptables.

Estoy contenta de decir que todos mis hijos y yo atravesamos aquellos años difíciles y que ahora tenemos estupendas relaciones. Yo cometí muchos errores, pero Dios es nuestro sanador. Todos ellos trabajan para el ministerio y son muy valiosos para nosotros. Algunas de las cosas que en una época yo veía como debilidades que necesitaban ser cambiadas en realidad resultaron ser fortalezas que Dave y yo no teníamos pero que necesitábamos. Ellos hacen cosas en el ministerio que nosotros no podríamos hacer, y ellos las han mejorado.

Permite a Dios ser Dios en tu vida.

Permite a Dios ser Dios en tu vida. No emplees la energía que necesitas para la pasión en la vida en tiempo desperdiciado tratando de hacer lo que solamente Él puede hacer.

Tienes que atreverte

Emplea tu tiempo sabiamente

Una de las mejores maneras en que podemos saber cuánto tiempo estamos desperdiciando, y cuánto de nuestro tiempo estamos utilizando sabiamente, es comprobar lo que hacemos. Durante un día, escribe todo lo que hagas. Lleva contigo un cuaderno dondequiera que vayas, y desde el momento en que te despiertes hasta que regreses a la cama, haz anotaciones. Si empleas una hora delante de la computadora "navegando", escribe eso. Si empleas cinco minutos orando, escribe eso también. ¿Recibiste una llamada de un amigo? Escribe cuánto tiempo empleaste y de lo que hablaste.

Al día siguiente, agarra otra hoja de papel y divídela en dos columnas, marcando una como "inversión sabia" y la otra como "tiempo desperdiciado".

Luego comprueba tu lista del día anterior y comienza a poner cada uso del tiempo en la columna apropiada.

Cuando hayas terminado, echa un vistazo a cómo te fue. ¿Estás empleando tu tiempo sabiamente haciendo cosas que honran a Dios y cumplen tu propósito? ¿O estás desperdiciando mucho en cosas sin significado? Ten en mente que está bien relajarse si eso logra la tarea de restaurarte y recargarte a ti mismo. Sé sincero en tu evaluación y piensa en cómo puedes pasar de la columna "tiempo desperdiciado" al lado de "inversión sabia".

La queja es una pérdida de tiempo

La mayoría de nosotros tenemos tendencia a quejarnos cada vez que algo nos desagrada o nos molesta. Realmente creo que sería un gran milagro de Dios si pudiéramos pasar un día completo sin quejarnos de algo o murmurar en nuestros corazones.

La queja es una total pérdida de tiempo, y nunca sale nada positivo de ella; sin embargo, sí que crea una atmósfera negativa en la que el diablo encuentra oportunidad de obrar. Realmente creo que hay prueba bíblica de que la queja, la crítica y la murmuración abren una puerta para que el enemigo traiga destrucción a nuestras vidas.

> La queja, la crítica y la murmuración abren una puerta para que el enemigo traiga destrucción a nuestras vidas.

Quizá muchos de nuestros problemas sean un resultado de nuestras quejas cuando deberíamos haber estado alabando a Dios o dándole gracias. La queja no es, sin duda alguna, la voluntad de Dios o su propósito para su pueblo. El mundo entero parece estar quejándose de algo, pero cada uno de nosotros podemos tomar la decisión de establecer un ejemplo diferente y más positivo.

Si no puedes cambiar algo, entonces cambia la manera en que piensas de ello, pero no te quejes.

Las siguientes son algunas sugerencias que podrías encontrar útiles:

- Podemos quejarnos de lo que no podemos hacer o podemos hacer lo que podemos hacer.

- Podemos quejarnos de las condiciones en la sociedad y desear que alguien hiciera algo al respecto o podemos orar.
- Podemos quejarnos de lo que no tenemos o podemos ser agradecidos por lo que sí tenemos.
- Podemos criticar a nuestros amigos o familiares, o podemos dar gracias a Dios de que no estemos completamente solos en la vida.
- Podemos quejarnos del trabajo que tenemos o podemos dar gracias a Dios por tener uno.
- Podemos quejarnos del tráfico o podemos dar gracias a Dios porque tenemos un auto cuando la mayor parte del mundo aún tiene que caminar a todas partes.
- Podemos quejarnos del tiempo, o podemos dar gracias a Dios por tener salud suficiente para salir a la calle.

La próxima vez que seas tentado a quejarte, por favor, recuerda que eso no hace ningún bien. Es una total pérdida de tiempo y le dice con toda claridad a Dios que no estás en absoluto satisfecho con la manera en que Él se está ocupando de ti. Si comienzas a dar gracias a Dios desde el punto en que estás, Él te ayudará a llegar donde quieres estar.

> Si comienzas a dar gracias a Dios desde el punto en que estás, Él te ayudará a llegar donde quieres estar.

Cuán agradecido eres en los valles de la vida ayuda a determinar con cuánta rapidez llegarás a las cumbres de las montañas. No cometas el error de pensar que la hierba es siempre más verde al otro lado. Si estuvieras en el otro lado, descubrirías que también allí hay que segar la hierba.

Cuando seas tentado a murmurar y quejarte de la vida, sólo recuerda que hay alguien más en el mundo a quien le gustaría cambiar sus problemas por los tuyos. Siempre hay alguien en peor situación que tú.

La Biblia nos dice que seamos agradecidos en todas las cosas porque esa es la voluntad de Dios para quienes estamos en Cristo Jesús (ver 1 Tesalonicenses 5:18).

Recientemente, oí una historia sobre un hombre que pasó de tener salud a ser discapacitado de un día a otro debido a un tumor cerebral. Le operaron y le quitaron el tumor, pero le dejó incapacitado para hacer muchas de las cosas que anteriormente podía hacer.

Lo primero que fue tentado a hacer fue tener una fiesta de compasión, pero entonces observó que nadie más acudía, excepto él. Decidió que sería mejor otro enfoque; decidió que en lugar de quejarse por su discapacidad, celebraría su diferencia. Aprendió a hacer las cosas de modo diferente a como las hacía antes. Debido a que tenía que acudir a rehabilitación regularmente, conoció a personas nuevas que realmente le gustaban. No podía moverse con tanta rapidez como antes, así que comenzó a fijarse en cosas como la luz del sol, las rosas y las estrellas.

> Si tienes algo en tu vida que considerarías una discapacidad, ¿por qué no llamarlo diferencia y hacer de ello una oportunidad para explorar un mundo totalmente nuevo?

Él también aprendió humildad. Donde anteriormente era autosuficiente, negándose a pedir ayuda o a depender de nadie, ahora tenía que permitir que otros le ayudaran. Descubrió que el amor de ellos le daba esperanza para seguir adelante. Si tienes algo en tu vida que considerarías una discapacidad, ¿por qué no llamarlo diferencia y hacer de ello una oportunidad para explorar un mundo totalmente nuevo? Recuerda… ¡la queja no lo cambiará, de todos modos!

El enojo es una pérdida de tiempo

En un artículo de la revista *Healthy Living*, Joan Lunden dijo: "Aferrarse al enojo, el resentimiento y el dolor sólo causa músculos tensos, dolor de cabeza y una mandíbula dolorida debido a apretar los dientes. El perdón devuelve la risa y la ligereza a la vida".[4]

Yo, en realidad, daría un paso más desde lo que ella dijo y añadiría que negarse a estar enojado te devuelve la vida. Yo enseño a la gente a que "perdone y vuelva a vivir".

Como ves, estar enojado y amargado no hace daño a tus enemigos sino que te hace daño a ti. Ellos probablemente la estén pasando bien mientras tú estás sentado en casa enojado.

El mundo está cada vez más lleno de personas cada vez más enojadas todo el tiempo. La mayoría de la humanidad opera bajo un fusible de corta duración. La paciencia y el aguante son rasgos de carácter que ya no vemos con mucha frecuencia, pero necesitamos verlos.

Jesús nos dio la solución perfecta para el enojo. Él dijo que perdonáramos a quienes nos hieren, abusan de nosotros o nos tratan mal; dijo que no nos ofendiéramos (ver Lucas 17:4). La ofensa se ofrecerá con frecuencia, pero no tenemos por qué aceptarla. Yo no tomaría veneno si alguien me lo ofreciera, y eso es exactamente lo que es la ofensa; es veneno para nuestras mentes, emociones, personalidades, actitudes y vidas espirituales. Recientemente, oí a alguien decir que el enojo y la falta de perdón son como ácido que carcome el recipiente en que está.

El enojo es una emoción que saldrá a la superficie de vez en cuando, pero Jesús dijo que no dejáramos que el sol se pusiera sobre nuestro enojo. Cuanto más guardemos el enojo, más oportunidad tendrá de echar raíces en nuestras vidas y ahogarlas. Podrías estar enojado con Dios, contigo mismo, o con otra persona, pero es momento de que lo sueltes. El enojo es inútil; no cambia nada excepto a ti, y no para mejor. El enojo es peligroso.

> **El enojo es peligroso.**

Dios ha prometido ser nuestro Defensor. Él trae justicia a nuestras vidas y arregla las cosas incorrectas si confiamos en Él. Yo fui víctima de incesto, y por muchos años estuve muy enojada; estaba tan llena de ira que salía de mí en situaciones y hacia personas que no tenían absolutamente nada que ver con el dolor de mi pasado. Sentía que me debían algo, y yo trataba de obtenerlo de todo el mundo.

Finalmente, comprendí que nadie podía devolverme lo que mi abusador me había quitado; es decir, nadie excepto Dios. Él ha prometido darnos una doble recompensa por nuestro anterior dolor, y yo soy un testimonio vivo de la fidelidad de Dios.

> **En lugar de estar enojado, ve y busca personas con las que puedas ser bueno.**

No pases tu vida tratando de recaudar deudas pasadas de personas que no tienen capacidad de pagar. Renuncia a la ira y comienza a vencer el mal con bien (ver Romanos 12:21). En lugar de estar enojado, ve y busca personas con las que puedas ser bueno. Encuentra a otra persona que esté sufriendo y ayuda a sustituir sus gestos de preocupación por sonrisas y esperanza.

Una persona que no pueda controlar la emoción del enojo es como una ciudad derribada y sin muros para protegerse de sus enemigos. Pablo les dijo a los corintios que deberían perdonar a fin de evitar que Satanás obtuviera ventaja sobre ellos. Les dijo a los efesios que si se mantenían enojados, eso abriría una puerta para el diablo y le daría una oportunidad.

Te aliento a que camines en sabiduría. No permitas que la emoción negativa del enojo controle tu vida. Toma una decisión ahora mismo de no desperdiciar nada más de tu tiempo estando enojado. Si lo haces, creo que eso abrirá una puerta para que las bendiciones de Dios fluyan en tu vida de una manera nueva.

El temor es una pérdida de tiempo

El temor puede realmente robar tu destino. Cualquiera que viva con temor nunca cumplirá el propósito de Dios para su vida. El temor obstaculiza el progreso, y por eso precisamente el diablo lo usa como su arma favorita contra las personas. El diablo no quiere que avances;

si tú decides avanzar, tendrás que confrontar el temor, y el temor nunca se evaporará o desaparecerá. Debe ser confrontado.

> El valor es temor que ha hecho sus oraciones y ha decidido avanzar de todos modos.

El valor es temor que ha hecho sus oraciones y ha decidido avanzar de todos modos. El temor es un sentimiento, y nunca se le debería dar permiso para que controle la vida de una persona. De ahora en adelante, cuando sientas temor, sólo toma la decisión de que vas a seguir hacia delante; decide hacer cualquier cosa que quieras o que necesites hacer aunque tengas que hacerla "con miedo".

Dios no nos ha dado espíritu de temor; Él nos da fe y espera que la utilicemos. La fe vencerá al temor porque es más poderosa que el temor. No creo que se haya logrado nunca ninguna gran obra sin que alguien tuviera que afrontar el temor y hacer lo que fuera necesario hacer de todos modos. El temor le roba a la mente su razón y su capacidad para ayudarnos a tomar decisiones. Cuando entra el temor, parece que el sentido común y la razón salen por la ventana. Nuestras mentes se vuelven como locas; imaginamos todo tipo de cosas malas, y cuanto más vemos esas horribles imágenes en la pantalla de nuestras mentes, más paralizados nos quedamos.

Cuando llegan los problemas, la respuesta natural es tener temor; pero después de sentir temor, nuestra siguiente respuesta debería ser buscar a Dios. Es triste decirlo, pero muy pocas personas se han entrenado a sí mismas para dar ese siguiente paso. Permiten que el temor las paralice, y el diablo interviene y roba el propósito de Dios para sus vidas. Si buscáramos a Dios cuando tenemos temor, le oiríamos decir lo que les dijo a los israelitas: No tengan temor porque yo estoy con ustedes. Nunca les dejaré ni les abandonaré. Esta batalla no es de ustedes sino de Dios. No teman, no hay nada que temer.

No cometas el error de escuchar lo que el mundo, el diablo y las circunstancias tengan que decir sin también escuchar lo que Dios tiene que decir. José se encontró en difíciles circunstancias, ¡pero Dios estaba con él! Halló favor dondequiera que fue y prosperó en todo aquello donde ponía sus manos. Tuvo problemas, ¡pero también tenía a Dios!

David tuvo que enfrentarse al gigante Goliat porque el resto de los soldados tenía temor a hacerlo. Él echó una mirada a Goliat y corrió rápidamente hacia la línea de batalla. A veces nos quedamos mirando demasiado tiempo a nuestros problemas. La Biblia dice que deberíamos apartar la mirada de todo lo que nos distrae y ponerla en Jesús, que es el autor y consumador de nuestra fe (ver Hebreos 12:2).

El temor atormenta y no hace ningún bien en absoluto. Bloquea nuestra capacidad para ser apasionados y entusiastas por la vida; nos refrena y evita que nos acerquemos al logro de nuestro propósito. No hay ninguna cosa positiva en el temor, así que te aliento a que dejes de desperdiciar tu tiempo teniendo miedo de cosas que aún no han sucedido.

Cree que a pesar de lo que suceda en tu vida, Dios es más grande que cualquier problema que tengas nunca. El temor es esperar que algo malo suceda, pero Dios quiere que esperemos con dinamismo que ocurran cosas buenas en nuestras vidas cada día.

> Dios es más grande que cualquier problema que tengas nunca.

Culpar es una pérdida de tiempo

¿Estás atrapado en el juego de culpar? Si es así, quizá necesites detenerte y comenzar a asumir responsabilidad. Estoy segura de que tu primer pensamiento después de leer este comentario puede haber sido: "Joyce, no es culpa mía".

Cuando yo le dije eso a Dios, Él me dijo que lo que me sucedió no era mi culpa, pero yo podía utilizarlo como excusa para seguir siendo desgraciada y desperdiciar mi vida. Yo no era responsable del abuso que se produjo en mi vida, pero sí que tenía la responsabilidad del modo en que respondiera a ello.

Yo culpaba a muchas personas, y en realidad la mayoría de ellas deberían haber asumido su responsabilidad y haberme ayudado, pero no lo hicieron. Cada una de ellas tenía sus razones para no ayudar, y ahora algunas de ellas pasan sus días culpándose a sí mismas por no haber hecho lo que debieran haber hecho. Eso tampoco es bueno.

Como seres humanos, parecemos estar decididos a malgastar nuestro tiempo en cosas que nunca arreglan el problema. Nos culpamos unos a otros, nos culpamos a nosotros mismos, y hasta culpamos a Dios. En lugar de culpar, necesitamos soltar el pasado y proseguir hacia el futuro. En realidad, necesitamos aprender del pasado y permitir que nos enseñe para el futuro. Dios no quiere que pasemos los días sintiéndonos culpables, Él quiere que seamos responsables.

> Necesitamos aprender del pasado y permitir que nos enseñe para el futuro.

Después de treinta años, mi abusador finalmente asumió su responsabilidad y se disculpó conmigo. Para entonces, yo no necesitaba realmente sus disculpas, pero él necesitaba disculparse por causa de él. Yo seguí adelante; él fue libre para hacer lo mismo. Afrontar problemas difíciles como ese nos capacita para dejarlos atrás, porque cualquier cosa que nos neguemos a afrontar tiene poder sobre nosotros.

Culpar no es sano emocionalmente, mentalmente y espiritualmente. Sin duda, podemos tratar de evadir los problemas, pero en nuestro interior sentimos el peso de ellos. Muchas personas nunca experimentan paz o gozo debido a problemas no resueltos en su vida.

No seas la clase de persona que siempre tiene que encontrar a alguien a quien culpar de todo lo que va mal. Si llegas tarde al trabajo, ¿culpas al tráfico, a los niños, al teléfono que sonó cuando salías por la puerta, o a cualquier otra cosa? Si no manejas bien tu dinero, ¿culpas a tu jefe acusándolo de no pagarte lo suficiente? Si tu vida es confusa y no está en orden, ¿simplemente culpas el horario lleno que tienes, olvidando que tú eres quien lo creó?

> ¡Sé responsable! ¡Sé valiente!

El primer paso hacia el cambio es la decisión de asumir responsabilidad de hacer lo que sea necesario hacer y dejar de culpar a nadie. Es un nuevo día, y Dios quiere que enfoquemos la vida de una manera nueva. ¡Sé responsable! ¡Sé valiente!

Cree que, con la ayuda de Dios, puedes hacer cualquier cosa que necesites hacer en la vida. Comprende que culpar a otros, a ti mismo o a Dios no es fructífero; es vano e inútil, y sólo te atrapa en todo tipo de emociones negativas y evita que hagas progreso.

Las comparaciones son una pérdida de tiempo

¿Te resulta familiar lo siguiente?

Estoy realmente contento; hasta que comienzo a hojear los cincuenta catálogos que me envían por correo a mi casa cada mes.

Me gustaba mi auto; hasta que vi el nuevo Lexus.

Estoy satisfecho con mi ropa; hasta que paso por las tiendas en el centro comercial.

Me encanta nuestra casa; hasta que pienso en lo que sería tener una casa más grande al lado de un lago.

Estoy satisfecho con cada área de mi vida; hasta que empiezo a compararla con la vida de otra persona.

Siento que tengo suficiente de todo; hasta que veo a alguien que tiene más.[5]

¿Acaso no es siempre tentador comparar lo que tienes con lo que alguna otra persona tiene? Mi consejo es que dejes de mirar al otro lado y de preocuparte por otros y comiences a concentrarte en lo que tienes delante de ti: ¡el increíble plan individual de Dios para cada uno de nosotros! Cuando Pedro estaba en la cárcel, Dios envió ángeles para hacer temblar el lugar hasta que las puertas se abrieron y Pedro salió. Juan el Bautista estaba en la cárcel y fue decapitado.

¿Por qué, Dios, por qué? Solamente Dios lo sabe, y no lo dirá. La confianza siempre requiere que tengamos algunas preguntas sin responder en nuestras vidas. Cuando Juan estaba en la cárcel, envió un mensaje para preguntar a Jesús si Él era Aquel que había de venir, o si debería esperar a otro. Jesús le dijo que examinara las obras que Él hacía, que observara a los ciegos, ver, los sordos oír, y los paralíticos caminar. Jesús también dijo algo más que es muy importante. Dijo: "Dichoso el que no tropieza por causa mía" (Mateo 11:6).

> Comienza a concentrarte en lo que tienes delante de ti: ¡el increíble plan individual de Dios!

Parece que Juan se preguntaba por qué él estaba en la cárcel si Jesús era el verdadero Mesías que él estaba esperando. Después de todo, Juan había sido fiel, y había renunciado a todo para servir a Dios. Yo creo que Juan se preguntaba por qué Jesús podía dejarlo en una mala situación. Cuando Juan le preguntó a Jesús si Él era realmente el Mesías, Jesús, en esencia, le dijo que no se ofendiera debido a sus circunstancias.

Todos tenemos momentos en que nos preguntamos por qué Él no nos libera de una situación difícil o por qué Él no ha hecho algo que le hemos pedido que haga. También tenemos tendencia a mirar a otra persona que conocemos y que definitivamente parece tener una vida más fácil que nosotros, y comienzan las comparaciones. No malgastes tu tiempo comparando, porque solamente conduce a los celos, la envidia, el resentimiento y la confusión, y es una distracción más que Satanás utiliza para desviarte del camino.

> Acepta lo desconocido al igual que aceptas lo conocido.

Confía en que Dios tiene un buen plan para ti. Acepta lo desconocido al igual que aceptas lo conocido porque puedes tener confianza en que Dios tiene el control. Puede que Él te lleve por una ruta que tú no escogerías, pero Él tiene una razón para eso.

CAPÍTULO 8

Sueña en grande

Cuando hablamos de aceptar tu propósito apasionadamente, es natural hablar sobre nuestros sueños, porque los sueños ayudan a avivar nuestra pasión al igual que la pasión nos ayuda a avivar nuestros sueños. Es importante pensar en grande cuando se trata de sueños para nuestro futuro. Demasiados de nosotros no pensamos lo bastante en grande, pero yo creo que los que piensan en pequeño vivirán vidas pequeñas. Las personas que no pueden concebir ninguna otra cosa por encima de lo que pueden ver con sus ojos naturales se pierden lo mejor que Dios ha planeado para ellas. Te recomiendo que tengas grandes pensamientos, sueñes en grande, y hagas grandes planes. Servimos a un Dios grande que puede hacer mucho más abundantemente de lo que pedimos o entendemos (ver Efesios 3:20).

Una esperanza, una visión, un sueño o un plan es como una semilla; es algo pequeño que conduce a algo grande. Todo comienza con una semilla. Nunca podremos tener una cosecha sin una semilla, y lo mismo sucede con nuestros sueños. Si no tienes esperanzas o sueños positivos para el futuro, o bien te quedarás donde estás o comenzarás a caminar hacia atrás. Tu actual condición podría empeorar, a menos que pienses creativa y dinámicamente. No esperes a que alguna gran idea caiga de repente en tu mente; en cambio, busca una. Ora por ideas creativas, piensa en lo que te gustaría hacer, y entonces cree que puedes hacerlo.

> Ora por ideas creativas, piensa en lo que te gustaría hacer, y entonces cree que puedes hacerlo.

Algunas personas creen que todo en la vida es cuestión de azar. No hay nada que puedan hacer con respecto a nada sino esperar a que lo que vaya a suceder suceda y luego aceptarlo. Es cierto que tenemos que aceptar algunas cosas sobre las que no podemos hacer nada, pero muchas cosas pueden ser cambiadas si oramos y hacemos nuestra parte. Muchos sueños pueden realizarse si solamente aplicamos la pasión y la persistencia para que se cumplan.

Crear oportunidad

¿Qué significa crear oportunidad para ti mismo? Toma una lección con las siguientes palabras del empresario y conferencista motivacional Jim Rohn:

Tienes que atreverte

Sé emprendedor

Una persona emprendedora es la que se encuentra con un montón de restos de metal y ve la composición de una maravillosa escultura. Una persona emprendedora es la que conduce por una vieja y decrépita parte de la ciudad y ve un nuevo complejo de viviendas. Una persona emprendedora es la que ve oportunidad en todas las áreas de la vida.

Ser emprendedor es mantener los ojos abiertos y la mente activa. Es estar lo bastante capacitado, tener la suficiente confianza, ser lo bastante creativo y lo bastante disciplinado para agarrar oportunidades que se presentan… a pesar de la economía.

Una persona con una actitud emprendedora dice: "Descubre todo lo que puedas antes de de que se emprenda la acción". Haz tu tarea; investiga; está preparado; ten recursos. Haz todo lo que puedas como preparación de lo que va a venir.

Las personas emprendedoras siempre ven el futuro en el presente. Las personas emprendedoras siempre encuentran una manera de aprovechar una situación, no de verse cargadas por ella. Y las personas emprendedoras no son perezosas; no esperan a que las oportunidades vengan a ellas, sino que ellos van tras las oportunidades. Emprender significa encontrar siempre una manera de mantenerte activamente trabajando hacia tu ambición.

Emprender es dos cosas. La primera es creatividad. Necesitas creatividad para ver lo que está ahí y para moldearlo para ventaja tuya. Necesitas creatividad para mirar al mundo de modo un poco diferente. Necesitas creatividad para adoptar un enfoque diferente, para ser diferente.

Lo que va mano a mano con la creatividad del emprender es el segundo requisito: la valentía para ser creativo. Necesitas valor para ver las cosas de modo diferente, valor para ir contra corriente, valor para adoptar un enfoque diferente, valor para permanecer solo si tienes que hacerlo, valor para escoger la actividad por encima de la inactividad.

Y por último, ser emprendedor no sólo se relaciona con la capacidad de hacer dinero. Ser emprendedor también significa sentirte bien contigo mismo, tener la suficiente dignidad para querer buscar ventajas y oportunidades que marcarán una diferencia en tu futuro. Y al hacerlo, aumentarás tu confianza, tu valor, tu creatividad y tu dignidad: tu naturaleza emprendedora.[1]

Yo solía decir: "Yo no soy una persona muy creativa", pero ya no digo eso. Ahora oro para que Dios me dé ideas creativas y confieso que soy creativa. Ten una actitud positiva sobre ti mismo y tus capacidades. Solamente porque hayas sido de cierta manera en el pasado no significa que no puedas ser de esa manera en el futuro.

En uno de mis viajes a India, fui a una región remota a visitar un poblado de chozas. Doscientas mil personas vivían en ese poblado, y cincuenta mil de ellas eran niños. Mientras conducía por aquella área, me sentí abatida por las condiciones en que vivía aquella gente. Cada día, se sentaban pasivamente en medio de la suciedad, el barro y la basura. Una casa común era cuatro palos clavados en el suelo y con cartones y otros materiales, como trapos y metal, unidos para formar un techo. Los niños vagaban por allí desnudos o llevando ropa muy sucia. Los hombres se sentaban en grupos sin hacer nada, mientras las mujeres sostenían a sus bebés y removían lo que había dentro de sus ollas. Era una visión penosa. Aún meneo mi cabeza con incredulidad cuando recuerdo mi visita.

Solamente se necesita una persona con un sueño y visión de mejora para encender una chispa para otros y provocar un gran cambio. A primera vista, parece que no tienen nada con lo que trabajar, pero una persona emprendedora encontraría algo. Yo sí que vi a unas cuantas personas comenzar negocios improvisados. Una mujer tenía una máquina de coser y un cartel hecho a mano que anunciaba su negocio de costura. Otra mujer tenía una tabla de planchar y una plancha, y obviamente ofrecía sus servicios para hacer el lavado de ropa. Yo estaba orgullosa de ellas... al menos ellas estaban tratando de hacer algo.

> Solamente se necesita una persona con un sueño y visión de mejora para encender una chispa para otros.

Con frecuencia, pienso, cuando voy a ese tipo de lugar, cuánto mejores serían las cosas si las personas solamente se unieran y se libraran de la basura. Si no hubiera ninguna otra cosa que pudieran hacer, con una mínima cantidad de esfuerzo, podrían mantener limpia su zona.

Aquel día, tuvimos un pequeño programa de alimentación para cincuenta de los niños, y mientras estaba sentada en la suciedad con ellos, repartiendo su sopa de arroz y lentejas, me preguntaba qué podría hacer yo para ayudar a los otros 49,950 niños que no estaban allí aquel día. Es cuando tuve la idea de que me gustaría algún día alimentar a un millón de niños al día en varias partes del mundo. Hablé de este nuevo sueño con algunos miembros de nuestro equipo y sus ojos se llenaron de lágrimas. Tres de nosotros nos comprometimos con varios cientos de dólares al mes para comenzar a alimentar a más niños enseguida. Lo que dimos ni siquiera supuso una pequeña parte en la meta de un millón de niños, pero al menos estábamos haciendo algo. Estábamos marcando una diferencia en las vidas de al menos algunos de esos niños, y para ellos, eso importaba mucho y era una tremenda diferencia.

Continuaré avanzando hacia el cumplimiento de esa visión mientras viva. Espero verla, y oro por ello, pero aunque no lo vea, estoy apasionada por intentar hacer algo además de sólo menear mi cabeza y decir: "¡Eso es una vergüenza!".

Vi un desastre y decidí crear una oportunidad para mí misma y para otras personas que se unieran a mí a lo largo de los años para marcar una diferencia. Tú puedes hacer lo mismo. Simplemente comienza con un sueño.

Pasividad

Las personas en aldeas como la que había en India son personas que han crecido en la pobreza de tal magnitud que ni siquiera saben cómo pensar en salir de ella. Necesitan que se les enseñe cómo pensar de manera dinámica y emprender una acción enérgicamente.

> **El diablo puede manipular fácilmente a una persona pasiva.**

La pasividad es lo contrario a la actividad, y es muy peligrosa. Una persona pasiva quisiera ver algo bueno suceder y se compromete a estar sentada donde está y esperar a ver si sucede. El diablo puede manipular fácilmente a una persona pasiva. Él oprime su voluntad hasta que la persona es incapaz de tomar ninguna decisión o de emprender ninguna acción sin ser movida por una fuerza externa.

Dios, sin embargo, quiere motivarnos desde el interior. Él da ideas creativas, grandes sueños y una actitud dinámica y activa. La única marcha de Dios es hacia delante; Él quiere que seamos decisivos, vigorizados por su Espíritu y entusiastas por la vida. Las personas que se han permitido a sí mismas volverse pasivas tienen un tipo de mortandad en su interior que asusta. ¡Su levántate y anda se ha levantado y se ha ido!

La pasividad puede ir acompañada, aunque no siempre, por la depresión, el desánimo, la autocompasión, la culpa, las excusas y la pereza. Una vez que la pasividad se ha apoderado de una persona, se necesita mucha determinación para liberarse de ella.

Mi esposo, Dave, una vez tuvo un problema con la pasividad. No estaba deprimido ni desalentado, pero no se ocupaba de sus responsabilidades. Dave estuvo en el ejército por tres años, y durante aquellos años su tarea era principalmente jugar al béisbol y al baloncesto para entretener a las tropas. Él sí que iba a la escuela parte del tiempo, pero la mayoría del tiempo practicaba deportes. Después de practicar los días en que no tenía partidos regulares, estaba libre para pasar el resto del día en la playa o haciendo cualquier otra cosa que quisiera hacer. Él ha compartido que durante aquellos tres años de su vida no tuvo que tomar muchas decisiones. Le decían cuándo comer, qué ponerse y dónde ir. Cuando salió del ejército, había formado malos hábitos que no se rompían fácilmente.

Dave y yo nos casamos en 1967, y aunque él iba a trabajar todos los días y se ganaba la vida para nosotros, no hacía mucho más aparte de eso excepto practicar deportes y ver deportes. Yo me frustraba mucho, y aunque él hacía algún esfuerzo por cambiar, recuerda que era muy difícil simplemente porque no tenía sentimientos que apoyaran esos esfuerzos. Él había estado dormido en tantas áreas, por tanto tiempo, que su voluntad de hacer cosas literalmente se volvió pasiva.

Por medio de leer un libro de Watchman Nee, Dave aprendió de los peligros de la pasividad y reconoció que tenía un problema. Él ha compartido muchas veces lo difícil que fue al principio comenzar a hacer cosas que él sabía que debía hacer pero que no tenía deseos de hacer. Sin embargo, con persistencia y ayuda de Dios, poco a poco, fue liberado.

A Dave le encanta compartir con otras personas sobre los peligros de la pasividad porque sabe de primera mano lo engañosa que es y cómo el diablo la usa para robar la pasión y el propósito de la gente, al igual que sus sueños.

Varios meses después de mi viaje a India, también viajé a Ruanda en África. Entre abril y junio de 1994 el país de Ruanda pasó por un terrible genocidio, en el que casi un millón de personas fueron brutalmente masacradas. Esa tragedia los dejó destruidos a ellos y su país. Su economía quedó destruida, junto con sus casas, sus negocios, y el país mismo.

Cuando estuve de visita allí en abril de 2006, quedé gratamente sorprendida al encontrar el país muy limpio y bien mantenido. Aunque ellos tienen muchos problemas que vencer, han comenzado en la dirección correcta. Su presidente ha aprobado una ley demandando que todos limpien sus casas y sus barrios un sábado al mes. También tienen reuniones vecinales en las cuales hablan de maneras de mejorar sus zonas.

No puedo decirte lo emocionada que estuve por lo que vi. Ellos tenían problemas terribles, pero estaban haciendo lo que podían. Yo creo firmemente que si hacemos lo que podemos hacer, Dios hará lo que nosotros no podemos hacer.

> Si hacemos lo que podemos hacer, Dios hará lo que nosotros no podemos hacer.

Si tienes serios problemas en tu vida, por favor, comprende que la clave de un avance es confiar en Dios y hacer lo que puedas. ¿Estás haciendo tu parte o te limitas a quedarte sentado pasivamente con una mala actitud esperando que otra persona arregle tu vida? Si ese es tu caso, puedes cambiar en este mismo momento. Declara en voz alta que no te quedarás sentado en mitad de un desastre y malgastarás tu vida. Declara que eres una persona activa, dinámica, creativa y apasionada, ¡y que te niegas a tirar la toalla! Inicialmente, puede que no te sientas apasionado o dinámico, pero tienes la capacidad de tomar decisiones que sobrepasen a tus sentimientos. Tu voluntad es la parte más fuerte de tu alma, y cuando pones tu voluntad en acuerdo con la voluntad de Dios, no hay nada en este mundo que pueda evitar que tengas éxito en la vida.

> Tu voluntad es la parte más fuerte de tu alma.

Yo vi una importante diferencia entre las chozas de India y Ruanda. Lo interesante es que probablemente en cuanto a las circunstancias se refiere, los de Ruanda han soportado tiempos más difíciles que las personas que conocimos en India, pero su país está en mejor forma simplemente porque alguien estuvo dispuesto a ponerse en pie y decir: "¡Vamos a hacer algo sólo para evitar que no hagamos nada!".

El mayor error que cualquiera puede cometer es no tener sueños para el futuro y no hacer nada para mejorar alguna cosa en su vida. No tiene que ser de esa manera para ti. Dios tiene muchas cosas planeadas para tu vida, y debes estar preparado para hacer algo al respecto.

> El embarazo es muy similar a mantener y poner en práctica un sueño.

No puedes dar a luz hasta que no concibas

El proceso del embarazo es muy similar a mantener y poner en práctica un sueño. Cuando un bebé es concebido por la semilla de un hombre plantada en el vientre de una mujer, es muy parecido a un pensamiento que se forma o se imagina en la mente. La mujer pasa aproximadamente nueve meses embarazada, y luego tiene dolores de parto y da a luz a un hijo.

> Nunca eres demasiado joven o demasiado viejo para soñar en grande.

En la esfera espiritual sucede lo mismo, excepto que todo sucede en la mente, el corazón y el espíritu de un hombre o de una mujer. Una idea creativa, un sueño o una visión es la semilla, que es plantada en el corazón o espíritu de un individuo, quien también pasa por una época de embarazo, parto, y finalmente da a luz. En la esfera espiritual, tanto hombres como mujeres pueden quedarse embarazados. La Biblia dice que los ancianos soñarán sueños y los jóvenes verán visiones (ver Hechos 2:17). Nunca eres demasiado joven o demasiado viejo para soñar en grande. Nunca eres del sexo o la raza equivocada. La cantidad de dinero o de educación que tengas no importa. Lo único que importa es que estés dispuesto a soñar grandes sueños, a depender de un gran Dios que te ama y quiere verte hacer grandes cosas en la vida, y que estés dispuesto a proseguir a pesar de toda oposición.

Muchas de las ideas y sueños que tenemos en nuestros corazones revelan el propósito de Dios para nuestras vidas. Sentimos cosas, deseamos hacer cosas, y es la manera de Dios de mostrarnos nuestro propósito.

Es posible tener deseos carnales, los cuales no son piadosos, pero si ese es el caso, Dios te mostrará la verdad si estás dispuesto a ser corregido. Sé la clase de persona que sólo quiere lo que Dios quiere, y no te meterás en muchos problemas. Yo he cometido errores en mi vida por pensar que algo que yo quería era la voluntad de Dios para mi vida solamente para descubrir que mis motivos eran totalmente incorrectos. Dios con ternura me corrigió y me situó otra vez en el camino correcto, y Él hará lo mismo por ti. Es imposible encontrar el propósito de Dios si vives paralizado en temor, no dispuesto ni siquiera a agarrar la oportunidad. Lo repito... ¡no vivas en temor!

Tienes que atreverte

Sueña en grande

1. Piensa en lo grande que es Dios y luego recuérdate que Él está de tu parte.
2. Haz una lista de tus sueños y no te limites a ti mismo a cierto número. Sigue añadiendo a la lista a medida que se te ocurran ideas. Te sorprenderás por cuántas de ellas ciertamente se cumplen.
3. Haz un plan para seguir al menos uno de tus sueños. Pregúntate qué será necesario para tener éxito: ¿Dinero? ¿Ética de trabajo? ¿Más educación? ¿Un equipo de personas? Una vez que tengas una buena idea, trabaja duro para hacer que suceda.
4. Sueña en grande, pero celebra los pequeños pasos de éxito a lo largo del camino. Comprende que cada esfuerzo que haces es un paso más cerca a la disciplina y la dedicación necesarias a fin de enfocar tu pasión por lo que Dios te está llamando a hacer.
5. Mantén amplia tu pasión y que esté a cargo de tus sueños. Dale tu todo y niégate a tirar la toalla.

Temor al fracaso

El temor es lo que pasas en tu camino hacia el éxito. Yo siempre digo que la mayoría de las personas fracasan en su camino al éxito. En otras palabras, es imposible descubrir nunca lo que Dios tiene para tu vida sin cometer unos cuantos errores a lo largo del camino. No seas tan adicto a tu propia perfección que vivas una vida pequeña sin pasión por mucho de ninguna cosa debido a que has escogido jugar a lo seguro.

> La mayoría de las personas fracasan en su camino al éxito.

Los libros de Historia están llenos de relatos de grandes hombres y mujeres que hicieron grandes cosas, pero antes de sus éxitos encontraron fracaso tras fracaso. Thomas Edison intentó dos mil experimentos antes de tener éxito al inventar la bombilla eléctrica. Abraham Lincoln perdió varias elecciones y tuvo un colapso nervioso antes de convertirse en presidente de los Estados Unidos. La primera vez que yo traté de salir en televisión, fue un absoluto fracaso.

¿Por qué tenemos tanto miedo al fracaso? Yo creo que es una de las grandes tácticas del diablo para evitar que las personas lo intenten. Él nos dice que permanezcamos seguros y eso suena bien, pero lo seguro también puede ser aburrido. Seguro normalmente significa lo mismo, pero Dios nos ha creado para la diversidad y el crecimiento. Él quiere que afrontemos nuevos desafíos, intentemos cosas nuevas, experimentemos y seamos creativos.

> Seguro normalmente significa lo mismo, pero Dios nos ha creado para la diversidad y el crecimiento.

El temor al fracaso es, en realidad, uno de los mayores temores que las personas tienen que confrontar si quieren cumplir su propósito en la vida.

Las siguientes son tres mujeres que soñaron, perseveraron, supieron lo que significa conquistar el temor:

La reina Elisabeth I
El padre de Elisabeth la maldijo al nacer porque era una niña. El papa la declaró ilegítima, y su media hermana la encarceló en la Torre de

Londres. Más adelante en la vida, Elisabeth reinó durante cuarenta y cinco años, época durante la cual Inglaterra creció en prosperidad, paz y poder. Ella instituyó el derecho a un juicio justo y fue pionera de los programas de beneficencia para los ancianos, los enfermos y los pobres.[2]

Elisabeth Blackwell

Veintinueve escuelas médicas rechazaron a Elisabeth Blackwell antes de que ella llegara a ser la primera mujer médico de los Estados Unidos en la era moderna. ¿Puedes imaginar ser rechazado veintinueve veces y seguir teniendo el valor de intentarlo de nuevo? Después de que Elisabeth llegase a ser médico, varios hospitales se negaron a contratarla. Ella finalmente abrió en Nueva York la clínica para mujeres y niños indigentes, entre otros diversos dispensarios médicos. Más adelante, fundó la Facultad de Medicina para mujeres.[3]

Mary McLeod Bethune

Mary McLeod Bethune fue la menor de diecisiete hijos. Cuando fue rechazada para el servicio misionero, ella comenzó una escuela. Sus alumnos utilizaban cajas como pupitres y bayas como tinta. Para recaudar dinero, ella y sus alumnos recogían miles de kilos de basura para el propietario de un basurero local. El presidente Franklin Roosevelt distinguió a Mary como la primera mujer afroamericana que fue consejera presidencial.[4]

¿Yo soy muy alentada por personas que se niegan a tirar la toalla frente a la oposición. No podemos ofrecer a Dios una mayor adoración que seguir su propósito con dinamismo, prosiguiendo a pesar de la oposición y dejando atrás la apatía y la pasividad.

> **No podemos ofrecer a Dios una mayor adoración que seguir su propósito con dinamismo.**

Esas tres mujeres son ejemplos de personas que conciben y están decididas a dar a luz sus sueños. ¡Ellas vivieron apasionadamente! Yo estaba leyendo una biografía de una famosa actriz recientemente, y quedé sorprendida al descubrir que su vida había sido muy desafiante.

Se había casado y divorciado tres veces. Uno de sus esposos cometió adulterio con la mejor amiga de ella, que también era una conocida actriz. Otro era un jugador que se gastó millones de dólares y la dejó arruinada. El tercero invirtió todo el dinero de ella en un hotel, un restaurante y un teatro que dirigió horriblemente mal, y una vez más la dejó arruinada. Si la vieras en la pantalla o en las revistas, nunca conocerías las tragedias a las que se enfrentó. Cuando le preguntaron cómo pudo seguir adelante y tener éxito después de que le sucedieran cosas tan devastadoras, ella dijo: "Uno simplemente pone su confianza en Dios, y comienzas de nuevo".

Comienzas de nuevo. Comenzar otra vez parece un trabajo inmenso, ¿no es así? Sobre todo, puedes sentirte de esa manera si ya has puesto mucho de tu vida en algo, sólo para verlo fracasar. Sin embargo, solamente tenemos dos elecciones: seguir o hundirnos. Debemos escoger seguir.

No abortes tus sueños

Hay una regla sencilla para el éxito, y es: "¡No tires la toalla!". Como sabemos, muchas mujeres hoy día se quedan embarazadas y luego abortan (se realizaron más de 848,000 abortos sólo en el año 2003, según los centros para el control y prevención de enfermedades). Es trágico, porque una vida para la que Dios tiene planes fue ahogada antes de ni siquiera tener una oportunidad de florecer y desarrollarse. Te aliento a que no abortes tus sueños para tu vida y tu futuro. Satanás lo intentará todo para hacer que tires la toalla. A veces, te sentirás tan cansado que pensarás que simplemente no puedes seguir. Durante esos momentos, necesitas ser alentado pasando tiempo con Dios y con personas piadosas que también tengan sueños propios y puedan servir para motivarte e inspirarte. Si ya estás desalentado, sin duda no querrás pasar el día con otra persona que esté desalentada.

> Las personas no siempre estarán disponibles para ti, pero Dios ha prometido nunca abandonarte ni dejarte.

Las personas no siempre estarán disponibles para ti, pero Dios ha prometido nunca abandonarte ni dejarte. ¡Él siempre está contigo! Habrá momentos en tu viaje en que tendrás que proseguir, sólo tú y Dios. Esos son momentos difíciles, y con frecuencia es durante esos momentos cuando las personas abortan sus sueños. Si puedes proseguir entre la oscuridad y la desesperación, saldrás al otro lado más arraigado y fundamentado en Dios. Desarrollarás un profundo caminar con Él que será sorprendente. El David de la Biblia pasaba mucho tiempo a solas en los campos adorando a Dios y siendo dejado fuera de las cosas que sucedían en su casa, pero David también llegó a ser rey. No tires la toalla durante esos momentos en que tienes que avanzar solo. Dios traerá a tu vida a las personas indicadas en el momento correcto, pero si estás en una de esas "épocas de soledad" en este momento, sólo confía en que Dios sabe lo que hace y que todo obrará para tu bien si amas a Dios y eres llamado conforme a su propósito (ver Romanos 8:28).

Si tiras la toalla, sin embargo, no hay nada que Dios o ninguna otra persona puedan hacer para ayudarte. La Biblia nos dice que muchas aflicciones vienen contra el justo, pero Dios lo libra de todas ellas (ver Salmo 34:19). Cuando estés pasando por momentos difíciles, sólo recuerda que no durarán para siempre. Vienen por épocas, y las épocas pasarán.

Embarazo y paciencia

El embarazo es un periodo interesante en la vida de una mujer. Si tener un bebé ha sido su deseo, la noticia de que está embarazada le causa gran alegría. Ella comparte la buena noticia con todos, y ellos se emocionan, pero después de un tiempo ella está simplemente embarazada. Y para ser sinceros, antes de que ella finalmente dé a luz, normalmente siente que estará embarazada para siempre, y llega a estar realmente cansada de estar embarazada. En realidad, hay unas cuantas lecciones espirituales que podemos aprender al mirar el embarazo.

Cuando una mujer concibe, al principio, no hay señales que nadie pueda ver de que está embarazada. Alguien podría verla y decir: "Sin duda, no pareces estar embarazada". Comenzar a "mostrarlo", como lo llamamos, toma tiempo. De igual manera, cuando tienes un sueño o una visión para tu vida, podrías decirle a otra persona lo que crees que sucederá, y él o ella podrían mirarte y no ver nada que les haga estar de acuerdo contigo. Recuerdo lo emocionada que yo estaba cuando inicialmente comprendí cuál era el propósito de Dios para mi vida. Dios no sólo me llamó, sino que también me dio pasión, motivándome a perseguir su voluntad. Les hablé a muchas personas sobre lo que yo pensaba que iba a hacer en el futuro, y la mayoría de ellas fueron muy críticas. Me dijeron que no era posible y me dieron una variedad de razones para ello. Yo no tenía la educación, no tenía la personalidad adecuada, nadie sabía quién era yo, no tenía ninguna puerta abierta, era una mujer, etc., etc. Su reacción fue, desde luego, desalentadora para mí, lo cual es exactamente lo que el diablo quería; y debo admitir que fui tentada a abortar mi sueño. Menos mal que no tiré la toalla.

Cuando una mujer queda embarazada, las cosas comienzan a cambiar en el interior de su cuerpo y le afecta física y emocionalmente. Puede que esté cansada o más emotiva; puede sentir que las cosas están cambiando, pero puede que ni siquiera lo entienda lo bastante bien para saber cómo hablar de ello. Dios está preparando su cuerpo para que dé a luz; Él está cambiando algunos de sus deseos. Por ejemplo, ella quiere ocuparse de su bebé y siente más un instinto maternal; quiere leer material sobre la maternidad y cómo educar hijos, y es más atraída que antes hacia personas que tienen hijos. Las cosas en las que solía emplear su tiempo ya no le interesan tanto como pensar en su bebé.

Cuando comprendemos cuál es nuestro propósito o cuando nos quedamos embarazados de un sueño para nuestra vida también sentimos cambios que puede que no entendamos. Cuando mi sueño se aferró a mi corazón, me volví más seria y quería invertir mi tiempo en cosas que me ayudaran a prepararme para mi futuro. Algunos de mis amigos no lo entendieron y fueron críticos.

Mis pensamientos estaban cambiando, mis deseos estaban cambiando, y hasta el tipo de personas con las que quería pasar tiempo cambió. Siempre que estamos en una época de cambio, debemos ser pacientes. El cambio no se produce con facilidad, pero debemos estar preparados para la transición que llegue a nuestras vidas.

Cuando una mujer está embarazada, se siente incómoda; su ropa no le sirve y puede que se sienta impaciente, esperando que su sueño se haga realidad. Cuando yo estaba embarazada de mi sueño de enseñar la Palabra de Dios y ayudar a la gente, puedo recordar que sentía que no encajaba en ninguna parte. Yo ya no era lo que solía ser y aún no estaba donde iba a estar. Me sentía incómoda y muy impaciente por ver que las cosas tomaran forma. Me sentía preparada, pero día tras día solamente seguía estando embarazada de mi sueño. Mi deseo se hacía cada vez mayor, y sentía como si fuera a explotar si Dios no me daba una puerta abierta para ministrar pronto.

Cuando yo estaba embarazada de mis hijos, en realidad, uno de ellos se me retrasó tres semanas, otro de ellos, cuatro semanas, otro, cinco semanas, y el último, cinco semanas y media. Mi médico me decía que seguiría embarazada tanto tiempo como un elefante, y, con frecuencia, nos sentimos de ese modo cuando tratamos de dar a luz a nuestros sueños y visiones para el futuro. Yo intenté caminar más y tomar aceite de castor, esperando que las cosas se movieran, pero nada funcionaba. Fui al hospital, donde trataron de que comenzaran mis dolores de parto, pero eso tampoco funcionó. ¡Me enviaron a mi casa y sólo seguí embarazada! Me sentía muy frustrada, pero Dios tenía un momento correcto, y nada iba a suceder hasta entonces. Pero, en efecto, a su debido tiempo, finalmente me puse de parto y después de un intenso dolor di a luz a un hermoso hijo.

Aquellos de ustedes que tienen sueños para sus vidas, aquellos de ustedes que sienten que conocen su propósito y están preparados para seguirlo, deben ser pacientes. No sucederá de la noche a la mañana. Estarán embarazados más tiempo del que les gustaría, y habrá muchos cambios. Experimentarán el dolor del parto, pero si no tiran la toalla demasiado pronto, finalmente verán el cumplimiento de su propósito en la vida y experimentarán toda la alegría que viene con ello.

> Si no tiras la toalla demasiado pronto, finalmente verás el cumplimiento de tu propósito en la vida y experimentarás toda la alegría que viene con ello.

El embarazo no es sólo una época de paciencia y monotonía, ¡sino que es también una época de expectación! Esperamos que lleguen las cosas buenas. En realidad, cuando podemos esperar con anticipación y con alegría, nos ayudamos a nosotros mismos a soportar las cosas por las que necesitamos pasar. David dijo: "Pero de una cosa estoy seguro: he de ver la bondad del Señor en esta tierra de los vivientes" (Salmo 27:13).

Cuando una mujer no se ve embarazada, pone su esperanza en las palabras del médico. Cuando no hay señales visibles de que nuestros sueños se cumplirán alguna vez, debemos poner nuestra esperanza en la Palabra de Dios. "Espero al Señor, lo espero con toda el alma; en su palabra he puesto mi esperanza" (Salmo 130:5).

> Sé aventurero y haz algo que no hayas hecho nunca.

Vale la pena la espera

Por tanto, ¿crees que vale la pena soñar grandes sueños? Quizá después de algunas de las cosas que te he dicho, estés diciendo: No estoy seguro de querer pasar por todo eso. Déjame que te aliente a que te arriesgues; no vivas una vida segura y pequeña. Sal de la barca y trata de caminar sobre el agua, como hizo Pedro el apóstol. No tengas miedo al cambio. Sé aventurero y haz algo que no hayas hecho nunca. Toma una decisión en este momento de que al final de tu vida no mirarás atrás y no tendrás otra cosa sino lamento, deseando haber hecho las cosas que hay en tu corazón y sabiendo que ya es demasiado tarde. Si tomas la decisión ahora mismo de sólo estar cómodo, podrías estar permitiendo que la comodidad te robe tu pasión y tu propósito.

Yo he pasado por mucho para llegar desde donde estaba hasta donde estoy, y miles de veces pensé en no seguir adelante. Esto es demasiado difícil, o el precio es demasiado alto. Ahora estoy muy contenta de haber seguido adelante con Dios. Créeme, estar en la voluntad de Dios, cumpliendo apasionadamente su propósito para tu vida, vale la pena la espera.

CAPÍTULO 9

Asume responsabilidad

Espero que a estas alturas hayas abrazado un sueño para tu vida o tengas el sentimiento de uno, si es que no tenías uno cuando comenzaste a leer este libro. Espero que estés comenzando a sentir el propósito de Dios para tu vida, o que estés al menos decidido seguir el que pueda ser y a seguirlo con pasión.

Si ese es el caso, quiero que te pongas delante de un espejo, mires tu imagen y digas en voz alta: "Haré mi parte y terminaré lo que comience".

Siempre tenemos que recordar que sólo porque Dios te muestre tu propósito, eso no significa que sin ninguna duda vaya a suceder. Los sueños y visiones operan en la esfera espiritual. Hay posibilidades, pero no hay garantía de que suceda a menos que estemos dispuestos a hacer nuestra parte.

> Sólo porque Dios te muestre tu propósito, eso no significa que sin ninguna duda vaya a suceder.

Ser responsable es algo sobre lo que muchas personas no conocen mucho. La definición de Dios de un soñador no es alguien que se queda sentado con su cabeza en las nubes, deseando agarrar una estrella. Es alguien que ve las posibilidades de grandes cosas, pero entiende que serán necesarios mucho trabajo duro y determinación para verlo suceder hasta el final. Los soñadores son personas que están dispuestas a sacrificarse y pagar el precio desde un principio a fin de cruzar la línea de meta con autorespeto y honor.

No seas perezoso

Las personas perezosas son siempre infelices y no entienden por qué. La razón de que sean infelices se debe a que Dios no las creó de manera tan maravillosa y magnífica a fin de que sólo se quedaran sentadas sin hacer nada, sin llevar ningún buen fruto. ¿Conoces a alguien así? ¿Quizá alguien que pase demasiado tiempo hablando de todos los programas de televisión que ve? ¿O alguien que parece conocer la vida de todos los demás, y sin embargo no se ocupa de la suya propia? ¡Eso no es acción! ¡Eso no es participar en la vida! Fuimos creados para el movimiento; por eso Dios nos ha dado tantas articulaciones por todo nuestro cuero. ¡Debemos movernos con ellas y hacer cosas!

El hombre perezoso nunca ve suceder nada bueno. Todo lo que está a su alrededor está mal, y todos los demás tienen la culpa; debido a que él nunca asume responsabilidad, nada cambia nunca, incluyendo su vida espiritual. Una encuesta a los lectores de la revista Discipleship Journal enumeró las áreas de mayor desafío espiritual para ellos, y la "pereza" estuvo en cuarto lugar, por debajo solamente del materialismo, el orgullo y el egoísmo.[1]

Si quieres ver cambio en tu vida, entonces comienza a preguntarte qué puedes hacer para que las cosas sean distintas. No te quedes sentado ociosamente deseando que algo bueno te suceda. El hombre perezoso ve el problema y habla de él, pero no ofrece ninguna solución.

Hay quienes esperan que algo suceda y quienes hacen que algo suceda. Es cierto que necesitamos esperar en Dios y no en las obras de la carne pero, por otro lado, como he mencionado anteriormente, Dios no puede conducir un auto estacionado. Aun si estás en una época de espera en tu vida, mantén encendido tu motor y está preparado para avanzar en cuanto tengas luz verde de Dios. No es sabio hacer lo incorrecto, pero tampoco lo es no hacer nada.

> No es sabio hacer lo incorrecto, pero tampoco lo es no hacer nada.

El sillón de más ventas que hay en la mayoría de las salas de las casas en los Estados Unidos es de la marca La-Z-Boy. Es cierto que nos gusta la idea de la comodidad y que aborrecemos la incomodidad. No hay nada de malo en un sillón cómodo, pero la pereza destruye el plan de Dios para tu vida. La Biblia dice: "El que es negligente en su trabajo confraterniza con el que es destructivo" (Proverbios 18:9). Normalmente no consideramos acción el no hacer nada, pero lo es. Es una acción negativa, una no-acción que no produce nada, y es el mayor desperdicio de las capacidades y el poder de Dios que veremos jamás. Me gustaría que alguien produjera y vendiera un sillón llamado "Work-R-Boy". Sinceramente no sé cuántas personas estarían dispuestas a tener esa marca en sus casas.

Dios nos da todo lo que necesitamos para vivir vidas fructíferas, exitosas, prósperas y alegres. Lo único que necesitamos es encender el motor y seguir en la dirección correcta. Sin embargo, demasiados de nosotros sentimos que tenemos derecho a vivir una buena vida, como si de alguna manera tuviéramos el derecho y el privilegio del éxito sin hacer nada. No comprendemos que Dios nos ha otorgado ciertos derechos y la capacidad de tener éxito, significando que Él nos ha proporcionado lo que necesitamos, y si nosotros hacemos nuestra parte obtendremos un buen resultado. Hay una gran diferencia entre otorgamiento y derecho. No tenemos derecho a cualquier cosa que no hayamos ganado mediante la obediencia a Dios.

> No tenemos derecho a cualquier cosa que no hayamos ganado mediante la obediencia a Dios.

Creer es nuestra primera responsabilidad

Nuestra primera responsabilidad cuando se trata de seguir nuestro propósito con pasión es creer la Palabra de Dios, y creer en Jesucristo. Por medio de creer nos convertimos en coherederos junto con Jesús. Todo lo que Él ganó, nosotros lo heredamos. Pero la Palabra de Dios también dice que quienes creen (genuinamente), también obedecerán lo que Dios dice. Oigo a muchas personas decir que son creyentes, pero no las veo obedecer a Dios. El apóstol Santiago dijo que la fe sin obras es muerta, y que si somos oidores de la Palabra y no hacedores, nos engañamos a nosotros mismos (ver Santiago 1:22, 2:17).

Lo principal sobre lo que deberíamos estar apasionados es obedecer a Dios. Deberíamos proponernos obedecer a Dios, o probablemente no nos mantendremos obedientes. Las pautas que hay en la Palabra de Dios son para nuestro beneficio, y obedecerlas es lo más sabio que podemos hacer. La carne básicamente es perezosa y no está muy interesada en la excelencia moral; por tanto, deberíamos siempre seguir a Dios y su Palabra. La carne nos conducirá a la destrucción, pero Dios nos conduce a la buena vida que Él ha preestablecido y ha preparado para que la vivamos (ver Efesios 2:10).

Mantente activo

Ser responsable significa ser intencional, y eso significa ser activo en aquello que te apasiona. Jesús siempre alentaba a las personas a mantenerse activas, y los apóstoles enseñaban a la gente a mantenerse activa; no sólo ocupados haciendo cualquier cosa, sino activos en las cosas que les ayudarían a estar preparados para su futuro. Ser activo en estudiar la Palabra de Dios nos ayudará a estar preparados para la obediencia. No podemos hacer lo correcto si no sabemos lo que es correcto. Si no has estado haciendo mucho para ayudarte a ti mismo o a otras personas, entonces levántate y comienza porque cuanto más tiempo estés sin hacer nada, menos querrás hacer.

Los apóstoles dieron a la gente muchas enseñanzas a seguir. Entre ellas estaban cosas como orar, estar atentos a la Palabra de Dios, ser una bendición los unos para los otros, trabajar con sus manos, ocuparse de sus propios asuntos, no murmurar, juzgar ni criticar. Eran alentados a perdonar, a no ofenderse y a rechazar el resentimiento o la amargura.

Sin duda alguna se les enseñaba a ser responsables, activos, a hacer su parte en todos los aspectos que pudieran. Cuanto más activos somos en obedecer a Dios, más aumentan nuestra paz y gozo.

Pablo en realidad dijo que si un hombre no trabaja, entonces no debería comer (ver 2 Tesalonicenses 3:10). Eso no me suena a que Pablo estuviera tolerando la pereza. Cualquiera que sea físicamente capaz necesita trabajar y permanecer activo. Si actualmente no estás trabajando, mantente activo prestándote voluntario mientras buscas un trabajo estable. Haz cualquier cosa que puedas hacer, y niégate a quedarte sentado sin hacer nada. Recuerda: haz lo que puedas hacer y Dios hará lo que tú no puedas hacer. No hacer nada no es el propósito de Dios para ti.

> **Haz cualquier cosa que puedas hacer, y niégate a quedarte sentado sin hacer nada.**

A lo largo de los años en que esperé a que Dios abriera puertas para mí para enseñar su Palabra, me mantuve activa estudiando, orando y trabajando en lo que estaba delante de mí. Enseñaba pequeños estudios bíblicos, aconsejaba a personas, visitaba semanalmente un asilo, repartía tratados del Evangelio en las esquinas de las calles, y hacía cualquier otra cosa que pudiera hacer que sintiera que podría ayudar, aunque fuera remotamente, a alguien. Dios me dio el deseo de ayudar a las personas, y yo era enérgica al intentar hacerlo.

Me recuerda la historia que podemos leer en la Biblia sobre diez vírgenes que esperaban a que llegase el esposo. Cinco de ellas eran sabias; se prepararon con antelación y llevaron con ellas aceite extra por si tenían que esperar. Las otras cinco vírgenes eran necias; no quisieron hacer nada extra y, por el contrario, hicieron lo mínimo. No estaban preparadas.

El esposo tardaba en llegar y ellas se quedaron dormidas. De repente, se oyó un grito: el esposo llegaba. Debido a que no se habían preparado adecuadamente para su llegada retrasada, las vírgenes necias se quedaron sin aceite. Les pidieron a las sabias que les dieran parte del suyo, pero estas les dijeron que no tenían suficiente para compartir. El resultado fue que las vírgenes perezosas y necias se quedaron fuera porque no hicieron lo que deberían haber hecho (ver Mateo 25:1-13).

Así sucede con las personas perezosas. Ellas no quieren hacer lo que deberían hacer o estar a la altura de la ocasión y ser responsables; pero también se preguntan por qué nunca tienen suficiente, y siempre quieren que otra persona sea responsable de hacer por ellas lo que ellas mismas deberían haber hecho. El éxito en la vida con frecuencia es fugaz para ellas, y muchas veces sienten lástima de sí mismas y tienen resentimiento contra aquellos que disfrutan de éxito.

Debo admitir que las personas así me molestan. Tengo un breve aguante para las personas perezosas porque ellas tienen las mismas oportunidades que todos los demás, pero se quedan sentadas sin hacer nada mientras la vida pasa por su lado. Sus excusas nunca parecen tener fin.

Sé intencional en cuanto a perseguir activamente tus sueños. No te convenzas a ti mismo de que te mereces no hacer nada durante un tiempo.

He asistido a mi última fiesta de lamento

¿Estás dispuesto a asumir responsabilidad por lo que haces y reconocer que el resultado de tu vida depende de esos actos? Si es así, necesitarás rechazar cada invitación que el diablo te haga para asistir a una fiesta de lamento. Yo pasé muchos años sintiendo lástima por mí misma, pero era sólo una manera de evitar responsabilidad. Es fácil seguir nuestros sentimientos, pero se necesita madurez espiritual para hacer lo que Jesús haría en cada situación. Él, sin duda alguna, no malgastaría su tiempo sintiendo lástima por sí mismo.

> Se necesita madurez espiritual para hacer lo que Jesús haría en cada situación.

Él no sintió lástima de sí mismo cuando Pedro lo negó o cuando Judas lo traicionó. No sintió lástima de sí mismo cuando sus hermanos se avergonzaron de Él o cuando sus discípulos le decepcionaron en su momento más difícil. Jesús continuó siendo responsable de lo que Dios le había llamado a hacer, y Él mantuvo sus ojos en eso, aun cuando otros se alejaran. Debemos comprender que cuando la vida o las personas nos desengañan, tenemos una responsabilidad, y es la de permanecer estables y continuar con el propósito de Dios para nuestras vidas. No nos pedirán responsabilidad por lo que otras personas hagan, sino que seremos responsables de nosotros mismos. Yo ciertamente no quiero estar delante de Dios y que me pregunten por qué malgasté mi tiempo en la autocompasión.

> **Yo ciertamente no quiero estar delante de Dios y que me pregunten por qué malgasté mi tiempo en la autocompasión.**

Asume responsabilidad de tus respuestas emocionales a la vida. Aun si tus emociones quieren hundirse, puedes clamar a Dios para que te levante. Él te dará la fortaleza para permanecer estable en las tormentas de la vida.

> "Dichoso aquel a quien tú, Señor, corriges;
> aquel a quien instruyes en tu ley,
> para que enfrente tranquilo los días de aflicción
> mientras al impío se le cava una fosa."
> —SALMO 94:12–13

Este pasaje no dice que Dios nos mantiene tranquilos; dice que Él nos da el poder para mantenernos tranquilos. Como he dicho antes, somos colaboradores de Dios. Su parte es darnos la capacidad y nuestra parte es ser responsables. Responsabilidad significa responder a la capacidad que tienes. Una persona perezosa quiere que Dios lo haga todo, mientras él no hace nada excepto seguir sus sentimientos.

Deberías declarar en voz alta en este momento: "He asistido a mi última fiesta de lamento". Puedo prometerte que al final te sentirás mucho mejor contigo mismo si asumes responsabilidad que si la evitas.

Yo escojo ser responsable

Cuando asignamos culpa a otras personas o circunstancias porque las cosas no van del modo en que queremos, no estamos asumiendo responsabilidad. Ya hemos hablado de que el culpar es una pérdida de tiempo, pero es un juego que comenzó en el huerto de Edén y nunca ha cesado.

Con frecuencia, culpamos a personas, a la vida, al diablo y a nosotros mismos, pero eso no cambia nada. Si verdaderamente quieres cambiar algo, debes comenzar por asumir responsabilidad de ti mismo y de tu vida. Debemos escoger ser responsables, aun si eso parece injusto. Puede que te hayan herido o tratado mal, y no hay nada que puedas hacer con respecto a lo que ya se ha hecho; pero puedes hacer algo con respecto a tu modo de responder. Si estás desanimado, deprimido o sientes autocompasión, puedes asumir responsabilidad por eso y decir: "No voy a quedarme aquí sentado más tiempo culpando a otros. Voy a levantarme y tomar control de mis emociones".

Siento que culpar a otros de nuestros problemas es una de las principales maneras en que evitamos asumir responsabilidad. Puede que no sea intencional; a pesar de eso, intentamos evitar aquello que realmente deberíamos tratar, y es la manera que tiene el diablo de mantenernos atrapados en un estilo de vida que aborrecemos.

> No hay nada que puedas hacer con respecto a lo que ya se ha hecho; pero puedes hacer algo con respecto a tu modo de responder.

Incluso culparte no es el camino hacia la libertad. Cuando cometemos errores, con frecuencia pensamos que es espiritual revolcarnos en la culpabilidad y la condenación, pero no lo es. Yo pasé muchos años pensando: Todo es culpa mía, pero esa sigue sin ser una actitud responsable. Alguien que quiera ser responsable admitirá libremente su fracaso, estará dispuesto a darle la espalda, orará y le pedirá a Dios que le ayude en el futuro y luego seguirá adelante. Seguirá adelante;

volverá a enfocarse en su pasión y en lo que debe hacer para regresar al camino correcto.

Hay personas en hospitales mentales simplemente porque se culparon a sí mismas por algo durante tanto tiempo que finalmente destruyó su salud mental. Si hubo una época en tu vida en que cometiste un inmenso error, deja de mirar atrás y comprende que hay una sola cosa que puedes hacer: ¡soltarlo y seguir adelante!

La vida no siempre es justa, pero Dios sí lo es.

La vida no siempre es justa, pero Dios sí lo es; y puedes estar seguro de que Él traerá justicia a tu situación si renuncias al juego de culpar y eres responsable en la búsqueda del propósito que Él tiene para ti. También podemos quedarnos atascados en culpar al diablo y nunca realizar ningún progreso. Lo que quiero decir es que no importa de quién fuera la culpa de tus problemas, tienes que comprender que culpar no es productivo y luego tomar la decisión de seguir adelante.

Aun si la responsabilidad del desastre no es tuya, la solución para salir del desastre sí lo es. Te desafío a que permanezcas firme, asumas responsabilidad y comiences a trabajar con Dios para tener la mejor vida que puedas tener.

Tienes que atreverte

Sé responsable

1. Recuerda que nadie se interesa más por tu pasión o propósito que tú.
2. Evita culpar a otros de tus problemas y haz lo que puedas para mejorar las cosas.
3. Cree en primer lugar y sobre todo que Dios te ha dado los deseos de tu corazón; ahora prepárate para hacer algo al respecto.

Nadie se interesa como tú

La razón por la cual debes asumir responsabilidad del resultado de tu vida es que nadie se interesa por tu vida como tú lo haces. Al igual que nadie se interesará por tus hijos exactamente igual a ti, o se interesará por tus mascotas, o se ocupará de tu casa, nadie se interesará por ti de la manera en que tú lo harás. ¡Tú tienes un interés propio! Desde luego, Dios se interesa, pero Él no hará la parte de la cual tú eres responsable. Él te capacita para hacerla, pero quiero hacer hincapié en que ¡Él no lo hará por ti! Otras personas puede que se interesen por ti y por el propósito que Dios tiene para tu vida; pero créeme, nadie se interesa como tú. Nadie está dispuesto a emplear el tiempo y el esfuerzo para que tú seas todo lo que puedes ser porque los demás se interesan, y deberían hacerlo, por llegar a ser todo lo que deberían ser. Si no te interesas por tu vida, entonces no hay nada que nadie pueda hacer que marque mucha diferencia.

A lo largo de los años en que he buscado el propósito de Dios para mi vida, Él me ha enviado a muchas personas maravillosas para ayudarme. Yo creía que algunas de ellas estarían conmigo para siempre, pero pronto aprendí que las personas van y vienen. Sin importar quién se haya ido, Dave y yo hemos permanecido porque la responsabilidad final es nuestra.

Otras personas pueden abandonar, pero si estás encendido con la pasión de Dios para tu vida, no puedes abandonar. ¡No es una opción para ti! A pesar de cómo te sientas, debes seguir adelante porque tú eres el único que puede correr tu carrera. Nadie puede cruzar la línea de meta de tu carrera sino tú mismo.

> **Nadie puede cruzar la línea de meta de tu carrera sino tú mismo.**

Recientemente, oí una fábula sobre un perro al que le encantaba perseguir a otros animales. Presumía sobre sus grandes dotes para correr y decía que podía agarrar cualquier cosa. Bien, no pasó mucho tiempo hasta que sus presuntuosas afirmaciones fueron puestas a prueba por cierto conejo. Con tranquilidad, la pequeña criatura sobrepasó a su ladrador perseguidor. Los otros animales, mirando con alegría, comenzaron a reírse.

Sin embargo, el perro se excusó diciendo: "Olvidan que yo estaba corriendo sólo por diversión, ¡pero él corría para salvar su vida!". Necesitamos correr para salvar nuestras vidas, para encontrar nuestra motivación, nuestra pasión y nuestro impulso para seguir adelante, aun cuando el resto del mundo nos diga que nos detengamos.

> **Necesitamos correr para salvar nuestras vidas, para encontrar nuestra motivación, nuestra pasión y nuestro impulso para seguir adelante**

A veces, nos frustramos con las personas porque no parecen tener el mismo compromiso que tenemos nosotros, pero en realidad eso no es justo para ellas. Dios no puso en sus corazones lo que puso en el tuyo con respecto a tu sueño.

Por ejemplo, si una mujer está embarazada, ella es la única que tiene que dar a luz. Nadie puede hacerlo por ella. Puede tener un buen médico, buenas enfermeras y una buena asesora, pero quienes tienen que hacer el trabajo son ella y el bebé.

En lugar de pensar: "Bien, no es justo para mí tener toda esta responsabilidad", sólo recuerda que tú serás quien cosechará la recompensa del cumplimiento. Jesús soportó la cruz por el gozo de obtener el premio, y nosotros debemos tomar nuestra cruz cada día y llevarla hasta la meta por el gozo del premio.

En ocasiones, he tratado de permitir que otros asuman responsabilidad por aquello de lo que yo debería haber sido responsable, y eso siempre ha terminado en desastre. Dave supervisa el dinero del ministerio con lupa. En otras palabras, él lo supervisa diligentemente. Nuestros hijos tienen mucha autoridad, pero Dave y yo sabemos que al final somos quienes tienen la responsabilidad final. Participamos directamente en todo en este momento de nuestras vidas, pero nunca nos permitiremos a nosotros mismos quedarnos sentados ociosamente mientras otra persona toma todas nuestras decisiones. Envejeceremos a medida que pasen los años, pero nunca llegaremos a ser demasiado viejos para ser responsables de lo que Dios nos ha dado.

> Nunca llegas a ser demasiado viejo para ser responsable de lo que Dios te ha dado.

Cuida de lo que te pertenece

Conozco a un ministro que una vez tuvo un ministerio muy grande. Aunque tuvo muchos años fructíferos y realizó una increíble contribución al reino de Dios, finalmente tuvo terribles batallas económicas y tuvo que disminuir su ministerio. Él me dijo que la razón de ello se debió a que dejó demasiadas cosas que él debería haber cuidado en manos de otras personas.

Conocemos a otro hombre que tenía un lucrativo negocio. También tenía un colega en quien confiaba para que dirigiera todo mientras él escogía irse a jugar al golf. Pasaron los años y de repente todo se desmoronó cuando se descubrió que el supuestamente colega responsable estaba robando dinero de la empresa. El socio activo fue a la cárcel y el no activo terminó con un trabajo muy mediocre y mucha vergüenza. Él comprendió demasiado tarde que había sido irresponsable.

Los padres cristianos con frecuencia cometen el error de pensar que el ministerio de los hijos en la iglesia o el líder del grupo de jóvenes, o la escuela cristiana a la que sus hijos asisten, se asegurarán de que sus hijos tengan una adecuada formación espiritual, pero eso no siempre es cierto.

> Tus hijos son tus hijos, y tú tienes la responsabilidad de su formación espiritual.

Tus hijos son tus hijos, y tú tienes la responsabilidad de su formación espiritual. Conozco a una familia que pensaba que sus hijos ciertamente serían espiritualmente fuertes porque tenían un líder de jóvenes supuestamente "increíble". Más adelante descubrieron que el "increíble" líder de jóvenes no les estaba enseñando a los chicos mucho de nada, y tenía una relación sexual con una de las muchachas del grupo de jóvenes. No te impresiones por alguien sólo porque sepa hablar muy bien o se revista de un buen rendimiento. No confundas la exageración con la unción (la presencia de Dios) en la vida de una persona.

Haz preguntas. Si tienes la responsabilidad final, tienes derecho a hacer preguntas, y yo sé que en mi oficina hago muchas preguntas. Las personas inseguras pueden sentirse ofendidas por las preguntas, pero es mi responsabilidad saber lo que está sucediendo. Haz preguntas sobre qué tipo de educación están obteniendo tus hijos; no supongas que todo va bien si realmente no lo sabes. No supongas que tus hijos tienen amigos que son buenos chicos. Pregúntales cómo son sus amigos y llega a conocerlos tú mismo. No supongas todo; entérate de dónde están, a qué tipo de películas van, qué hacen en la Internet, qué tipo de programas de televisión ven; recuerda: es tu responsabilidad.

Establece un buen ejemplo

Cuando hablamos sobre emprender la acción y asumir responsabilidad, parte de la razón de que sea tan importante es que las personas creen mucho más lo que te ven hacer que lo que te oyen decir. Por tanto, asume la responsabilidad de establecer un buen ejemplo. El modo en que yo vivo mi vida delante de las personas y hasta de puertas adentro es muy importante para mí.

No te limites a decirles a otros qué hacer, sino permite que te vean establecer el ejemplo. Si un padre le dice a un hijo que tenga buenos modales, y luego el hijo ve a su padre o a su madre siendo groseros el uno con el otro, ellos habrán malgastado sus palabras.

Vivir responsablemente en la sociedad es una gran tarea. La Biblia dice que deberíamos "velar y orar" (Marcos 14:38). Yo creo que necesitamos vigilarnos a nosotros mismos un poco más y orar para que no seamos hipócritas. Hacer lo que digo que voy a hacer es muy importante para mí. No soy perfecta en esta área, pero creo que tengo que establecer un buen ejemplo. Si quieres que se pueda confiar en quienes están bajo tu autoridad, entonces tú debes establecer el ejemplo.

El escritor y conferencista John Maxwell dice que todo se eleva y cae en el liderazgo, y yo creo eso. Si quieres autoridad, entonces tienes que asumir la responsabilidad que esa autoridad conlleva.

PARTE II

La búsqueda de pasión con propósito

CAPÍTULO 10

Mantente avivado

Tengo un ardiente deseo de ver a las personas vivir apasionadamente. Estoy cansada de las personas tibias, conformistas y que están aburridas de la vida. Para vivir apasionadamente, debemos evitar quedarnos estancados e inactivos. El agua que no se mueve se queda estancada. Si alguna vez has visto un charco de agua estancada, sabes que es turbia, huele mal y hasta puede que se esté formando moho. ¿Quién puede quedarse estancado? ¡Absolutamente cualquiera! No importa lo entusiasta que fueras una vez, puedes quedarte estancado si no haces tu parte para mantenerte a ti mismo avivado. El agua que es movida constantemente no forma moho, sino que permanece fresca por más tiempo; respira y fluye debido al impacto que el acto de moverla tiene sobre ella.

Los líderes tienen una responsabilidad adicional cuando se trata de esto, porque ellos no sólo tienen que mantenerse a sí mismos avivados, sino que también tienen que ayudar a otros a mantenerse avivados.

> ¿Quién puede quedarse estancado? ¡Absolutamente cualquiera!

El estancamiento puede suceder en el matrimonio, en el trabajo, en la iglesia, en la escuela, en tu vida personal, en tu vida espiritual, y en muchas otras áreas. ¿Cuándo ocurre el estancamiento? Cuando dejamos de invertir en algo, eso deja de crecer. Cualquier cosa que no se mueve va de camino a volverse estancada e insípida, que es, sin duda alguna, lo que queremos evitar si estamos hablando de abrazar verdaderamente nuestras vidas con pasión y propósito.

Matrimonio, amistad y compañeros de trabajo

La mayoría de las personas que se divorcian culpan a la otra parte, pero si ambas partes estuvieran invirtiendo en la relación, hay una buena posibilidad de que el divorcio pudiera haberse evitado. Nadie tiene automáticamente un buen matrimonio; todos tenemos que trabajar en él. Dave y yo nos casamos en 1967 y eso significa que llevamos casados mucho, mucho tiempo, pero puedo asegurarte que seguimos teniendo momentos en que tenemos que invertir intencionadamente en nuestra relación.

> Ora por todas las personas con las que tienes relación y pide a Dios que te ayude a encontrar maneras de hacerlas sentir valiosas.

Si vives o conoces a alguien por mucho tiempo, es fácil darlo por sentado. Es como el muchacho de ocho años que una vez dijo sabiamente: "No olvides el nombre de tu esposa. Eso confundirá el amor". Si comienzas a ver a tu cónyuge como si fuera uno de tus muebles favoritos que siempre está ahí, hay una buena oportunidad de que "confundas el amor". Te aliento a que ores por todas las personas con las que tienes relación y le pidas a Dios que te ayude a encontrar maneras de hacerlas sentir valiosas. No sólo esperes que ellas hagan algo por ti, sino pregunta qué puedes hacer tú por ellas. Si inviertes en tus relaciones, cosecharás de ellas. Comprendo que algunas situaciones sencillamente no resultan, pero si la tuya es una de ellas, te aliento a que te asegures de que no sea porque tú no hiciste tu parte.

> No comiences una relación pensando que es tarea de la otra persona mantenerte feliz.

No comiences una relación pensando que es tarea de la otra persona mantenerte feliz. Tú debes ser responsable de tu propia alegría, y eso no es tarea de ninguna otra persona. Está dispuesto a adaptarte y ajustarte a las personas que te rodean. No estoy sugiriendo que permitas que las personas te controlen, sino que estés dispuesto a cambiar si eso ayuda a traer paz a tus relaciones. Con frecuencia, discutimos por minucias que no causan mucha diferencia en absoluto cuando consideramos toda la vida.

Las buenas relaciones requieren una inversión de tiempo. Si tienes tantas personas en tu vida que no puedes prestar atención a ninguna de ellas, quizá necesites conocer la diferencia entre los conocidos y las buenas relaciones. Yo conozco a muchas personas, y quiero a todo el mundo, pero he aprendido que sólo puedo tener unos pocos amigos de verdad. Decide cuáles de tus relaciones son vitales y asegúrate de emplear tiempo adecuado en ellas.

Mi esposo es mi amigo, y eso significa que tenemos que ser intencionales cuando se trata de pasar tiempo junto. No quiero meramente vivir en la misma casa que Dave; quiero estar cerca de él, así que tengo que hacer mi parte para no permitir que nuestra relación se estanque. Recientemente, yo estaba orando por Dave, y Dios me dijo que le hiciera más elogios. Dave ni siquiera parece ser el tipo de hombre al que le importen los elogios. Él es muy seguro y no parece emocionarse o reaccionar mucho cuando le hacen elogios. Pero en obediencia a Dios, comencé a elogiarlo varias veces al día. No pasó mucho tiempo hasta que comprendí que me sentía más cerca de él de lo que había estado en un tiempo, y él parecía estar prestándome más atención y nos divertíamos más. ¡Guau! ¡Yo invertí y coseché!

También tengo que asumir responsabilidad de invertir en las vidas de las personas que me ayudan a mantener la mía. Tengo personas que me ayudan a hacer lo que Dios me ha llamado a hacer, y yo necesito hacer el esfuerzo de mostrarles lo importantes que son. No quiero que ellas se estanquen porque, si lo hacen, puede que no quieran seguir más en sus trabajos. Cuando las personas se estancan, con bastante frecuencia piensan que necesitan un cambio, pero lo cierto es que lo único que necesitan es volver a ser avivadas. Necesitan una brisa nueva y fresca que sople a su alrededor y les motive a continuar.

Yo oro por ser sensible a las necesidades de las personas que me rodean, y principalmente trato de seguir mi corazón. Cuando estaba trabajando en este libro, me vino el pensamiento de enviar flores a mi secretaria con una nota que dijera que la apreciaba. ¡Así que lo hice! Podría haber dicho: Lo haré después de terminar el trabajo que estoy haciendo, o podría simplemente haberlo olvidado por completo, pero no lo hice, porque es muy importante demostrarles a las personas que te interesas por ellas.

Viendo la televisión una noche de San Valentín, pensé en una mujer a la que conocía y cuyo esposo había muerto unos meses antes. Sentí que debía llamarla y desearle "Feliz día de San Valentín".

Cuando lo hice, ella respondió diciendo: "Debes de haber sabido que necesitaba esta llamada. Este es mi primer día de San Valentín sin mi esposo".

Dios sabía lo que ella estaba sintiendo y Él me permitió ser su agente para alentarla. Creo que Dios quiere usarnos a todos mucho más de lo que pensamos en estas áreas.

> Aprende a escuchar a las personas y tu corazón.

Aprende a escuchar a las personas y tu corazón. Ellas con frecuencia te dicen en las conversaciones generales lo que quieren o necesitan, y a medida que emprendamos la acción para satisfacer esas necesidades, las personas que nos importan se sienten alentadas. Si nos entrenamos a nosotros mismos para prestar atención, a menudo podemos ver por la expresión de las personas o su lenguaje corporal que necesitan ser alentadas y edificadas.

Puede que Dios ponga algo especial en tu corazón, o simplemente podrías utilizar el sentido común. El sentido común nos dice que las personas necesitan ser alentadas y avivadas de vez en cuando. Definitivamente cosechamos lo que sembramos en las vidas de otras personas. Cuanto más tratemos de hacer felices a otros, más felices seremos nosotros mismos.

> El sentido común nos dice que las personas necesitan ser alentadas y avivadas de vez en cuando.

Si crees que tienes buenas relaciones pero nunca tomas el tiempo para invertir y esforzarte en ellas, no estás utilizando el sentido común y sabiduría. A todos les gusta recibir elogios y regalos; todos quieren ser apreciados por el trabajo que hacen; todos necesitan sentirse queridos y valorados.

Intenta cosas nuevas

En 1901, el siguiente anuncio se dice que apareció en un periódico de Londres: "Se necesitan hombres para viaje peligroso. Salario pequeño, mucho frío, largos meses de completa oscuridad, constante peligro, dudoso regreso seguro". El anuncio estaba firmado por Ernest Shackleton, explorador del Antártico. De modo sorprendente, el anuncio atrajo miles de respuestas, personas que anhelaban sacrificar todo por la perspectiva de una significativa aventura.[1]

> No cedas al temor a lo desconocido o a ser aventurero; déjalo atrás y sigue tu corazón.

Yo creo que deberíamos vivir nuestras vidas con un enorme espíritu de aventura y riesgo. Solamente tenemos un viaje por la vida, y yo no quiero ser vieja y no tener otra cosa sino lamentos. Siempre afrontamos la lucha entre la fe y el temor, y necesitamos batallar contra la tentación de engordar nuestras cuentas bancarias y nuestros ahorros para la jubilación y después planear vivir más adelante la vida que siempre hemos soñado. No cedas al temor a lo desconocido o a ser aventurero; déjalo atrás y sigue tu corazón. Siempre habrá críticos y quienes nos adviertan del inminente fracaso, pero ellos no son realmente tan importantes al final. Theodore Roosevelt dijo: "No son los críticos quienes cuentan; no es el hombre que destaca cómo tropieza el hombre fuerte, o dónde quien hace cosas podría haberlas hecho mejor. El mérito pertenece al hombre que está realmente en la arena… quien, en el mejor de los casos, conoce al final el triunfo de los grandes logros y, quien, en el peor de los casos, si fracasa, al menos fracasa mientras se atreve mucho, a fin de que su lugar nunca esté con esas almas tímidas y frías que no conocen ni la victoria ni la derrota".

> **Lo que la gente recuerda son las carreras logradas, no sus fallos al golpear.**

Si te sitúas en la base, puede que no golpees, pero si no lo intentas, nunca conocerás la alegría de lograr una carrera. Aun los mejores jugadores de béisbol golpean mal. Sin embargo, lo que la gente recuerda son sus carreras logradas, no sus fallos al golpear. Ellos se convierten en héroes e iconos simplemente porque fueron lo bastante valientes para intentarlo, y seguir intentándolo, hasta que encontraron su "punto bueno" en la vida. Este es un término familiar para los golfistas y otros atletas que saben que es el punto bueno en una bola que está a punto de ser golpeada lo que puede determinar la distancia a la que se remontará o el abrupto final de su recorrido. Esos jugadores de béisbol encontraron el lugar que era bueno para ellos y comprendieron que en el camino del éxito experimentarían algunos experimentos fallidos.

El estancamiento puede suceder cuando tenemos temor a intentar cosas nuevas, o cuando hacemos demasiado de lo mismo todo el tiempo. Es llegar a estar tan cómodo que te vuelves casi comatoso. Podrías estar sintiéndote estancado en tu trabajo, y simplemente tomar una ruta diferente para llegar podría ayudar. Quizá nunca sales a comer fuera, y salir en mitad del día durante un rato podría ayudarte a obtener una perspectiva fresca y un nuevo brío en tu caminar. Es muy fácil caer en una rutina; pero seguir haciendo aquello que te resulta familiar y no querer aventurarte a lo desconocido no es emocionalmente saludable.

Sé valiente e intenta cosas nuevas. Si estás aburrido contigo mismo o con tu aspecto, intenta un nuevo corte de cabello o un color diferente. Sal a comer a un nuevo restaurante, ve a un parque de ocio o haz algo fuera de lo ordinario para ti. ¡Arriésgate! Podría no gustarte, pero, una vez más, puede que sea precisamente lo que necesitas.

> Niégate a arriesgarte y nunca experimentarás realmente la
> vida como podría ser.

John Ortberg dijo en su libro *If You Want to Walk on Water (You've Got to Get Out of the Boat)* [Si quieres caminar sobre el agua (tienes que salir de la barca]: Existe un peligro en salir de la barca, pero existe también un peligro en quedarse. Si vives en la barca (cualquiera que pudiera ser tu barca), finalmente morirás de aburrimiento y estancamiento. *¡Todo es arriesgado!* Arriésgate y abraza la vida; niégate a arriesgarte y nunca experimentarás realmente la vida como podría ser.

Aunque sienta que estoy en el centro de la voluntad de Dios para mi vida y sin duda haya encontrado el propósito de Dios para mí, sigo haciendo cosas para evitarme a mí mismo el sentirme estancado y sombrío. Puedes tener el mejor trabajo del mundo y aun así sentirte inactivo y seco de vez en cuando. Dios nos ha creado para disfrutar de variedad; por tanto, ¡necesitamos aventura! Necesitamos un cambio de ritmo, una nueva experiencia, o algo fuera de lo ordinario que nos despierte, nos haga ponernos de puntillas, y nos empuje a campo abierto.

Todo el mundo siempre parece pensar que sería muy emocionante estar viajando todo el tiempo, como hago yo, pero cuando lo haces todo el tiempo llegas a cansarte de ello. Yo tengo que hacer cosas para asegurarme de no tener una actitud que diga: "Estoy aburrido de esto". Una de las cosas que hago es recordarme a mí mismo regularmente lo bendecido que soy y que Dios podría haber escogido a otra persona. Me recuerdo a mí mismo lo aburrido que estaba cuando era contable y pasaba días buscando tres centavos a fin de que el balance fuera correcto. Algunas personas son creadas por Dios para trabajar con números todo el día, pero yo no era una de ellas.

También me arriesgo, intento cosas nuevas, y estoy decidido a ser alguien que "camina sobre el agua". Espero que compartas esa determinación conmigo.

> Te aburrirás si no te avivas a ti mismo y haces algo atrevido, cosas inusuales que dan emoción a la vida.

A pesar de cuál sea tu época en la vida, te aburrirás si no te avivas a ti mismo y haces algo atrevido, cosas inusuales que dan emoción a la vida. Puedes mirar la vida de otra persona y pensar que sí tú tuvieras su vida, te sentirías emocionado todo el tiempo, pero eso no sucedería. Recientemente vi una película sobre la vida de Jackie Kennedy y oí su comentario sobre lo cansada que estaba de tener a los Servicios Secretos con ella todo el tiempo, y que esperaran que estuviera en tantas funciones. Ella tenía el privilegio de ser la Primera Dama de los Estados Unidos y había veces en que eso no le gustaba; hasta algo tan grandioso como servir como Primera Dama puede ser aburrido.

Si te sientes estancado, puede que sea apropiado un importante cambio en tu vida, pero antes de cambiar de barco y salir corriendo para comenzar otra cosa nueva, asegúrate de hacer tu parte para avivarte a ti mismo en el punto donde estás. Hay veces en que deberíamos avanzar, pero me preocupan las personas que constantemente comienzan cosas nuevas y nunca terminan nada. Cuando yo me siento atascada en un lugar, sin moverme y volviéndome marchita con rapidez, no abandono mi ministerio y abro una boutique, ¡aunque debo admitir que he en alguna ocasión he pensado en ello! Sé que no estaría satisfecha, ni Dios sería glorificado si yo estuviera buscando cualquier otra cosa distinta a mi propósito.

> Asegúrate de hacer tu parte para avivarte en el punto donde estás.

Tienes que atreverte

Mantente avivado

Muchos de nosotros estamos aburridos de la vida. Es momento de moverse y seguir adelante apasionadamente con la vida y el propósito que Dios quiere que tengamos. La siguiente es una lista para que comiences:

1. Piensa en una necesidad en tu comunidad que te preocupe. Podría estar relacionada con niños, mujeres, familias o ancianos; cualquier cosa que te apasione. Ahora, ofrécete voluntario para ayudar tú mismo en esa necesidad o alienta a otros a que se ofrezcan voluntarios contigo para hacerlo como grupo.

2. Una de las maneras más seguras de tener movimiento nuevo y fluido en tu vida es hacer algo por otra persona. Reúne unas cuantas direcciones ya sea de tu trabajo, de la clase de escuela dominical, o quizá de un asilo para ancianos. Toma unos minutos para escribir una nota alentadora a alguien que puede que ni conozcas. Expresa tu interés y que estás orando por él o ella esta semana.

3. ¿Necesitas un impulso en energía? Entonces muévete, ¡literalmente! Sólo treinta minutos al día caminando a buen paso puede hacer maravillas para tu circulación, tus niveles de oxígeno ¡y hasta tus pensamientos!

4. Ten una seria conversación contigo mismo. Recuérdate todas las maneras en que eres bendecido. Haz una lista de las personas que hay en tu vida y cómo te benefician. Niégate a quejarte o a ser negativo. ¡Una persona agradecida es una persona feliz!

En la Biblia, Jesús se encontró con un hombre que estaba enfermo desde hacía treinta y ocho años (ver Juan 5:1-9). Había estado tumbado al lado de un estanque todo el tiempo esperando un milagro. La respuesta de Jesús a la vida estancada de ese hombre fue: "Levántate y anda". Por simple que pueda parecer, yo creo que es la respuesta para muchas personas. ¡Avívate a ti mismo!

Discernir la vida y la muerte

El primer día de la semana, las mujeres fueron al sepulcro de Jesús, llevando con ellas especias preparadas. Descubrieron que la piedra había sido quitada, y cuando entraron, el cuerpo de Jesús no estaba allí. Mientras estaban perplejas y se preguntaban qué habría sucedido, dos hombres con ropas blancas resplandecientes (ángeles) de repente se pusieron a su lado. Los hombres dijeron: "¿Por qué buscan ustedes entre los muertos al que vive?" (Lucas 24:5). Yo creo que esta es una frase de la que podemos aprender mucho.

> Si nos quejamos, podemos ministrarnos muerte a nosotros mismos.

Algunas personas no entienden por qué sus vidas son tan aburridas y sosas, y sin embargo pasan todo su tiempo alrededor de cosas muertas en lugar de vivas. Por ejemplo, si pasas tiempo con personas críticas, ellos te ministran muerte, no vida. Puede que no te des cuenta de ello, pero no eres edificado o alentado cuando estás con ellas. Si nos quejamos, podemos ministrarnos muerte a nosotros mismos. El poder de la vida y de la muerte está en la lengua, y comemos del fruto de ella (ver Proverbios 18:21).

La Biblia nos dice que no nos sentemos inactivos en el camino de los impíos y que no aceptemos su consejo. ¿Te sientas a comer a la mesa diariamente con personas que son impías y las escuchas contar chistes sucios y murmurar? Si lo haces, estás cometiendo un grave error. Estás teniendo comunión con cosas muertas que no producirán nada bueno en tu vida. Tenemos que ser intencionales con nuestro tiempo, al igual que con las relaciones que mantenemos.

> ¿Por qué seguirías invitando a alguien a visitarte que solo trae crítica y mala voluntad?

Necesitamos aprender a discernir la muerte y la vida. En el instante en que entremos en contacto con algo muerto, deberíamos alejarnos de ello. Uno no guardaría el cuerpo muerto de una ardilla en su casa; entonces, ¿por qué seguirías invitando a visitarte a alguien que sólo trae crítica y mala voluntad? Si comenzamos a sentirnos muertos por dentro, necesitamos emprender la acción y hacer algo al respecto. Si te sientes desanimado, no te quedes sentado en casa solo todo el día y pienses en todas las cosas deprimentes que puedas. Levántate, sal de la casa y da un paseo a la luz del sol y al aire libre. Sal, tómate una taza de café, habla con alguien, o ten una buena charla contigo mismo. A veces yo tengo que tener una buena conversación conmigo misma si siento que tengo una mala actitud. Digo: "Joyce, déjalo ahora mismo. Eres muy bendecida y no tienes nada por lo que quejarte".

Hay veces en que me gustaría que hubiera alguien cerca para alentarme, pero si no hay nadie y necesito aliento, me hablo a mí misma a fin de poder recordar las bendiciones en mi vida y todo lo bueno que me sucede. La Biblia dice que el rey David se alentaba a sí mismo en el Señor.

Tú tienes la capacidad o bien de alentarte o de desalentarte a ti mismo dependiendo de cómo pienses, que es hablar con uno mismo. Cuando David se enfrentó a Goliat, nadie lo alentaba, así que él comenzó a hablar sobre lo grande que es Dios y que él sabía que sería victorioso. En efecto, él ganó la batalla. Nosotros también podemos ganar nuestras batallas, con la ayuda de Dios y a veces una o dos charlas con nosotros mismos.

El poder de la risa

Chuck Swindoll, en su libro *Laugh Again* [Ríe otra vez], escribe que él no conoce "una mayor necesidad hoy día que la necesidad de alegría. Alegría inexplicable y contagiosa; alegría atroz… Lamentablemente, nuestro país parece haber perdido su espíritu de diversión y risa. Recientemente, un alumno brasileño que estudia en una universidad cercana me dijo que lo que más le sorprende de los estadounidenses es su falta de risa. Me encontré a mí mismo incapaz de refutar su crítica".[2]

La risa es una solución a prueba de fuego para no quedarse estancado. Te aliento a que te rías mucho en la vida porque la risa es una fuente de la que siempre podemos depender para avivar las cosas. Es como un ejercicio interior, y realmente es muy saludable para nosotros. Un estudio sobre la risa mostró varios beneficios:

- El efecto de la risa sobre el cuerpo es inmediato. Reír en realidad disminuye la presión sanguínea, reduce las hormonas del estrés, y aumenta la flexión muscular.
- La risa aumenta tu resistencia a las infecciones.
- La risa también desencadena la liberación de endorfinas, los calmantes naturales del cuerpo, y produce un sentido general de bienestar.
- En los Estados Unidos, la risa se utiliza como técnica de manejo del dolor para pacientes enfermos de cáncer terminal. Los pacientes que regularmente emplean la terapia con risa se ve que son más tolerantes al dolor que quienes no lo hacen.[3]

Quizá estés diciendo: "Joyce, no hay nada divertido en mi vida". Si ese es el caso, entonces haz tú mismo algo divertido. Renta una película de risa o reúnete con alguien que conozcas y que normalmente te haga reír. Recientemente pasé algún tiempo con alguien con quien normalmente no paso tiempo, y terminé riéndome toda la noche. Recuerdo pensar: No sabía que él fuese tan divertido, pero voy a hacer un hábito de estar más tiempo cerca de él. Necesito personas en mi vida que me hagan reír, y tú también. Trabajo duro, y la risa ayuda a equilibrar las cosas. Si eres un adicto al trabajo que nunca toma tiempo para divertirse, sin duda te estancarás y probablemente llegarás a estar resentido. Dios nos ha creado para el trabajo y el juego, y no sólo para trabajo, trabajo, trabajo, ¡y más trabajo! La diversión y la risa traen restauración y descanso a tu alma.

Dios nos ha creado para el trabajo y el juego.

Por muchos años yo fui adicta al trabajo, y eso me estaba matando de varias maneras. No tenía gozo, estaba cansada todo el tiempo, resentida con las personas que se divertían, sentía lástima de mí misma, y me quejaba. Lo único que tenía que hacer era tener más equilibrio en mi vida; ¡pero me correspondía a mí hacerlo! Aprendí que debo ser responsable de hacer lo que sea necesario para ayudarme a disfrutar de este viaje, y eso incluía saber cómo reír: de la vida, con otros, y hasta de mí misma.

No mires detrás de ti

Cuando eres apasionado y estás avivado en la vida, no tienes tiempo para mirar hacia atrás. Quizá hayas experimentado heridas y desengaños, o hayas hecho cosas que desearías no haber hecho. Todos tenemos esos lamentos enterrados, pero ya se han terminado y han pasado.

> Estás vivo y es momento de mirar hacia adelante y centrarse en vivir.

Esas cosas están muertas, pero tú estás vivo y es momento de mirar hacia adelante y centrarse en vivir.

La respuesta a nuestros problemas no es siempre algo profundo y oculto que sólo meses de consejería revelará. A veces es muy sencillo, y un pequeño ajuste puede producir un tremendo cambio. Podría ser tan sencillo como tomar la decisión de soltar el pasado, o tener más equilibrio en la vida, reír más, hacer más cosas por otros, o escoger algunos amigos más positivos y alentadores. Una cosa es segura: nada cambia nunca a menos que tomemos una decisión y emprendamos la acción. ¡Por tanto, te aliento a que te pongas en marcha!

Deja de mirar detrás de ti y comienza a mirar hacia delante. Y no digas nunca: "No tengo nada a lo que mirar". Tienes el resto de tu vida, y si esperas que Dios haga algo maravilloso, Él lo hará. Él quiere que vivas esperando que algo bueno te suceda cada día de tu vida.

Ora por buenas noticias, porque la Biblia dice que fortalece los huesos (ver Proverbios 15:30).

No hagas tonterías por desesperación

Algunas personas están muy desesperadas por obtener respuestas al estado sin vida en el que se encuentran. Muchas están tan desesperadas por saber lo que el futuro tendrá para ellas, que acuden a médiums a buscar respuestas, ya sea a una persona o por medio de líneas telefónicas, lo cual parece ser muy popular hoy día. Esas cosas puede que den a las personas una esperanza temporal y falsa, pero no ministran vida. Una médium consiguió 360 millones de dólares antes de que el Estado en el que vivía finalmente le cerrara su negocio. Ella era más falsa que un billete de tres dólares, pero las personas desesperadas creen casi cualquier cosa. Te aliento a que disciernas cuando se trata de tu vida y pienses en tu futuro. Ten una relación con Jesucristo y aprende cómo oír de Él.

> Dios es vida, y cuando lo tocas, siempre tocas vida.

Una palabra de Dios te ministrará vida. A veces, cuando estoy cansada y me siento un poco estancada, sólo paso tiempo extra con Dios y le pido que me hable una palabra fresca. Él asegura a mi corazón que estoy en el camino correcto y que Él tiene su mano sobre mí. Dios es vida, y cuando lo tocas, siempre tocas vida.

La Palabra de Dios prohíbe estrictamente acudir a médiums y brujas para obtener dirección (ver Levítico 19:31; 20:6-7). Algunas personas puede que piensen que sólo están jugando a pequeños juegos cuando leen sus horóscopos cada día, cuando visitan a una adivina o cuando van a que les lean las manos. Pero realmente están ofendiendo a Dios y abriendo una puerta en sus vidas para el diablo. La Biblia dice que si buscas esas cosas, serás contaminado por ellas (ver Levítico 19:31). Esas cosas envenenan tu vida y te ministran muerte.

> Dios tiene tu futuro planeado y Él te guiará y te conducirá.

Si tienes algo como eso en tu pasado, pide a Dios que te perdone, y no vuelvas a hacerlo. Dios tiene tu futuro planeado y Él te guiará y te conducirá cuando le busques a Él para obtener dirección.

No busques respuestas para los vivos entre los muertos.

> "Si alguien les dice: 'Consulten a las pitonisas y a los agoreros que susurran y musitan; ¿acaso no es deber de un pueblo consultar a sus dioses y a los muertos, en favor de los vivos?'. Ustedes habrán de enfurecerse cuando, angustiados y hambrientos, vaguen por la tierra. Levantando los ojos al cielo, maldecirán a su rey y a su Dios, y clavando la mirada en la tierra, sólo verán aflicción, tinieblas y espantosa penumbra; ¡serán arrojados a una oscuridad total!"
> —ISAÍAS 8:19, 21–22

Algunas personas están tan desesperadas por asegurar su futuro con un cónyuge que se casan con la persona equivocada, sabiendo en lo profundo de su ser que están cometiendo un error. No te desesperes, ¡ten paciencia! Confía en el plan que Dios tiene y entiende que Dios puede que no tenga prisa, pero también nos promete que no llegará tarde.

La desesperación con frecuencia conduce a cosas que no nos ministran vida. Las personas que están desesperadas por ganar más dinero pueden caer en la trampa de hacer concesiones en su conciencia. Me pregunto cuántas jóvenes han entrado en la pornografía porque tenían el sueño de ser modelos, pero no esperaron a que Dios abriera las puertas de oportunidad correctas.

No tomes decisiones cuando te sientas desesperado; en cambio, simplemente ve a algún lugar y cálmate. Si estás emocionalmente alterado, espera al menos veinticuatro horas antes de decidir algo importante. Una vez oí una historia sobre un nómada del desierto que se despertó en su tienda una noche sintiendo mucha hambre. Se sentó, encendió la luz, miró por su tienda y vio una bolsa de dátiles en el rincón. Agarró la bolsa, tomó uno y le dio un mordisco, sólo para descubrir que tenía un gusano dentro. Lo escupió y tomó otro, pero encontró otro gusano. Lo intentó una vez más, y lo único que tenía en su boca era otro gusano. Debido a que tenía tanta hambre, pensó por un momento en lo que debería hacer. Apagó la luz, agarró la bolsa, y procedió a comerse todos los dátiles.

> La voluntad de Dios no es que tengamos un momento, sino toda una vida de felicidad, aventura, romance y satisfacción.

A veces, las personas apagan las luces de sus conciencias y hacen cosas por desesperación, tratando de llenar el anhelo que hay en sus corazones. Están dispuestas a llevar las consecuencias de su pecado a cambio de un momento de felicidad. La voluntad de Dios no es que tengamos un momento, sino toda una vida de felicidad, aventura, romance y satisfacción. Si nos disciplinamos a nosotros mismos en esos momentos en que nos sentimos desesperados y esperamos en Dios, Él nos sorprenderá con algo mucho mejor de lo que podríamos haber agarrado por nosotros mismos.

La ley del espíritu de vida en Cristo Jesús

La Biblia nos dice que la ley ministra muerte, pero el Espíritu ministra vida. ¡El Espíritu nos aviva! ¿Estás viviendo bajo la atadura de muchas leyes religiosas (reglas y regulaciones)? Si lo estás, entonces puede que seas un cristiano estancado. Es el Espíritu de Dios quien da vida, y debemos ser guiados por el Espíritu Santo, y no por reglas y regulaciones hechas por el hombre. Algunas religiones sólo le dicen a la gente lo que no puede hacer, y no le dicen lo que Jesús ha hecho. ¿Estás disfrutando de libertad, o te sientes condenado la mayoría del tiempo porque no puedes guardar las reglas? Un hombre recientemente me dijo que en la religión en la que creció, todas las personas tenían un gen extra: ¡culpabilidad! Tristemente, eso con frecuencia es cierto. Las personas asisten a la iglesia buscando a Dios, ayuda y consuelo, y se cargan de reglas que no pueden guardar y culpabilidad debido a su fracaso. Donde está el Espíritu del Señor hay libertad de la atadura (ver 2 Corintios 3:17).

Si asistes a una iglesia muerta y te preguntas por qué no tienes pasión y entusiasmo por estar allí, quizá necesites encontrar un lugar donde ir que esté ministrando vida verdadera. ¿Pero cómo lo sabes?

Simplemente podrías estar en una iglesia muerta

¿Te sientes peor después de asistir a la iglesia, o mejor? Si te sientes más desgraciado que antes de ir, simplemente podrías estar en una iglesia muerta.

¿Son las mismas personas que cantaban en el coro de la iglesia hace veinte años las que estuvieron cantando hoy, sentadas exactamente en los mismos lugares en que siempre se han sentado, y cantando la misma música que siempre han cantado? Simplemente podrías estar en una iglesia muerta, porque las cosas vivas deben cambiar y crecer.

¿Es tu iglesia del tipo en que todo el mundo tiene un asiento reservado y los invitados son bienvenidos, mientras no se sienten en el lugar de alguno? Simplemente podrías estar en una iglesia muerta.

¿Es el tema de conversación más emocionante del domingo en la mañana el nuevo color del piso y lo que se ha elegido para la renovación del santuario? Simplemente podrías estar en una iglesia muerta.

¿Habla el pastor frecuentemente sobre iglesias muertas en sus sermones, y sin embargo nunca habla de la falta de asistencia o de la participación en la iglesia? Es probable que estés en una iglesia muerta.

¿Oyes mucha murmuración en tu iglesia sobre el pastor, su personal y otros asistentes a la iglesia? Es probable que estés en una iglesia muerta.

Ir a la iglesia debería alentarte y darte energía y emoción, y una oportunidad para que el Espíritu Santo te avive para la semana. Jesús es tu gloria y quien levanta tu cabeza. Cuando estás en su presencia, Él te da plenitud de gozo. Hazte algunas preguntas difíciles: ¿Vas a la iglesia sólo para cumplir con una obligación o estás contento cuando llega el momento de ir y sientes que se acabe? El salmista David dijo

que él se alegraba mucho cuando era momento de ir a la casa del
Señor.

Ir a la iglesia debería alentarte y darte energía y emoción.

¿Vas a la iglesia sólo para obtener tu bendición para la semana, o
vas para dar a otras personas y ayudarlas? ¿Eres un canal o una reserva? Un canal tiene algo que fluye hacia dentro y hacia fuera, pero una
reserva solamente está ahí y recoge cualquier cosa que se le ofrece. No
hay movimiento, sino un gran potencial para quedarse estancado.

La Biblia dice que la ley del Espíritu de vida en Cristo Jesús nos
ha hecho libres de la ley del pecado y de la muerte (ver Romanos
8:2). Eso simplemente significa que somos incapaces de seguir todas
las leyes religiosas (reglas y regulaciones) y ellas, de hecho, nos hacen
pecar. Sin embargo, si estamos comprometidos a seguir al Espíritu
Santo, seremos tocados por su vida. El Espíritu de Dios no sólo nos
muestra qué hacer, Él nos da la capacidad de hacerlo. La ley te dice lo
que deberías hacer y luego te condena porque no puedes hacerlo.

El nuevo pacto de salvación por medio de Jesucristo es una nueva
manera de vivir. Quizá estés buscando una nueva manera de vivir.
Quizá quieras una vida que esté verdaderamente llena de energía,
pasión y entusiasmo. Si ese es el caso, debes aprender a reconocer y
seguir al Espíritu Santo, no a las personas, no a las reglas hechas por
el hombre, y no tus propias ideas. Jesús dijo: "Sígueme".

Solamente el Espíritu de Dios puede vigorizar tu vida espiritual y
evitar que te estanques. Si aprendes a escucharlo a Él, Dios te guiará
en lo que hacer para mantenerte avivado y preparado para la pasión y
la perspectiva en cuanto a la vida que Él ha planeado para ti.

Debemos aprender cómo evitar el estancamiento en cada área de
la vida. Estar estancado y sin vida no es manera de vivir, y no da gloria
a Dios. Cualquier cosa que sea la que pongas en algo es lo que obtendrás de ello; por tanto, si estás meramente actuando por inercia y no
invirtiendo realmente nada en tu matrimonio, trabajo, iglesia, hogar y
amistades, es momento de hacer un cambio. La elección es tuya: Dios
dijo: "Hoy pongo al cielo y a la tierra por testigos contra ti, de que

te he dado a elegir entre la vida y la muerte, entre la bendición y la maldición. Elige, pues, la vida, para que vivan tú y tus descendientes" (Deuteronomio 30:19).

Aprende a amar tu vida

> Cuando te sientes bien contigo mismo, es más fácil sentirte bien con otras personas.

La vida que tienes es la única que tienes en este momento, así que bien podrías aprender a amarla. Cuando te sientes bien contigo mismo, es más fácil sentirte bien con otras personas y otras cosas. Si comienzas a tener una buena actitud en el punto donde estás, en tus actuales circunstancias, Dios te ayudará a llegar donde quieres estar. Si realmente no puedes soportar tu vida, entonces haz algo al respecto. No te quedes sentado y te quejes; haz algo para mejorarla. ¿Qué quieres de la vida? ¿Estás haciendo algo para hacer que suceda o sólo desearías que las cosas fueran diferentes?

> ¿Estás haciendo algo para hacer que suceda o sólo desearías que las cosas fueran diferentes?

Si no te gusta tu trabajo, si odias la atmósfera en el trabajo y aborreces ir cada día, pregúntate si estás haciendo algo para cambiarlo. ¿Sonríes a todos cuando llegas, o frunces el ceño como todos? ¿Les has dicho algo alentador a tus compañeros de trabajo o a tu jefe?

¿Por qué no cambiar tu manera de hablar acerca de tu vida y todos sus aspectos? La otra noche oí una canción: "Amo mi vida", y pensé: Esa es una estupenda canción que me gustaría que todos cantasen.

Una de las maneras más rápidas de estancarse es encontrar algo incorrecto en todo y en todos, incluyéndote a ti mismo. Por otro lado, las personas agradecidas son normalmente personas felices. La Biblia nos dice que estemos siempre llenos del Espíritu de Dios, y una de las maneras de hacerlo es ser agradecido en todo (ver Efesios 5). Da gracias a Dios por tu vida y por tu trabajo; da gracias a Dios porque respiras y porque todas las cosas son posibles para Él. Dios nunca cambia, pero todo lo demás está sujeto a cambio. Tú no estás en una calle sin salida; no estás atascado en un lugar del que no puedas escapar. Hoy es el comienzo del resto de tu maravillosa vida, y deberías tomar la decisión de que vas a amar tu vida y disfrutarla. Recuerda: es la única que tienes.

> Hoy es el comienzo del resto de tu maravillosa vida.

Familiaridad

Una de las razones por la cual perdemos nuestro gozo y la frescura y novedad de las cosas es la familiaridad. Eso simplemente significa que nos acostumbramos tanto a algo que ya no vemos lo especial que es. Es como la madre que comenzó a leer la Biblia a su hijo. Unas semanas después estaban leyendo en el Evangelio de Juan. Cuando ella leyó Juan 3:16, su hijo comentó. "Oh, conozco este. Es uno viejo". Estar familiarizado con un pasaje bíblico puede hacernos eso. Podemos conocerlo tan bien que sentimos que ya sabemos todo lo que hay que saber de él. Lo mismo sucede con las bendiciones y las alegrías que experimentamos en la vida. Necesitamos hacer un esfuerzo para no dar por sentadas esas cosas. Ser continuamente agradecido es una de las maneras en que hacemos eso. Bendice al Señor en todo tiempo, y que su alabanza esté continuamente en tu boca (ver Salmo 34:1).

Sé agradecido y dilo (ver Salmo 100:1). Haz una lista de todas las cosas por las que estás agradecido, incluyendo a las personas que hay en tu vida. Piensa en las cosas grandes, pero piensa también en las cosas pequeñas. Yo frecuentemente doy gracias a Dios por el agua caliente, en especial cuando estoy cansada y me estoy dando un baño caliente. También doy gracias a Dios por la tranquilidad. Realmente, disfruto de los momentos de tranquilidad, porque parecen restaurar todo mi ser. Ninguno de nosotros automáticamente estará agradecido regularmente; tenemos que ser intencionales con respecto a ello. Es importante que nos dediquemos y ejercitemos para no llegar a estar familiarizados con las cosas que deberían sorprendernos, porque son las pequeñas cosas de la vida que apreciamos las que mantendrán nuestras almas avivadas de gozo.

> Son las pequeñas cosas de la vida que apreciamos las que mantendrán nuestras almas avivadas de gozo.

Las cosas pequeñas marcan una gran diferencia

No olvides hacer pequeñas cosas que potencialmente tienen un gran poder. Con mucha frecuencia, cuando pensamos en pasión e impulso, pensamos en grandes empresas y nos preguntamos cómo las alcanzaremos. Pero las pequeñas cosas pueden ser igual de efectivas, si no más poderosas. Un abrazo o una sonrisa pueden cambiar el día a alguien. Mostrar apreciación puede salvar un matrimonio. Cinco minutos extra en el trabajo cada noche podría significar que eres el único que no es despedido. Decir breves oraciones durante el día puede acercarte más a Dios. Permitir que alguien que lleva menos cosas que tú en el supermercado pase delante de ti en la fila podría hacer que esa persona prestara más atención a tu pegatina que dice "Jesús te ama" la próxima vez que te vea.

> Las cosas pequeñas en la vida pueden cambiar el curso de la vida de alguien por completo.

Las pequeñas cosas en la vida pueden cambiar el curso de la vida de alguien por completo. Un grupo de hombres estaba manteniendo una amigable conversación. Uno de ellos comentó que había aprendido a ser especialmente cuidadoso con las pequeñas cosas. Dijo: "¿Pueden creer que algo pequeño, como un par de calcetines, cambió el curso completo de mi vida?". Otro de ellos respondió: "Apenas puedo creer eso". "Bien, ¡es cierto! Una vez planeé hacer un viaje con algunos de mis amigos en barca, pero días antes de que fuéramos a partir me lesioné un pie mientras cortaba leña. Fue solamente un pequeño corte, pero el tinte azul que llevaban los calcetines hechos a mano envenenaron la herida, y tuve que quedarme en casa. Mientras mis amigos estaban de viaje, un poderoso predicador llegó a nuestra ciudad para realizar reuniones de avivamiento. Ya que yo no tenía ninguna otra cosa que hacer, decidí asistir. El mensaje me tocó profundamente y, como resultado, entregué mi corazón al Señor. Después vi que necesitaba un cambio en mi vida en muchos aspectos. Nuevos deseos y propósitos se apoderaron de mí. Decidí también seguir una educación, porque confiaba en que eso me capacitaría para vivir más útilmente para mi Señor". El hombre que hizo esos comentarios no era otro que el anterior presidente de los Estados Unidos: ¡James A. Garfield![4]

Yo soy una fiel defensora de prestar mucha atención a las pequeñas cosas en la vida. Recojo monedas de céntimo dondequiera que voy. Las personas normalmente no las recogen porque no valen mucho, pero yo creo que hay un principio implicado que necesitamos ver. Si siento que no vale la pena inclinarme para recoger un céntimo, entonces probablemente sea el tipo de persona que permite que muchas otras cosas pequeñas se escapen.

> Niégate a ser perezoso, evita el estancamiento, ama tu vida, y busca oportunidades para atender a las pequeñas cosas.

Haz el compromiso ahora mismo de ser el tipo de persona que siempre hace su parte en cada situación. Niégate a ser perezoso, evita el estancamiento, ama tu vida, y busca oportunidades para atender a las pequeñas cosas en la vida que otros pasan por alto. Tu pasión crecerá y tu propósito será más seguro, ¡y no pasará mucho tiempo antes de que llegue tu recompensa!

CAPÍTULO 11

Pasión por tu espíritu

Cuando pensamos en ser avivados con pasión, es crucial que entendamos los propósitos que Dios tiene para nosotros en cada área de nuestras vidas. Sin ese entendimiento, seríamos como el grupo ocasional de niños que ves en un parque infantil corriendo todos emocionados y gritando de alegría a pleno pulmón, pero cuando alguien que les observa les pregunta por qué están tan emocionados, ellos simplemente se encogen de hombros y dicen: "No sabemos". La pasión debe aplicarse con propósito, y uno de los mayores propósitos que Dios nos da es para nuestro espíritu.

Tu espíritu es la parte más profunda de ti. No es la parte que las personas ven, sino que es la parte más importante. Al igual que el motor de tu auto contribuye mucho al modo en que funciona, el estado de tu espíritu determina la calidad de vida que tendrás.

> El estado de tu espíritu determina la calidad de vida que tendrás.

Nuestro espíritu y alma es la parte eterna de nosotros y, como tal, deberíamos prestar más atención a ellos que a nuestras áreas más externas de vida. Dios se interesa por todas las áreas de nuestras vidas, pero está especialmente interesado en "la persona oculta del corazón" (1 Pedro 3:4).

Por ejemplo, la Biblia dice que un hombre es bendito, afortunado y feliz si no hay engaño en su espíritu (ver Salmo 32:2). Algunas personas se engañan a sí mismas creyendo que lo malo es bueno y lo bueno es malo. Cuando hacen eso, no están afrontando la verdad y están sembrando semillas para una vida desgraciada. Sin embargo, si un hombre afronta la verdad, reconoce su pecado, y ora por perdón, será tan fuerte en su espíritu que hasta cuando lleguen las grandes pruebas a su vida no llegarán a su espíritu. Experimentará el poder protector de Dios (ver Salmo 32:6). Se nos dice que tengamos un espíritu recto, que sea perseverante y firme, no uno que sea débil y renuncie con facilidad (ver Salmo 51:10).

Podemos aprender mucho acerca de la voluntad de Dios para nuestro espíritu leyendo su Palabra. Aprendemos, por ejemplo, que el espíritu fuerte de un hombre lo sostendrá en el dolor corporal o los problemas (ver Proverbios 18:14). Un espíritu quebrantado seca los huesos (ver Proverbios 17:22). El rey David oraba para tener un espíritu dispuesto (ver Salmo 51:12). Un hombre debe tener un espíritu confiable y fiel (ver Proverbios 11:13). Proverbios habla mucho de soportar y tranquilidad de espíritu.

La Biblia también menciona varias condiciones en que un hombre puede permitir que esté su espíritu y que no son voluntad de Dios ni son buenas para el hombre. El rey David escribió que en una ocasión su espíritu estaba abrumado y desfallecía dentro de él (ver Salmo 143:4). Proverbios habla de un espíritu altivo que es necio, un espíritu que tiene en él deliberada terquedad, un espíritu orgulloso y altivo que es antes de la destrucción, y un espíritu avaro que promueve peleas.

> Deberíamos apoyarnos en el Espíritu Santo para tener fortaleza y utilizar el fruto dado por Dios del dominio propio y así mantener nuestro espíritu en la condición correcta.

Deberíamos apoyarnos en el Espíritu Santo para tener fortaleza y utilizar el fruto dado por Dios del dominio propio y así mantener nuestro espíritu en la condición correcta. La Biblia dice que el hombre que no tiene dominio de su propio espíritu es como una ciudad derribada y sin muros (ver Proverbios 25:28). En otras palabras, al no mantener su espíritu en la condición correcta, ha quitado la protección de su vida que Dios desea que tenga.

Sí, la condición espiritual de un hombre es muy importante. ¿Qué está sucediendo en tu interior? Lo sepas o no, eso afecta a tu vida cotidiana de manera increíble.

Aburrimiento espiritual

En su libro *Enjoying God* [Disfrute de Dios], S. J. Hill escribió:

"¿Por qué el entretenimiento fascina al espíritu humano? ¿Por qué ciertas películas captan las imaginaciones? Se debe a que hay algo en nosotros como humanos que anhela ser transportado por encima de nuestra vida normal y corriente. Hollywood trata de atrapar nuestros sueños y pasiones mediante las películas —drama, aventura, romance—, y hace un trabajo bastante bueno. Pero son sólo falsificaciones del verdadero drama, aventura y romance que son parte del diseño de Dios.

"Uno de los mayores problemas que la Iglesia afronta en este momento es el aburrimiento espiritual. ¿Por qué? Porque los creyentes nunca fueron hechos para un programa, una institución o una ceremonia semanal para calentar los bancos. Los cristianos nunca fueron hechos para quedar satisfechos con un bosquejo de tres puntos que contiene sólo consejo suficiente para sobrepasar el "bache" de la semana. El corazón del ser humano fue hecho para la pasión; fue creado para las relaciones; fue diseñado para experimentar la plenitud de Dios[1]".

> **Nuestro espíritu es el lugar donde tenemos comunión con Dios.**

Dios desea una profunda, íntima y apasionada relación con su pueblo, pero para tenerla, el espíritu del hombre debe estar en la condición correcta. Nuestro espíritu es el lugar donde tenemos comunión con Dios; es su lugar de morada. Dios es recto y santo, y a fin de que Él more en nuestro espíritu, Él debe hacerlo recto y santo.

Un espíritu recto

> Cómo te sientes contigo mismo en tu espíritu (corazón) es un factor determinante en tu vida.

Cómo te sientes contigo mismo en tu espíritu (corazón) es un factor determinante en tu vida. Prepara el escenario para todas tus relaciones, incluyendo tu relación con Dios. Afecta a tu rendimiento en el trabajo y a tu nivel de paz y gozo; afecta a tu confianza y valentía, y al modo en que respondes al fracaso. Puedes ir hacia atrás o seguir hacia delante; depende de cómo te sientes contigo mismo.

¿Sientes en lo profundo de ti que algo anda mal? ¿Te comparas a ti mismo con otros y supones que deberías ser como ellos? Dios quiere que tu espíritu sea cubierto de rectitud, no de culpabilidad, de condenación y de inseguridad. ¿Tienes algún entendimiento de que la rectitud de Dios está a tu disposición mediante la fe en Jesucristo? Siempre deberíamos vernos a nosotros mismos como rectos delante de Dios; es un don que Él da a aquellos que aceptan a Jesús como su Salvador, y es la condición en que deben estar nuestros espíritus si hemos de tener una comunión adecuada con Dios. La propia rectitud de Dios se acredita o transmite a quienes aceptan a Jesús como su Salvador. Jesús murió a fin de que nosotros pudiéramos estar con valentía delante de Dios y no achicarnos en temor y vergüenza.

> Jesús murió a fin de que nosotros pudiéramos estar con valentía delante de Dios y no achicarnos en temor y vergüenza.

Atrévete a acercarte con valentía

Cuando creo que tengo una relación correcta con alguien y esa persona me quiere, eso me capacita para acercarme a él o ella con valentía cuando necesite que me ayude con algo. También me libera para expresar mi amor y afecto por esa persona porque no tengo temor al rechazo.

¿Cómo te acercas a Dios? Su Palabra dice que debemos acudir con valentía. Realmente dice que deberíamos "atrevernos" a acudir con valentía delante de Él.

"En él, mediante la fe, disfrutamos de libertad y confianza
para acercarnos a Dios."
—EFESIOS 3:12

> Jesús no murió por nosotros para que pudiéramos tener una religión. Él murió para que nuestros pecados pudieran ser perdonados.

Jesús no murió por nosotros para que pudiéramos tener una religión. Él murió para que nuestros pecados pudieran ser perdonados, ser justificados delante de Dios, y disfrutar de comunión con Él. La religión es el intento del hombre de llegar a un lugar donde Dios lo acepte; es la idea del hombre de las expectativas de Dios, pero el cristianismo es Dios adoptando humanidad en la persona de Jesucristo y descendiendo hasta el hombre.

La justicia se describe en la Biblia como una coraza que cubre el corazón o el espíritu del hombre (ver Efesios 6:14). Nuestros espíritus deben ser cubiertos de justicia si hemos de tener una buena relación con Dios y caminar en victoria. Dios nos la da por su gracia, pero debemos recibirla por fe y caminar en ella.

El tipo de justicia de Dios

Hay dos tipos de justicia: la que tratamos de ganarnos por la conducta correcta, y la que se nos da como un regalo mediante la fe en Jesucristo. Hay la justicia propia y el tipo de justicia de Dios. La última no es sólo mucho mejor que la primera, sino que es el único tipo que Dios aceptará.

Una de las cosas más maravillosas de aceptar a Jesucristo es que nuestra relación con Él nos da una posición correcta delante de Dios. Dios nos ve como justos. No tiene nada que ver con nuestra conducta; Él simplemente nos ve de esa manera porque es la única manera en que puede tener una relación íntima con nosotros. Dios es santo y completamente justo y no puede habitar en presencia de pecado. Ya que somos imperfectos e incapaces de manifestar perfección, Dios escoge vernos mediante la sangre de Jesús que fue derramada en la Cruz como pago por nuestros pecados. ¡Él nos ve de la manera en que ve a Jesús!

> **Dios nos ve como justos.**

Si nos sentimos mal con nosotros mismos todo el tiempo y nos sentimos culpables y condenados, no podemos disfrutar de la vida que Jesús murió para darnos. Nuestro testimonio a otros es también muy malo porque no podemos ser una luz para quienes viven en oscuridad si nosotros mismos vivimos en un lugar oscuro. Cualquier persona llena de odio a sí misma, vergüenza, reproche y culpa está llena de oscuridad.

> **No podemos ser una luz para quienes viven en oscuridad si nosotros mismos vivimos en un lugar oscuro.**

El propósito de Dios es multifacético

El propósito de Dios para nuestras vidas tiene muchas, muchas partes, así que no comentas el error de pensar que encontrar el propósito de Dios significa solamente que debes descubrir tu vocación o el tipo de trabajo que debes realizar. Antes de ni siquiera acercarnos a hacer, necesitamos ser buenos en "ser". Debemos ser lo que Dios quiere que seamos antes de poder verdaderamente hacer lo que Él quiere que hagamos. El verdadero éxito está basado en quiénes somos, no en lo que hacemos.

> **Antes de ni siquiera acercarnos a hacer, necesitamos ser buenos en "ser".**

Dios nos da una posición correcta delante de Él como un don a ser recibido por medio de la fe. No sería correcto que Él esperara que hiciéramos algo a menos que nos diera la capacidad de hacerlo. Él espera que nos comportemos correctamente, y por eso nos da justicia. Si le pidieras a tu hijo que limpiara el piso, le darías una escoba. Si le pidieras a tu hijo que segara el césped, le proporcionarías una segadora.

Somos justificados (hechos como si nunca hubiéramos pecado) por medio de nuestra fe en Jesucristo. Somos vistos estando en Cristo y, como tales, Dios nos ve del mismo modo en que ve a Jesús. ¡Guau! Aceptar esa verdad puede causar regocijo, y eso es exactamente lo que causa para aquellos que aceptan estar en Cristo antes de tratar de "hacer" en Cristo.

¿Estás perdiendo gozo en tu vida? Si es así, puede que tengas una mala autoimagen; no te valoras a ti mismo o has creído cosas negativas que te hayan dicho personas. Nunca experimentarás verdadero gozo mientras te sientas mal contigo mismo. Dios quiere darte el regalo de la justificación. Tu justicia no está basada en que tú hagas todo correctamente, sino que está basada en la fe en Jesucristo y en lo que Él ha hecho.

¿Necesitas algún traje nuevo?

Muchos recordarán la historia de Hans Christian Andersen, "El traje nuevo del emperador". Es el cuento de un emperador al que le gustaba tanto la ropa nueva que gastaba todo su dinero, tiempo y atención en ella, y hacía muy pocas cosas más para dirigir su reino. Cuando no estaba presumiendo de un nuevo traje, estaba en su vestidor, probándose nuevas ropas.

Cuando dos hombres astutos llegaron a la ciudad pasándose por maestros costureros, convencieron al rey de que ellos sabían cómo hacer el traje más exquisito que no sólo se veía hermoso, sino que en realidad parecía invisible para la persona que fuese excepcionalmente estúpida. El rey, que estaba muy lleno de su propia avaricia y deseos egoístas, se dejó engañar, y marchó por la calle delante de sus súbditos presumiendo de la gloria de su nuevo traje. Entonces un muchacho gritó: "¡Pero si no lleva nada encima!".

No fueron los maestros costureros quienes engañaron al emperador para que creyera que aquellas ropas invisibles eran reales; fue el propio farisaísmo del emperador, su orgullo, el engaño y la vanidad lo lograron. Con frecuencia nos encontramos a nosotros mismos en la misma posición, no dispuestos a mirar fuera de nuestros propios egos; sin embargo, nuestro propósito no es agradarnos a nosotros mismos, es agradar a Dios.

> ¿Eres capaz por fe de verte como de la realeza, un hijo del reino de Dios?

Según la Biblia, somos reyes y sacerdotes para nuestro Dios (ver Apocalipsis 1:6; 5:10). Ahora bien, sabemos que hay personas llamadas al sacerdocio o quienes son realmente reyes de países. Ser un rey o un sacerdote puede que no sea nuestra tarea, pero es nuestra posición delante de Dios, en cuanto a Él respecta. Eso proporciona algo de perspectiva en lo valiosos que Dios considera a los creyentes. ¿Puedes comenzar a pensar en ti mismo como un rey y un sacerdote? ¿Puedes, por fe, verte a ti mismo como realeza, un hijo del reino de

Dios? Eso espero, porque como hijo de Dios eso es exactamente quién eres. "¡Que se revistan de justicia tus sacerdotes! ¡Que tus fieles canten jubilosos!"(Salmo 132:9).

Contrario al emperador que quería nuevas ropas hechas de engaño y egoísmo, Dios quiere que sus sacerdotes estén vestidos de justicia, lo cual incluye hacer y ser correctamente. La pregunta, desde luego, es qué viene primero. ¿Tenemos una posición correcta delante de Dios porque hemos hecho lo correcto, o tenemos una posición correcta delante de Dios como un don de Dios; y debido a eso somos motivados a hacer cosas correctas?

¿Va el carro delante del caballo, o el caballo delante del carro? ¿Amamos a Dios primero y Él nos ama porque primero le hemos amado a Él? ¡Claro que no! La Biblia dice claramente: "Nosotros amamos a Dios porque él nos amó primero" (1 Juan 4:19). ¿Qué tenemos que Dios no nos diera primero? ¡Nada!

> **La Biblia nos enseña que debemos creer y Dios se agradará.**

Muchas religiones enseñan a las personas deben hacer algo o rendir de cierta manera y entonces Dios se agradará. La Biblia nos enseña que debemos creer y Dios se agradará. Sin fe es imposible agradar a Dios (ver Hebreos 11:6).

¿Y las buenas obras?

¿Cuentan nuestras buenas obras para algo? ¿Deberíamos esforzarnos por hacer el bien? Bueno, desde luego Dios se agrada cuando hacemos el bien, pero como dije anteriormente en el libro, nuestra motivación para hacer lo que hacemos es muy importante. Si hacemos el bien esperando ser hechos justos mediante nuestras buenas obras, Dios no se agrada en absoluto. Nuestra justicia no puede provenir de nuestros propios esfuerzos, sino que debe ser el resultado de creer y apoyarnos totalmente en Él. Todo proviene de Él, y por medio de Él y para Él, incluyendo nuestra justicia (ver Romanos 11:36).

El apóstol Santiago dijo que la fe sin obras es muerta (inútil, sin vida), y eso es cierto. Las obras son necesarias, pero la fe debe venir primero. De otro modo, volvemos a tener el carro delante del caballo. Sólo imagina por un momento que estás haciendo un viaje en carromato. Hay dos hermosos caballos y un bonito carro donde puedas sentarte. Si el carro estuviera atado delante de los caballos y ellos trataran de empujar el carro alrededor de la ciudad, tendrías un viaje muy accidentado. No sería agradable en absoluto, y podría ser completamente aterrador.

> Cree primero y luego haz buenas obras por el motivo correcto.

Cree primero y luego haz buenas obras por el motivo correcto. Hazlas porque amas a Dios, no para conseguir que Él te ame y te acepte. Eres aceptado mediante la fe en Jesús. Puedes venir tal como eres y Dios te ayudará a llegar a ser lo que Él quiere que seas. "Entre ellas están incluidos también ustedes, a quienes Jesucristo ha llamado" (Romanos 1:6).

> Si pudiéramos ser perfectos en nuestra conducta, entonces no necesitaríamos un Salvador en absoluto.

Vienes tal como eres, y mientras que Dios está obrando su propósito y voluntad en ti y en tu vida, puedes disfrutar del viaje. No tienes que estar enojado contigo mismo si no manifiestas una conducta perfecta todo el tiempo. Si pudiéramos ser perfectos en nuestra conducta, entonces no necesitaríamos un Salvador en absoluto. La próxima vez que peques, sólo admítelo, pide a Dios que te perdone y te ayude a no volver a hacerlo. Dale gracias de que aunque cometas un error, sigues teniendo una posición correcta delante de Él mediante la fe.

¿Puedes creer lo que parece ser demasiado bueno como para creerlo?

Una relación personal con Dios por medio de Jesús ofrece una nueva manera de vivir. Somos invitados a recibir a Cristo por fe, y cuando lo hacemos, la justicia, al igual que muchas otras maravillosas bendiciones, nos es imputada (puesta en nuestra cuenta) (ver Romanos 4:11; 10:6). Sin embargo, importa muy poco lo que es legalmente nuestro, a menos que creamos que lo tenemos. Sin fe, nunca haremos uso de lo que Dios proporciona.

Cuando tengo frío, si no creo que tengo una chaqueta en mi armario, seguiré teniendo frío. Cuando tengo hambre, si no creo que tengo comida en el frigorífico, seguiré teniendo hambre. Si a una persona pobre le dicen que ha heredado millones de dólares y que han sido depositados en el banco, seguirá siendo pobre a menos que crea lo que le han dicho y realmente vaya al banco para cobrar el cheque.

Muchos cristianos son como ese hombre pobre. Cuando Jesús murió, ellos heredaron justicia, justificación y libertad del poder del pecado, al igual que otras muchas cosas increíbles descritas en las promesas de Dios a su pueblo. Sin embargo, la herencia no les hace ningún bien en absoluto, y aunque un nuevo pacto (acuerdo) ha sido firmado y sellado en la sangre de Jesús, ellos continúan viviendo bajo el antiguo pacto (acuerdo), que trae pecado y muerte (desgracia de todo tipo) (ver 2 Corintios 3:6).

> Deberías verte como Dios te ve, no como el mundo te ve.

Da un paso de fe y mírate a ti mismo como alguien escogido por Dios, que ha obtenido una herencia. La Palabra de Dios te da permiso para tener una buena actitud hacia ti mismo. Deberías verte como Dios te ve, no como el mundo te ve.

"En Cristo también fuimos hechos herederos, pues fuimos
predestinados según el plan de aquel que hace todas las
cosas conforme al designio de su voluntad."
—EFESIOS 1:11

> Se necesita dar un atrevido paso de fe para vivir en el
> Reino de Dios y disfrutar de los beneficios de su reino.

Debo admitir que algunas de esas verdades bíblicas parecen casi
demasiado buenas para ser verdad. Se necesita un atrevido paso de fe
para vivir en el reino de Dios y disfrutar de los beneficios de su reino. Recibir perdón total de todos nuestros pecados como un don de
Dios —mediante la fe en Jesús— es tan bueno, que muchas personas
simplemente no pueden creerlo. Creer que Dios los ve como justos
—aun cuando cometen errores— es difícil de imaginar. Ellos están
buscando algo difícil, algo contra lo cual pueden pasar sus vidas batallando. Los intelectuales no pueden entender la salvación por medio
de Cristo y se niegan a creer lo que sus mentes no pueden comprender. Sin embargo, Dios promete que si alguien acude a Él como un
niño y simplemente cree lo que Él dice, él o ella serán salvos (librados
de pecado y se les da una nueva vida).

He sido criticada por enseñar a la gente que ellos son la justicia
de Dios en Cristo, aun cuando la Biblia claramente lo afirma en 2
Corintios 5:21. También he sido criticada por decir: "Yo soy la justicia
de Dios en Cristo". Cuando lo digo, no quiero decir que sea justa en
mí misma o por cualquier acto recto que yo podría realizar. Simplemente estoy de acuerdo con la Palabra de Dios. Sé que toda nuestra
propia justicia es como trapos de inmundicia, según Isaías 64:6. Yo
he decidido creer la Palabra de Dios y la tomo para mí misma, y ha
cambiado mi vida pasando a ser una vida de derrota y desgracia a
una de victoria y de alegría. Todos pecamos y cometemos errores,
pero gracias a Dios que podemos ser perdonados y estar delante de Él
vestidos de justicia.

> Gracias a Dios que podemos ser perdonados y estar delante de Él vestidos de justicia.

Durante diez años de mi vida, yo fui una cristiana que asistía a la iglesia cada domingo y hasta hacía varios tipos de buenas obras por medio de mi iglesia. Yo creía, como muchos de mis otras amistades cristianas, que era una horrible y miserable pecadora, y, como resultado, mi conducta cambiaba muy poco. Yo asistía a la iglesia, pero seguía siendo horrible y desgraciada. No podía elevarme por encima de lo que yo creía que era, ni tampoco puedes tú o cualquier otra persona. Finalmente no estuve dispuesta más a seguir viviendo en derrota, comencé un serio estudio de la Palabra de Dios, y decidí que creería la Palabra de Dios en lugar de creer doctrinas hechas por el hombre que no tenían poder. Al igual que multitudes de otros buscadores a lo largo de la historia, descubrí verdades maravillosas que me prometían vida eterna, victoria, paz, gozo, justicia, justificación, libertad de la culpa y la condenación, esperanza, prosperidad, sanidad, poder y autoridad. Y descubrí esas cosas para mi vida aquí en la tierra, y no sólo para cuando muera y vaya al cielo, como creen tantas personas. Es difícil ser apasionado acerca de algún día, el cual parece lejano en la distancia. Es imperativo estar apasionado acerca del presente.

> No podemos sólo pensar en algún día, tenemos que pensar en el ahora.

En la iglesia, necesitamos aprender sobre el pecado y el perdón, pero también necesitamos aprender sobre nuestra posición correcta delante de Dios. Si no lo hacemos, estamos en peligro de pasar nuestras vidas rechazándonos a nosotros mismos, aun cuando Dios nos haya aceptado. Muchas personas no se gustan a sí mismas y, de hecho, algunos hasta se odian a sí mismos y encuentran varias maneras de castigarse a sí mismos por su maldad percibida. Creo que Dios quiere que recibamos su amor, nos amemos a nosotros mismos, de manera equilibrada, y permitamos que su amor fluya por medio de nosotros hacia otros.

> Creo que Dios quiere que recibamos su amor, nos amemos a nosotros mismos, de manera equilibrada, y permitamos que su amor fluya por medio de nosotros hacia otros.

Recientemente, vi una película sobre una muchacha que se odiaba tanto a sí misma que comenzó a hacerse cortes y quemaduras como forma de castigo. Yo me castigaba a mí misma al no permitirme disfrutar de la vida. Algunas personas se aíslan y viven vidas solitarias; algunas son tan inseguras que nunca se atreven a arriesgarse o a tener una aventura. Te aliento a que te valores y te respetes a ti mismo, ¡a que tengas una buena relación contigo mismo! Si estás contra ti mismo, entonces estás derrotado antes de ni siquiera comenzar. Eres creación de Dios y Él pagó un alto precio para rescatarte de una vida de pecado y opresión; por tanto, actúa con valía y comienza a disfrutar de ti mismo y de la vida que recibiste al Jesús morir.

> Actúa con valía y comienza a disfrutar de ti mismo y de la vida que recibiste al Jesús morir.

"Fueron comprados por un precio. Por tanto, honren con su cuerpo a Dios."
—1 CORINTIOS 6:20

La Biblia dice que eres linaje escogido, una persona especial comprada por Dios, y eres llamado a mostrar las maravillosas obras y las virtudes de Dios, quien te llamó de la oscuridad para vivir en su maravillosa luz (ver 1 Pedro 2:9). Cree en la obra que Dios te está llamando a hacer, y comprométete a sólo "ser" en Jesús. Él te ayudará a atravesar cualquier dificultad que encuentres y te ayudará a hacer todo lo que Él quiere que hagas.

> Eres llamado a mostrar las maravillosas obras y las virtudes de Dios.

Una nueva identidad

En la década del cincuenta, Sao Kya Seng, el príncipe de treinta y cuatro estados Shan independientes, en el noreste de Burma, también conocido como Hsipaw, fue a Denver, Colorado, para estudiar ingeniería. Ya que quería experimentar lo que era ser un estudiante en los Estados Unidos, mantuvo en secreto su identidad. Ni siquiera sus profesores sabían quién era él realmente. Una de sus compañeras de estudios era Inge Sargent, de Austria. Al ser los dos estudiantes de intercambio, Inge y el príncipe pronto descubrieron que tenían mucho en común y comenzaron a pasar cada vez más tiempo juntos.

Tienes que atreverte

Cree

Cuando tratas de entender el propósito de Dios para tu espíritu a fin de poder tener la pasión que Él desea para ti, se requiere cierta cantidad de confianza y fe. Confía en que Dios tiene el control, ¡y cree que Él te dará lo que necesitas para tener éxito! Si batallas en esta área, los siguientes son algunos versículos para buscar y algunas de las promesas de Dios en las que pensar.

1. Dios nunca te abandonará (ver Hebreos 13:5).
2. Dios quiere lo mejor para ti (ver Jeremías 29:11).
3. Dios quiere lo mejor de ti, y Él hará todo lo que pueda para ayudar (ver Juan 14:26).

Pronto su amistad se convirtió en amor, pero el príncipe decidió que no revelaría su verdadera identidad, aunque los dos salían en serio; él no quería que la decisión de Inge de salir con él se viera tintada por el hecho de que podría casarse y entrar en la realeza. Así que cuando él finalmente le propuso matrimonio, con un anillo de compromiso de rubí y diamante, Inge seguía sin conocer quién era él en realidad. Amándolo mucho, sin embargo, Inge dijo sí y se casaron, como cualquier otra pareja, en los Estados Unidos. Para su luna de miel, Sao Kya Seng llevó a Inge a su país natal, a fin de que ella pudiera conocer a su familia y ver de dónde provenía él. Cuando su barco llegó a las costas de Burma, cientos de personas esperaban en el puerto y muchas de ellas habían salido en pequeños botes, llevando carteles de bienvenida. Una banda tocaba y algunas personas tiraban flores al barco. Sorprendida por toda aquella emoción, Inge se volvió hacia su esposo y le preguntó la llegada de quién celebraban.

El joven le dijo a su nueva esposa: "Inge, yo soy el príncipe de Hsipaw. Estas personas celebran nuestra llegada. Ahora tú eres la princesa".[2]

Jesús también nos da una nueva identidad.

Al igual que aquella joven recibió una nueva identidad, Jesús también nos da una nueva identidad. Él dice: "Tú eres mi hijo y te amo incondicionalmente". Él también dice que tenemos una posición correcta delante de Dios por medio de Él; que somos justificados, santificados y glorificados. Las cosas viejas pasaron y todas las cosas son hechas nuevas. Él nos ofrece una nueva manera de vivir.

> "A los que predestinó, también los llamó; a los que llamó, también los justificó; y a los que justificó, también los glorificó."
> —ROMANOS 8:30

> Puede que no estemos donde necesitamos estar, ¡pero gracias a Dios que estamos de camino!

Aunque estas cosas están continuamente obrando en la vida del creyente, son espiritualmente suyas y no debería tener temor a decirlo. Puede que no estemos donde necesitamos estar, ¡pero gracias a Dios que estamos de camino! ¡Estamos llegando a ser aquello que Dios nos hizo ser!

Deja de sentirte mal contigo mismo y sabe que eres la justicia de Dios en Cristo. Eso te motivará a producir una buena conducta. Te motivará a abrazar con pasión lo que Dios te ha dado. A medida que sigues estudiando la Palabra de Dios, continuamente eres transformado a su imagen de un grado de gloria a otro (ver 2 Corintios 3:18). No tienes que quedarte atascado en la conducta pecaminosa; puedes vencerla mediante el poder de Dios, pero debes creer las cosas correctas. Jesús dijo que nos sería hecho tal como creyéramos (ver Mateo 8:13).

> Si continúas creyendo lo que la Palabra de Dios dice, tus sentimientos finalmente se pondrán a la altura de tu fe.

Todos los cambios que deseas no se producirán de la noche a la mañana; sin embargo, si estás dispuesto a hacer una inversión de tiempo, poco a poco te mostrarás y comenzarás a utilizar cada don que Dios te haya dado por medio de Jesucristo. Puede que al principio no te sientas justo, pero si continúas creyendo lo que la Palabra de Dios dice, tus sentimientos finalmente se pondrán a la altura de tu fe. La fe llega hasta la esfera espiritual y cree lo que no puede ver ni sentir, y espera que sea manifestado en la esfera natural.

> Puedes pasar tu vida como obrero o como heredero; la elección es tuya.

Ponte la justicia por fe y mírate a ti mismo vestido con ella, porque cuando lo hagas, tu gozo aumentará. Isaías dijo que debido a que estaba vestido con las ropas de la salvación y cubierto con el manto de justicia, se regocijaba (ver Isaías 61:10). Tú puedes hacer lo mismo, pero es necesario un paso de fe. Puedes continuar creyendo que si lo intentas con bastante fuerza y puedes arreglártelas para ser realmente bueno, Dios te aceptará; o puedes decidir creer la Biblia, que dice que somos hechos aceptos ante Dios por la fe en Jesucristo, y no por nuestras obras. Puedes pasar tu vida como obrero o como heredero; la elección es tuya. Puedes trabajar prácticamente hasta la muerte tratando de ganarte la aprobación de Dios, o puedes heredar justicia por medio de la fe; sólo tú puedes tomar la decisión. Dios la proporciona para nosotros, ¡pero nosotros debemos recibirla!

> Puedes trabajar prácticamente hasta la muerte tratando de ganarte la aprobación de Dios, o puedes heredar justicia por medio de la fe.

¿Y si alguien te enviara un regalo, pero tú no lo abrieras nunca? ¿Te haría algún bien el que se quedara en la caja? ¡Claro que no! Entonces, ¿por qué no comenzar a descubrir lo que Dios te ha dado desenvolviendo sus regalos ahora? Comienza con el regalo de la salvación y luego pasa al regalo de la justicia mediante la fe en Cristo. El Espíritu Santo continuará revelándote verdad, y tú puedes abrir, uno por uno, los maravillosos regalos de Dios que verdaderamente te llevarán a una manera totalmente nueva de vivir.

> ¿Por qué no comenzar a descubrir lo que Dios te ha dado desenvolviendo sus regalos ahora?

CAPÍTULO 12

Pasión por tu mente

La mente del hombre es ciertamente un órgano noble. No es meramente su cerebro; es mucho, mucho más. Los pensamientos del hombre proceden de su mente, pero también toda su actitud hacia la vida. El modo en que posicionemos nuestras mentes hacia cierta cosa marca la diferencia entre el éxito y el fracaso, el gozo o la desgracia, la paz o la confusión, la pasión o la apatía.

La Biblia habla de "mentalidades", o cómo enfocamos nuestra mente hacia las cosas. Dice, por ejemplo, que debemos poner nuestras mentes y mantenerlas en las cosas de arriba, no en las cosas de la tierra (ver Colosenses 3:2). La Palabra de Dios da un lugar de preeminencia a los pensamientos del hombre; de hecho, realmente dice que la vida del hombre será tal como él piensa (ver Proverbios 23:7). A mí siempre me gusta el dicho: "Donde va la mente, sigue el hombre". Esa es una razón por la cual nuestros pensamientos acerca de nosotros mismos son tan importantes. Sencillamente no puedes elevarte por encima de tus propios pensamientos. ¡Ellos se convierten en una tapa en tu vida!

Nuestras mentes deben ponerse de acuerdo con Dios, y eso no sucederá por accidente; es algo que debe hacerse a propósito y sin descanso. Dios tiene un plan muy bueno para cada una de nuestras vidas, pero Él dice que nuestras mentes y actitudes deben ser transformadas (cambiadas) mediante una renovación completa (ver Romanos 12:2). En otras palabras, debemos aprender a pensar pensamientos que ayudarán a Dios a hacer que su plan suceda en nuestras vidas.

Nuestras mentes deben ponerse de acuerdo con Dios.

> Somos colaboradores de Dios, y, como tales, debemos
> cooperar con Él.

Demasiadas personas cometen el grave error de pensar que las
cosas buenas simplemente les caerán encima, pero eso no es cierto.
Somos colaboradores de Dios, y, como tales, debemos cooperar con
Él. Hay muchas cosas que tendremos que hacer a propósito. Si fija-
mos nuestra mente, o como decimos a menudo, "nos proponemos"
hacer una cosa, entonces es más probable que lo sigamos con actos
correspondientes.

¿En qué está tu mente?

La Biblia nos enseña en Romanos 8:5-6 que si ponemos nuestra mente en la carne, seremos controlados por la carne y sus pasiones y
deseos. Sin embargo, si ponemos nuestra mente en el Espíritu, seremos controlados por el Espíritu. Muchas personas no comprenden
que cualquier cosa en la que pongamos nuestra mente es lo que bus-
caremos en la vida. ¿En qué ha estado tu mente últimamente? ¿Has
puesto tu mente en seguir el propósito de Dios apasionadamente, o
estás siguiendo tu propio plan y esperando que Dios lo bendiga? A
veces lo mejor que podemos hacer es desechar todos nuestros planes
y decir: "Dios, que se haga tu voluntad en mi vida". Cuando hacemos
eso, descubrimos una nueva pasión, una que es libre y completa, y
que no refrenará nuestros propios deseos.

> ¿Has puesto tu mente en seguir el propósito de Dios
> apasionadamente?

El apóstol Pablo dijo que cuando era niño, pensaba, hablaba y
razonaba como niño, pero cuando se convirtió en un hombre, hizo a
un lado las cosas de niño (ver 1 Corintios 13:11). ¿En qué piensan los

niños? Principalmente, piensan en sí mismos, en lo que quieren y en cómo conseguirlo, como la niña de siete años que ganó dos dólares por su trabajo de memoria en la escuela dominical y anunció orgullosamente a la esposa del pastor que lo puso todo en el plato de la ofrenda aquella mañana en la iglesia.

"¡Vaya, qué maravilloso!", exclamó la esposa del pastor. "Estoy segura de que Dios se agradará."

"Sí", respondió la niña, "y ahora puede que Dios me permita hacer algunas de las cosas que quiero hacer".

Cuando yo tenía cuarenta años de edad, seguía haciendo eso, y puedo decirte que Dios no se agradaba. Yo tampoco disfrutaba del buen plan que Él tenía para mí.

> **Pensar en uno mismo antes que nada es inmaduro.**

Pablo les dijo a los miembros de la iglesia en Corinto que no fueran inmaduros en sus pensamientos. Pensar en uno mismo antes que nada es inmaduro. Pensar pensamientos negativos, críticos, celosos, envidiosos y avariciosos es inmaduro. No es el tipo de pensamientos que Dios espera de su familia. ¿Has descubierto alguna vez a alguien en tu familia que estuviera pensando algo horrible y dijiste: "¿Cómo pudiste pensar eso?"?

> **Es verdaderamente increíble lo que nuestros propios pensamientos pueden hacernos.**

No hace mucho tiempo, descubrí que una empleada de confianza y valorada pensaba que yo pensaba todo tipo de cosas sobre ella, y yo no pensaba de ese modo en absoluto. Recuerdo decirle: "¿Cómo pudiste ni siquiera pensar que yo pensaría eso?". Sus pensamientos acerca de mis pensamientos le estaban robando su paz y su gozo, y no estaban basados en ninguna otra cosa sino su propia imaginación. En realidad, mis pensamientos sobre ella eran muy apreciativos, buenos y positivos. Es verdaderamente increíble lo que nuestros propios pensamientos pueden hacernos; se convierten en la casa en la cual vivimos. Mi empleada pensaba cosas que eran totalmente inciertas, pero esas cosas la estaban haciendo desgraciada. Sus pensamientos se habían convertido en su realidad.

¿Estás preparado para tomar control de tus pensamientos?

¿Piensas cualquier cosa que te viene a la mente? Siempre deberíamos escoger con cuidado nuestros pensamientos, ya que son aquello en lo que nos convertimos y pueden determinar los cursos de nuestras vidas. No estamos sin oposición; nuestros enemigo es el diablo, un mentiroso y engañador que constantemente trata de inyectar malos pensamientos en nuestras mentes, esperando que los aceptemos como verdad. Si aceptamos su engaño como verdad, le permitimos ganar y le damos la llave de nuestro futuro. Muchas personas viven sus vidas en una engañosa fantasía que el diablo ha plantado en sus mentes. Hasta que aprendemos la Palabra de Dios, que es la Verdad, no tenemos esperanza de poder reconocer las mentiras del diablo. Si él pasa sin ser detectado, puede destruir nuestras vidas y podemos perder totalmente el propósito de Dios.

> **Muchas personas viven sus vidas en una engañosa fantasía.**

El siguiente es un escenario para ayudarte a entender mejor de lo que estoy hablando.

Sara siempre había sido un poco tímida. Como la mayoría de los niños, ella se encontró con otros niños que eran crueles con ella y le decían muchas cosas que le hacían sentir mal consigo misma. Además, los padres de Sara parecían favorecer a su hermana, Julia, y tenían el mal hábito de compararlas a las dos. Julia era valiente y confiada, y sus padres le decían a Sara cosas como: "¿Por qué no puedes ser como tu hermana?".

Aprovechándose de la situación que ya estaba en movimiento, el diablo plantó malos pensamientos e imaginaciones en la mente de Sara. Le dijo que ella no valía nada y que debía de haber algo malo en ella, ya que parecía que no podía hacer lo que la gente esperaba de ella. Le dijo que no gustaba a nadie, lo cual sólo aumentó su timidez. Ella se retiró aún más y se aisló a sí misma, relacionándose con personas sólo cuando tenía que hacerlo.

Sara experimentó una niñez y adolescencia muy solitarias e infelices. Cuando entró en sus años de adolescencia y madurez temprana, sus temores acerca de sí misma sólo se hicieron más profundos. Ella tenía una maestra que se deleitaba en corregirla delante de los otros alumnos, lo cual le avergonzaba y le hacía sentir terriblemente avergonzada. Tenía más de diez kilos de sobrepeso y eso también le hacía sentirse mal consigo misma. Su madre frecuentemente dejaba caer que ella necesitaba perder peso a fin de poder ser delgada como su hermana.

Hasta las personas que podrían haber querido ser amigas de Sara no se aventuraron a intentarlo, porque no entendieron su personalidad y pensaron que a ella no les gustaba. Es increíble con cuánta frecuencia las personas que no se gustan a sí mismas experimentan rechazo por parte de otras. Yo he aprendido que si no nos gustamos a nosotros mismos, nos comportamos de manera que hace pensar a otros que no nos gustan.

Sara terminó los estudios, consiguió un trabajo, y continuó con su solitaria vida. No era feliz. Estaba soltera, sin ninguna perspectiva, y se sentía atascada en un trabajo que odiaba, pero no tenía el valor de dejarlo. A la edad de treinta y siete años, un compañero de trabajo invitó a Sara a asistir a un grupo de estudio bíblico. Para entonces, ella era tan desgraciada que estaba preparada para probar cualquier cosa.

El estudio bíblico se hacía sobre mi libro *El campo de batalla de la mente*. Los participantes estaban estudiando el libro juntos con la guía de estudio, respondiendo preguntas y siguiendo la guía de estudio, respondiendo preguntas y hablando de la mente.

Sara comenzó a comprender que era prisionera de sus propios pensamientos, y aun si algunas personas la rechazaron a lo largo de su vida, eso no significaba que ella no tuviera valor y dignidad. Ella estaba oyendo la Palabra de Dios por primera vez en su vida, y estaba sorprendida de las cosas que estaba aprendiendo. Aceptó a Cristo como su Salvador y siguió estudiando.

Gradualmente, ella comenzó a notar cambios en su vida y su actitud, simplemente porque la Palabra de Dios le estaba ayudando a renovar su mente. Ella estaba aprendiendo que tenía opciones en cuanto a su manera de pensar. Comenzó a reconocer las mentiras del diablo y a resistirlas, y cuando llegaban a su mente malos pensamientos sobre sí misma, los rechazaba y los sustituía por algo alentador que había aprendido de la Biblia.

Cuando Sara tenía treinta y nueve años, estaba comprometida para casarse con un hombre maravilloso. Perdonó a su madre por ser crítica con ella, y ambas comenzaron a desarrollar una sana relación, en la que Sara pudo confrontar a su madre de manera amorosa cada vez que esta la criticaba injustamente. Sara también encontró la valentía para dejar el trabajo que odiaba y seguir su verdadero sueño de llegar a ser enfermera.

Si Sara no hubiera aprendido cómo pensar correctamente, habría continuado su estilo de vida desgraciado, aun cuando Dios la amase mucho y tuviera un buen plan para ella. Me entristece terriblemente comprender las muchas personas preciosas que hay en el mundo y que han sido engañadas por el diablo y no cumplen su verdadero propósito en la vida.

> Haz dinámicamente la elección de aquello en lo que vas a pensar.

Yo creo que es momento de que tú tomes el control de tus pensamientos. Necesitas pensar lo que quieras pensar, y no cualquier cosa que te pase por la mente. No recibas pasivamente mentiras del diablo, sino haz dinámicamente la elección de aquello en lo que vas a pensar.

Paz mental

La voluntad de Dios para ti es paz mental, porque es parte de la vida del Reino. Yo era una mujer de mediana edad antes de que ni siquiera supiera cómo se sentía la paz mental. Crecí en una atmósfera de confusión. Todos en nuestra casa estaban molestos por algo la mayoría del tiempo, así que la preocupación era mi estado normal. Ya que eso era lo único que yo conocía, no comprendía que hubiera ninguna otra manera de vivir.

Después de que Dave y yo nos casáramos en 1967, vi una gran diferencia en cómo manejábamos la vida cotidiana o las situaciones desafiantes que salían a nuestro encuentro. Dave seguía teniendo paz; no se preocupaba ni se volvía ansioso; seguía siendo positivo y disfrutaba de su vida. Mientras tanto, yo me preocupaba ¡y era desgraciada por los dos! Siempre quería que él "hiciera algo" con respecto a nuestros problemas, pero él me decía que ya había hecho lo que Dios le requería que hiciera. Compartía que había orado y que había hecho lo que podía hacer, pero no sentía responsabilidad de intentar hacer lo que sólo Dios podía hacer. Él confiaba en que Dios se ocupara de la situación, pero para mí eso sonaba completamente irresponsable porque yo estaba acostumbrada a ocuparme de mí misma y de todos los demás. Nunca había tenido a nadie que se ocupara verdaderamente de mí, y aunque yo era cristiana y asistía regularmente a la iglesia, no sabía nada sobre confiar en Dios o en Dave. ¡Yo oraba y luego me preocupaba! ¡Oraba y luego buscaba mis propias soluciones! No podía quedarme tranquila hasta que no pensaba en cómo ocuparme de la necesidad.

> **Aunque yo era cristiana y asistía regularmente a la iglesia, no sabía nada sobre confiar en Dios.**

Después de muchos años de vivir una vida de montaña rusa, estando bien cuando mis circunstancias eran buenas y mal cuando no lo eran, finalmente estaba preparada para un cambio. Creo que a veces nos gustaría un cambio, pero no lo queremos lo bastante para hacer lo que necesitamos hacer para obtenerlo. Por tanto, seguimos dando vueltas y vueltas alrededor de las mismas montañas, y realmente no hay nada que Dios pueda hacer para ayudarnos hasta que estemos preparados para recibir sus soluciones y obedecer sus mandamientos en cuanto a cómo hacer las cosas.

> Realmente, no hay nada que Dios pueda hacer para ayudarnos hasta que estemos preparados para recibir sus soluciones y obedecer sus mandamientos.

Él nos dice que no estemos ansiosos o preocupados por nada, sino que sigamos dándole a conocer lo que queremos en todo por la oración y la petición con acción de gracias, y la paz que sobrepasa todo entendimiento será nuestra (ver Filipenses 4:6-7). Yo quería la paz, pero no estaba dispuesta a renunciar a la preocupación. Lo cierto era que yo confiaba en mí misma más de lo que confiaba en Dios. Él sólo puede ayudar a aquellos que se apoyan totalmente en Él y obedecen sus mandamientos. Yo pensaba que la preocupación era una opción, pero ahora comprendo que es un pecado. Dios nos dice que no nos preocupemos ni estemos ansiosos, y cualquier cosa que Él nos diga que hagamos o que no hagamos es pecado si no le obedecemos. Cualquier cosa que no es de fe es pecado (ver Romanos 14:23).

> Dios nos dice que no nos preocupemos ni estemos ansiosos.

Jesús nos dejó con algunas palabras de despedida que ciertamente comunican su propósito para nosotros. Justamente antes de entrar en su tiempo de sufrimiento en Getsemaní e ir a la Cruz para morir por nuestros pecados, Él dijo:

"La paz les dejo; mi paz les doy. Yo no se la doy a ustedes como la da el mundo. No se angustien ni se acobarden".
—JUAN 14:27

Yo leí este pasaje muchas veces y pensaba: Bien, si me dejaste paz, ¿entonces por qué no la tengo? Yo seguía teniendo la incorrecta mentalidad de que cualquiera que sea la voluntad de Dios es lo que sucederá, pero eso no es cierto. Debemos hacer nuestra parte y Dios hará su parte. Puedes tener la receta para hacer un guiso más fácil del mundo, pero si no lo pones en el horno, nunca se cocinará. Lo mismo sucede con nuestra relación con Dios: Él no hará nuestra parte y nosotros no podemos hacer su parte. Cuando entendemos esto y decidimos ser creyentes responsables, las cosas comienzan a cambiar rápidamente.

Dios puso a nuestra disposición la paz por medio de Jesucristo. Él hizo su parte; ahora nuestra parte es dejar de permitirnos estar molestos, temerosos, preocupados, ansiosos y turbados. Puede que estés pensando lo que yo pensaba inicialmente: No puedo evitarlo… ¡Sencillamente me molesto! Pero lo cierto es que podemos aprender una manera distinta de responder a los desafíos de la vida. Lo cierto es que podemos controlar nuestras emociones, si escogemos hacerlo. Cierto, es una nueva manera de vivir, pero es lo que Dios quiere para nosotros.

> Ahora nuestra parte es dejar de permitirnos estar molestos, temerosos, preocupados, ansiosos y turbados.

La capacidad de concentración

Vivimos en una época de información en la que literalmente miles y miles de imágenes nos llegan cada día. Somos bombardeados de una sobrecarga de información. ¿Sabías que una sola edición del actual New York Times contiene más información que la que se encontraría un ciudadano británico del siglo XVII en toda su vida? Y la tecnología que ahora tenemos en las yemas de nuestros dedos realmente no nos ahorra tiempo; ¡en realidad nos cuesta más! La cantidad de tiempo libre disfrutado por el estadounidense promedio ha disminuido un 37 por ciento desde el año 1973. Se necesita tiempo para aprender y mantener todos esos aparatos, como teléfonos celulares, computadoras portátiles, asistentes personales digitales y la Blackberry, que estamos tan orgullosos de poseer. Se calcula que la persona promedio debe aprender a operar veinte mil aparatos.[1] Esta mañana pasé cerca de una hora en mi computadora respondiendo mensajes de correo electrónico, lo cual es una buena comodidad, pero cerca de cuarenta minutos de esa hora la pasé tratando de hacer que el aparato funcionara bien. Mis mensajes no se descargaban correctamente, así que tuve que cerrar todos los programas y reiniciar la computadora. Luego tuve una advertencia de virus con la que tratar y un mensaje que no pude abrir debido a algún bloqueo.

> **Dios quiere que mantengamos nuestras mentes en lo que estamos haciendo.**

Es triste decirlo, pero no es sorprendente que la mayoría de las personas hayan perdido la capacidad de concentrarse en una sola cosa durante un periodo muy largo de tiempo. Compaginamos tantas cosas que cuando sí tenemos un momento para enfocarnos, con frecuencia se pierde debido a que estamos tratando de recuperarnos del ritmo frenético que hemos estado manteniendo. Dios quiere que mantengamos nuestras mentes en lo que hacemos, porque cuando concentramos nuestras facultades en un área, somos más creativos y el trabajo se hace mejor.

> **Nuestras vidas están fragmentadas porque nuestras mentes permanecen fragmentadas.**

Nuestras vidas están fragmentadas porque nuestras mentes permanecen fragmentadas. Recogemos pedazos de cosas y terminamos sintiéndonos confusos porque tenemos dificultad para concentrarnos. A lo largo de los años Dios me ha desafiado repetidamente a practicar hacer una cosa cada vez y realmente ser intencional en cuanto a mantener nuestra mente en ello. Cuando tenemos horarios demasiado llenos —que la mayoría de personas tienen hoy día— es un desafío no pensar en todas las cosas que necesitamos hacer mientras estamos haciendo lo que hacemos en ese momento.

Por ejemplo, descubrí que si almuerzo mientras mi mente está en asuntos de negocios, la mitad del tiempo sólo puedo recordar vagamente haber comido. Sé que comí, pero realmente no disfruté de ello porque tenía mi mente puesta en muchas otras cosas.

Yo creo que esa podría ser una de las razones por la que tantas personas comen en exceso. Si no disfrutamos de comer cuando comemos, o si apenas lo recordamos, quizá sigamos buscando una satisfacción emocional que perdemos debido a tantas tareas diferentes. Estoy convencida de que no es realmente posible disfrutar plenamente de la vida a menos que aprendamos a calmarnos y concentrarnos en lo que estamos haciendo; de otro modo, la vida pasa borrosa. Sabemos que estamos ocupados, pero parecemos obtener muy poca satisfacción de nuestras actividades.

Tienes que atreverte

Cálmate y utiliza tu mente adecuadamente

1. Decide prestar atención a las cosas que te rodean, como flores, árboles, un niño jugando o tu familia que te quiere.
2. Comprométete a leer algo que no esté relacionado con el trabajo durante al menos treinta minutos al día.
3. Levántate veinte minutos antes de lo que te levantas ahora y pasa ese tiempo con Dios. Pídele que te muestre cómo quiere Él que uses tu tiempo ese día.

Tu imaginación

La Biblia dice en Génesis que Dios confundió el lenguaje de la gente porque ellos llegaron al punto en que nada de lo que imaginaban sería imposible para ellos. El poder de la concentración y la imaginación es mayor de lo que creemos.

Cuando le estás pidiendo a Dios que haga algo en tu vida, ¿ves en tu corazón lo que le estás pidiendo, o permites que pensamientos e imágenes de temor dominen tu mente? No podemos controlar nuestras vidas con nuestros pensamientos, pero sí que necesitamos cooperar con Dios teniendo mentes llenas de fe y viendo lo que esperamos tener, no meramente lo que siempre hemos tenido. Como la Biblia dice:

> "Ahora bien, la fe es la garantía de lo que se espera, la certeza de lo que no se ve".
> —HEBREOS 11:1

> Puedes escoger cerrar tus ojos y ver un desastre o puedes escoger ver una victoria.

Puedes escoger cerrar tus ojos y ver un desastre o puedes escoger ver una victoria. La imaginación es algo maravilloso que Dios nos dio, y no deberíamos entregarla al diablo para que la utilice como su basurero.

Oí una interesante historia sobre un hombre al que le gustaba el juego del golf, pero era un golfista mediocre con el sueño de mejorar su juego. Surgió una guerra y él se unió al ejército. Durante una batalla fue capturado y pasó siete años en un campo de prisioneros. Su celda se parecía más a una jaula, y era tan pequeña que él ni siquiera podía ponerse de pie estirado. Durante la mayoría de esos siete años él no tuvo ninguna actividad física ni habló con nadie. Desde luego, su mente vagaba en todas las direcciones, y me imagino que muchos de sus pensamientos eran temerosos y negativos. Uno probablemente podría terminar con tremendas imágenes mentales si pensara en todas las cosas que podrían suceder en un campo de prisioneros.

Él comprendió que tenía que encontrar algo que hacer con su mente para evitar volverse loco, así que comenzó a jugar al golf en su mente. Veía el campo, se veía a sí mismo haciendo cada tiro y, desde luego, todo lo que se veía a sí mismo haciendo estaba muy bien hecho. Día tras día jugaba dieciocho hoyos al golf; invertía unas cuatro horas al día, y cuando fue liberado de la cárcel, aunque no había tocado un palo de golf en siete años y su estado físico se había deteriorado, consiguió un 74, que eran veinte golpes menos de lo que había logrado anteriormente. ¡Increíble! Su juego de golf mejoró porque él se veía a sí mismo haciéndolo bien una y otra vez.

> **Dios quiere que veamos que nos suceden cosas buenas.**

Al diablo le encanta que imaginemos desastre, fracaso, rechazo, enfermedad, luchas financieras, soledad, y todo tipo de otras cosas negativas. Sin embargo, Dios quiere que veamos que nos suceden cosas buenas. ¡Sé atrevido! Comienza a ver lo que crees que Dios quiere que hagas y tengas. Es una manera en que puedes liberar tu fe en lugar de tus temores.

Sé positivo

Dios quiere que seamos positivos. No hay nada negativo sobre Dios, y si queremos caminar con Él y que su plan se manifieste en nuestras vidas, también tenemos que negarnos a ser negativos.

En su libro titulado *Failing Forward* [Fracasar de ahora en adelante], John C. Maxwell muestra el círculo vicioso que se establece en nuestras vidas cuando cedemos al temor al fracaso, el cual incluye miedo, inactividad, inexperiencia e incapacidad. Para romper ese círculo de derrota, debemos comprometernos a la acción positiva. Debemos estar dispuestos a arriesgarnos al fracaso a fin de tener éxito.[2]

Hay dos maneras en que puedes ver la vida, y tu decisión determina la calidad de ella. Puedes ser el tipo de persona cuyo vaso está siempre medio vacío o puedes verlo como medio lleno y buscar con entusiasmo maneras de llenarlo por completo. Si sientes que tu vida apesta, quizá se deba al "pensamiento apestoso".

El mundo entero apesta

Los hombres sabios y los filósofos a lo largo de las épocas han estado en desacuerdo en muchas cosas, pero muchos están en unánime acuerdo en un punto: nos convertimos en aquello en lo que pensamos. Ralph Waldo Emerson dijo: "Un hombre es aquello en lo que piensa todo el día". El emperador romano Marco Aurelio lo expresó de este modo: "La vida de un hombre es lo que sus pensamientos hacen de ella". En la Biblia encontramos: "Como el hombre piensa, así es".

Una tarde de domingo un malhumorado abuelo estaba visitando a su familia. Cuando se recostó para dormir una siesta, su nieto decidió divertirse un poco poniendo queso Limburger en el bigote de su abuelo. Pronto, el abuelo se despertó de un ronquido y salió rápidamente del dormitorio diciendo: "Este cuarto apesta". Fue por toda la casa, y descubrió que en todas las habitaciones olía igual. Desesperadamente salió fuera para descubrir que "¡todo el mundo apesta!".

Lo mismo sucede cuando llenamos nuestras mentes de negativismo. Todo lo que experimentamos y todas las personas con las que nos encontramos llevarán el aroma que nosotros tengamos en nuestra mente.[3]

> Cuando intencionalmente pensamos y vivimos de manera positiva, nuestras vidas pueden cambiar para bien.

Cuando intencionadamente pensamos y vivimos de manera positiva, nuestras vidas pueden cambiar parabien. Nuestra energía física aumenta y nuestra actitud general se mantiene más positiva.

¿Desearías que tus circunstancias cambiasen?

¿Estás esperando que tus circunstancias cambien, creyendo que entonces podrás disfrutar de paz? ¿Te frustras porque parece que la vida ofrece una cosa desafiante tras otra? Si tu respuesta a esas preguntas es sí, entonces eres como la mayoría de las personas.

Necesité años para comprender que Dios quería que yo cambiara más de lo que Él quería que cambiaran mis circunstancias.

> **Si Dios hace nuestras vidas perfectas y nunca tenemos que afrontar los desafíos de la vida, no tenemos necesidad de fe.**

Si Dios hace nuestras vidas perfectas y nunca tenemos que afrontar los desafíos de la vida, no tenemos necesidad de fe. Él desea que nos elevemos por encima de las tormentas de la vida y aprendamos a planear como las águilas que aprenden a utilizar las tormentas para que las eleven a nuevos niveles. Cuando Él y sus discípulos estaban en la barca cruzando al otro lado del lago y surgió una terrible tormenta de proporciones de huracán, Jesús dormía y sus discípulos se volvieron frenéticos, preocupados y ansiosos.

El apóstol Pablo se encontró con muchas pruebas que fueron extremadamente duras y, sin embargo, permaneció estable y dijo que debería regocijarse en el Señor, y regocijarse una y otra vez.

Jesús dijo que durante las tribulaciones deberíamos alegrarnos (ver Juan 16:33). Todo eso parece como dar un paso atrás en cuanto a cualquier cosa que hemos aprendido a hacer en el mundo; al menos así era como me parecía a mí. No preocuparme cuando tengo un problema; ¿qué tipo de tontería es esa? ¿Echar mi ansiedad? Bien, si hago eso, ¿entonces quién va a resolver el problema? Yo sólo quería paz y quería que mis circunstancias cambiasen a fin de poder tenerla, pero, como dije, Dios quería cambiarme a mí más que mis circunstancias. Finalmente tomé como un desafío el permanecer tranquila. Yo soy el tipo de persona a quien le gusta un desafío, así que decidí que mi meta sería permanecer tranquila en toda situación. Ya que eso no era algo que me salía naturalmente, como le sucedía a mi esposo, sabía que estaba preparada para una gran batalla, pero gradualmente comencé a formar nuevos hábitos.

Forma un hábito de la paz

Yo formé el muy mal hábito de responder a las pruebas al molestarme. Esa era mi primera y única respuesta. Yo tenía un problema: ¡me molestaba! Si tenía una necesidad que no podía satisfacer, ¡me preocupaba! Así era yo, eso era lo que hacía, y todos los que tenían una relación conmigo lo sabían. Dave siempre sabía exactamente cómo respondería yo antes de que ni siquiera respondiera. Si él tenía que decirme que necesitábamos nuevos neumáticos para el auto, sabía que yo me molestaría en cuanto me lo dijera. ¿Por qué? Porque yo tenía otros planes para el dinero y entonces tenía que pensar de dónde sacaríamos el dinero para los neumáticos, además de otras cosas. Ahora yo tenía otro problema que resolver. Mi esposo era un hombre pacífico que aprendió temprano en la vida a confiar en Dios, y se cansaba mucho de mis reacciones negativas y mi molestia emocional. Él sabía que mi respuesta no cambiaba nada para mejor, pero mi negatividad y mis malas reacciones estaban robando alegría a nuestra familia, robando mi salud, y evitando que Dios nos trajera respuestas.

Teníamos una cuenta bancaria muy pequeña (muy pequeña), y cada vez que teníamos que sacar dinero de ella, yo me molestaba. ¡Yo quería tener ese dinero en el banco para guardarme las espaldas! Recuerdo que Dave me decía que Dios no podría moverse en mi vida hasta que ese dinero se hubiera acabado, porque yo dependía de él en lugar de depender de Dios. Algunos de nosotros somos tan testarudos que no confiaremos en Dios hasta que no tengamos ninguna otra elección. La cuenta bancaria finalmente llegó a su fin y, en efecto, yo aprendí a confiar en Dios. A medida que le vi ser fiel una y otra vez, la confianza resultó más fácil.

> Algunos de nosotros somos tan testarudos que no confiaremos en Dios hasta que no tengamos ninguna otra elección.

Pronto comencé a formar nuevos hábitos, en especial en el área de mi manera de responder a las pruebas, tribulaciones y desengaños. Me ejercitaba a mí misma para permanecer tranquila, y algunas veces tuve que salir realmente de una habitación e ir a otra, respirar profundamente unas cuantas veces, orar un poco, y luego regresar para tratar la situación, pero estaba decidida a no vivir mi vida en confusión. Comencé a seguir la paz y a no esperar que meramente me cayera encima.

El apóstol Pablo dijo que tenemos que hacer morir habitualmente las malas obras impulsadas por el cuerpo.

> "Porque si ustedes viven conforme a ella, morirán; pero si por medio del Espíritu dan muerte a los malos hábitos del cuerpo, vivirán."
> —ROMANOS 8:13

Hacer morir las malas obras impulsadas por el cuerpo simplemente significa abrazar y mantener dominio propio; significa que decimos sí a Dios y no a la carne. Mi carne (emociones) quería molestarse cuando las cosas no salían a mi manera, pero yo decía no y finalmente mis sentimientos emocionales tenían que calmarse. Ya no estaba dispuesta a permitir que mi mente y mis emociones me controlasen.

En la actualidad tengo el hábito de la paz. Se ha desarrollado con los años, pero te aliento a no aborrecer el hacer una inversión de tiempo para que tu vida sea mejor. ¿No preferirías moverte en una dirección positiva en lugar de seguir moviéndote en una negativa? Si vas a emplear tu tiempo en algo, asegúrate que sea algo que produzca progreso, y no algo que siempre te deje en el mismo lugar en el que siempre has estado.

> Te aliento a no aborrecer el hacer una inversión de tiempo para que tu vida sea mejor.

¿Me molesto alguna vez? Claro que lo hago. Todos tenemos emociones, y hay momentos en que las mías se llevan lo mejor de mí, como les sucede a todos. Recientemente tuve una semana bastante frustrante. Había estado trabajando muy duro y acababa de regresar de una conferencia de fin de semana en la que hablé mucho. El día después de regresar, las cosas sencillamente no salieron como yo había planeado. Yo quería disfrutar de mi día y descansar, pero el diablo tenía otros planes y yo supuse que Dios pensaba que yo necesitaba una prueba. No pasé mi prueba, así que supongo que tendré que hacerla de nuevo algún día.

Durante tres días seguidos, me encontré con varios individuos que no estaban satisfechos con nada de lo que yo les estaba dando. Todos ellos eran familiares a los que apoyo y de quienes me ocupo, o empleados que escogieron ese momento para quejarse. En toda la situación sentí que me había esforzado por hacer que sus vidas fueran buenas, y no podía creer el modo en que ellos estaban actuando. Me puse furiosa, y cuando digo que me puse furiosa, ¡quiero decir que me puse realmente furiosa! Tengo que ser sincera y admitir que me enojé más de lo que me había enojado en mucho tiempo. Ese fin de semana había hablado de las palabras que salen de nuestra boca, y creo que durante esos tres días en que estuve enojada rompí cada una de las pautas que había establecido por medio de mi enseñanza.

Una vez que me permití a mí misma enojarme, sencillamente parece que no podía calmarme, y empeoraba en lugar de mejorar. Al cuarto día finalmente me calmé y me las arreglé para perdonarlos a todos, y la paz fue restaurada. Pero de repente, a una hora muy temprana, sucedió otra cosa totalmente inesperada y parecida a las otras situaciones, y comencé a molestarme; pero entonces escogí detenerme y allí mismo tomé una decisión. ¡No voy a enojarme! ¡Ya he tenido suficiente de esto! ¡Voy a permanecer tranquila y arrebatar el poder del diablo!

> Permanecer con paz en momentos difíciles desarma por completo al diablo.

Permanecer con paz en momentos difíciles desarma por completo al diablo. Él no sabe qué hacer con alguien que se niega a enojarse. Bueno, la mala noticia es que yo no pasé las primeras pruebas, pero la buena noticia es que finalmente vi lo que estaba sucediendo ¡y pasé la cuarta prueba! ¡Paz es poder!

Cuando permanecemos calmados, Dios se mueve para ayudarnos. Mantener nuestra paz demuestra que confiamos en Dios, y entonces Él derrota al diablo y nosotros somos liberados. Dios les dijo a los israelitas que la batalla no era de ellos sino de Él, y yo creo que esa promesa es también para nosotros hoy. Deja que Dios pelee tus batallas mientras tú permaneces en calma, confiando en Él.

> Deja que Dios pelee tus batallas mientras tú permaneces en calma, confiando en Él.

Forma un hábito de la paz. ¡Será una de las mejores cosas que nunca hayas hecho por ti mismo!

Crear una atmósfera en la cual Dios pueda obrar

Cuando Jesús iba de camino para sanar a una muchacha enferma, recibió palabra de que había muerto. Jesús le dijo al padre que no se alarmara sino simplemente creyera y ella se pondría bien. Cuando Jesús llegó a la casa de la muchacha muerta, no permitió que nadie entrase con Él, excepto Pedro, Santiago, Juan y los padres de la muchacha. Cuando les dijo a los demás que no llorasen porque ella no estaba muerta, sino durmiendo, ellos se rieron burlonamente de Él. A pesar de su incredulidad, Jesús cumplió su promesa de sanar a la muchacha, pero la lección que debemos aprender es por qué permitiría Él que solamente ciertas personas estuvieran en el cuarto con Él. Yo creo que debía a que Él necesitaba estar rodeado de fe, no de duda, incredulidad, temor y lamento. Él quería una atmósfera en la que pudiera obrar.

Nuestros pensamientos, palabras y actitudes crean una atmósfera. Puede ser frenética y estresante, o puede ser calmada y positiva, y hasta agradable. ¡Piensa pensamientos positivos! Yo puedo recordar cuando creía que mis pensamientos no marcaban mucha diferencia; después de todo, estaban en mi cabeza y, sin duda, no afectaba a nadie más que yo. Estaba equivocada, y también lo estás tú si esa es tu actitud.

Los pensamientos operan en la esfera espiritual. No puedes ver los pensamientos al igual que no puedes ver a los ángeles, pero son reales; sólo funcionan en una esfera que no es visible para los ojos. Los pensamientos se convierten en palabras, actitudes, lenguaje corporal, expresiones faciales y humor; y todas esas cosas afectan a la atmósfera en la que estamos.

> No puedes ver los pensamientos al igual que no puedes ver a los ángeles, pero son reales.

Las personas que permitimos que estén en nuestro círculo íntimo también afectan nuestra atmósfera. Las personas con las que nos encontramos ocasionalmente no nos afectan tanto, pero aquellos con quienes pasamos mucho tiempo sí lo hacen. Deberíamos asegurarnos de rodearnos, tanto como sea posible, de personas que sean positivas y estén llenas de fe. Algunos podrían cambiar su vida para mejor solamente escogiendo amigos diferentes.

Lucinda Norman, en un artículo para la revista *Lookout*, describía una experiencia de compras de Navidad que tuvo una vez en un ajetreado centro comercial. Las personas la empujaron, le dieron codazos y se pusieron delante de ella durante todo el día. Después de que una mujer literalmente le quitara de las manos un mantel durante un periodo especial de diez minutos en que hacían un 35 por ciento de descuento, Lucinda tuvo que tirar de él y realmente se lo ganó; sin embargo, durante el resto de la tarde estuvo molesta y quejosa.

En un restaurante en el centro comercial se encontró con varias amigas, hizo señas a una camarera y dijo: "¡Necesito un té caliente ahora mismo!".

La señora le dijo: "Yo no soy su camarera; espere su turno". Enojada, Lucinda respondió: "Señora, he estado esperando mi turno todo el día, ¡tráigame un té!". Pero la camarera la ignoró.

Unos momentos después, llegó a su mesa un sonriente joven y dijo: "Soy Rob, su camarero".

Después de tomar su pedido, ella observó que Rob se detuvo para ayudar a la camarera grosera con su bandeja; él saludó a los otros clientes y al personal.

En medio de decenas de clientes apresurados y el personal del restaurante, él se conducía en una educada y tranquila atmósfera de calma. Cuando le volvió a servir té, Lucinda observó que llevaba un anillo de plata en su mano derecha hecho de letras unidas. Después de que se fuera, les dijo a las otras señoras que estaban en la mesa: "¿Se fijaron en que nuestro camarero lleva un anillo con la palabra Jesús?".

Desde ese momento, su actitud cambió. El ejemplo de aquel joven le recordó la paz que Cristo había venido a traer. Durante el resto del día, ella disfrutó de las compras, les abrió puertas a otras personas, y dejó que algunas personas pasaran delante de ellas en la fila de las cajas; en una atmósfera de calma.[4]

Dios obra en una atmósfera positiva, no en una negativa. Si tenemos una situación negativa, pero una actitud positiva, es un buen ejemplo para otros y abre la puerta para que Dios obre y cambie nuestra situación negativa por una positiva. Pero si tenemos una situación negativa y juntamente una actitud negativa, normalmente mantenemos ambas, porque Dios obra mediante la fe, no mediante la duda y la incredulidad.

El propósito de Dios para nosotros y nuestras mentes es que aprendamos a vivir con una actitud positiva. A pesar de cuáles sean nuestras circunstancias, nuestras mentes nos pertenecen y nadie puede pensar por nosotros si no se lo permitimos. Te aliento a que seas apasionado por ser positivo. Una actitud positiva nos eleva por encima de nuestras circunstancias y nos capacita para tener paz en medio de la tormenta y tener gozo cuando no hay razón visible para regocijarse.

> Nuestras mentes nos pertenecen y nadie puede pensar por nosotros.

Probablemente hayas oído el dicho: "La actitud determina la altitud", y es realmente cierto. Una persona con una buena actitud y casi ninguna ventaja física irá más lejos en la vida que alguien con muchas ventajas y una mala actitud. A pesar de lo cualificado que esté alguien para un trabajo, yo me niego a trabajar con personas negativas. Ellas matan la creatividad y ponen una nota de tristeza en el entusiasmo y la pasión.

> Florecemos en una atmósfera positiva, al igual que florecen las flores.

Florecemos en una atmósfera positiva, al igual que florecen las flores con adecuadas cantidades de sol y de lluvia. Yo crecí en un hogar negativo y eso me convirtió en una persona negativa, lo cual me hizo tener una vida negativa. Una de las cosas que he aprendido durante mi viaje con Dios es que no hay nada negativo en Él. Dios es siempre positivo, y si queremos caminar con Él tendremos que ser de la misma manera.

> Dios puede hacer milagros de desastres y errores.

Dios puede hacer milagros de desastres y errores cuando tenemos una actitud positiva y creemos que todas las cosas son posibles para Dios.

El poder de la esperanza

Hay una vieja tira cómica de Peanuts que muestra a Lucy y a Linus sentados delante del televisor. Lucy le dice a Linus: "Ve y tráeme un vaso de agua". Linus, con mirada sorprendida, pregunta: "¿Por qué debería hacer algo por ti? Tú nunca haces nada por mí". Lucy promete: "Cuando cumplas 75 años, te haré un pastel". Linus se levanta, se dirige a la cocina y dice: "La vida es más agradable cuando tienes algo que esperar".

La esperanza es la confiada expectación de lo bueno, y todos deberíamos vivir con esperanza. Abraham esperó contra esperanza; él esperaba cuando no había razón física para esperar. Mirar tus circunstancias no siempre te dará razón para esperar; debes mirar por encima de ellas a la Palabra de Dios y recordar lo que Él ha hecho por ti y por otros a los que has conocido en el pasado.

La esperanza nunca nos decepciona, según la Biblia (ver Romanos 5:5). Eso nos permite estar llenos de gozo, ¡ahora! No tenemos que esperar a que nuestras circunstancias cambien, mientras nuestros pensamientos sean esperanzadores tendremos gozo en nuestros corazones, lo cual nos fortalece y nos ayuda a vivir con pasión y entusiasmo.

> **Tienes la capacidad de hacer que tu vida sea mejor, al escoger tener mejores pensamientos.**

Tienes la capacidad de hacer que tu vida sea mejor, al escoger tener mejores pensamientos. Y a pesar de lo buena que sea tu vida, nunca la disfrutarás si tienes pensamientos agrios y negativos. Algunas personas encuentran algo malo en todo. Lo único que se requiere para ver un cambio positivo es una decisión.

Si te has encontrado con muchos desengaños en tu vida, ten cuidado de no comenzar a esperar que suceda más de lo mismo. A veces, pensamos que nos estamos protegiendo a nosotros mismos de ser defraudados si no esperamos que suceda nada bueno. Pero eso lo único que hace es abrir la puerta para que el diablo siga atormentándonos, y cierra la puerta para que Dios cambie las cosas en nuestras vidas.

> **Tu vida puede contar para algo. ¡Puedes dejar un legado!**

Crea una atmósfera en la que Dios pueda obrar. Él quiere ayudarte, ¡Él quiere levantarte y hacer que tu vida sea significativa! Dios quiere sanarte y usarte para llevar sanidad y restauración a las vidas de otras personas que sufren. ¿No suena eso emocionante? Tu vida puede contar para algo. ¡Puedes dejar un legado!

¿Promesas o problemas?

> **¿Has pasado alguna vez tiempo pensando en lo que has estado pensando?**

Si meditas en las promesas de Dios en lugar de meditar en tus problemas, obtendrás una cosecha de justicia, paz y gozo. Nuestras mentes son como la tierra en un huerto, y las semillas que plantamos producirán una cosecha en nuestras vidas. Si no te gusta la cosecha, pregúntate qué has estado pensando. ¿Has pasado alguna vez tiempo pensando en lo que has estado pensando? Si no lo has hecho, inténtalo. Es algo bueno, porque podrías localizar la raíz de algunos de tus problemas.

Cada día debemos escoger la actitud con la que afrontaremos el día. Podemos pensar mal de todo o podemos encontrar algo bueno. Las cosas malas con frecuencia parecen encontrarnos, pero quizá tengamos que buscar las buenas. Entramos en el hábito tan malo de ser críticos que, con frecuencia, olvidamos todas las cosas buenas que trae cada día.

> **Con frecuencia, olvidamos todas las cosas buenas que trae cada día.**

Pasa algún tiempo en la tarde repasando tu día. Hazlo lentamente y piensa en cada evento. ¿Pudiste caminar cuando te levantaste de la cama esta mañana? Si es así, eso es algo positivo y probablemente algo que podrías dar por sentado, ya que lo has hecho por muchos años. ¿Tuviste a alguien a quien darle los buenos días? Hay millones de personas en el mundo que no tienen eso. ¿Tuviste algo que comer? ¿Estaban tu despensa y tu refrigerador llenos de tantos alimentos distintos que quizá estabas delante sintiéndote confuso tratando de decidir qué escogerías? Hay millones de personas en el mundo que no comerán nada en este día porque se despertaron sin tener nada. ¿Estuviste delante de tu armario y pasaste mucho tiempo intentando decidir cuál de tus muchos trajes te pondrías para ir a trabajar? A medida que repases tu día, espero que recuerdes algunas de las partes buenas: la sonrisa de tu anciana madre, la risa de tu hijo, la persona que dejó pasar delante de ella en la tienda, o el cumplido que te hizo tu cónyuge. ¿Y ese espacio para estacionar que conseguiste en el centro comercial cuando llovía?

¿Son todas esas cosas sólo "pequeñas cosas", o son las verdaderas cosas que forman la vida? Yo creo que es lo segundo.

> **Desarrollemos una actitud de gratitud.**

No deberíamos dar mucha importancia a los pequeños inconvenientes o desengaños, pero deberíamos dar mucha importancia a las pequeñas bendiciones, en especial en nuestros pensamientos. Desarrollemos una actitud de gratitud y eso glorificará a Dios y nos dará una mejor calidad de vida. Yo he descubierto, junto con millones de personas que han decidido ser agradecidas, que hay muchas cosas en nuestras vidas por las cuales estar agradecidos, si solamente buscamos. Comenzar y terminar cada día con gratitud es algo bueno. Ser agradecido en general es bueno, pero yo creo que poner voz a la gratitud por cosas concretas es aún mejor.

Cualquier cosa en la que meditemos es lo que se vuelve grande para nosotros. Si meditamos o nos enfocamos en nuestros problemas, parecen ser mayores de lo que son; pero si nos enfocamos en las cosas buenas, aunque sólo podamos pensar en unas pocas, esas son las cosas que nos parecen grandes.

> Si nos enfocamos en las cosas buenas, aunque sólo podamos pensar en unas pocas, esas son las cosas que nos parecen grandes.

La responsabilidad del libre albedrío

Dios nos ha dado la responsabilidad de escoger. La elección es una libertad, pero es también una responsabilidad, y no estoy segura de que todos entiendan eso. Las personas con frecuencia dicen que son libres para escoger, pero eso también significa que son responsables del resultado de sus elecciones.

Por ejemplo, una persona podría escoger tener una relación sexual fuera del matrimonio, pero si se queda embarazada no quiere la responsabilidad de criar un hijo; quiere ejercer su derecho a abortar, pero luego tiene la responsabilidad de saber que puso fin a una vida humana, lo cual, dirán muchos, le perseguirá el resto de su vida. Eso no significa que una persona no pueda recibir perdón, ni tampoco significa que nunca pueda vencer el resultado de las malas elecciones. Pero sí significa que deberíamos pensar seriamente en nuestras elecciones y comprender que la libertad conlleva responsabilidad. Hay algunas elecciones en las que deberíamos pensar mucho tiempo y mucho antes de tomarlas.

> Hay algunas elecciones en las que deberíamos pensar mucho tiempo y mucho antes de tomarlas.

Hemos disfrutado de libertad en los Estados Unidos, pero conlleva responsabilidad. Muchos no han aceptado su responsabilidad y estamos comenzando a perder algunas de nuestras libertades. Es triste cuando perdemos el derecho a orar en las escuelas o a tener los Diez Mandamientos en los edificios públicos. Sin embargo, esas eran libertades que perdimos porque no asumimos responsabilidad ni hablamos contra quienes se movieron enérgicamente para robar esas libertades. Los Estados Unidos se fundaron como una nación cristiana y nuestros ancestros nunca quisieron que fuera otra cosa distinta. Ellos pagaron un alto precio para que nosotros tuviéramos las libertades de que disfrutamos en la actualidad; sin embargo, si no somos responsables de orar, votar y hablar contra la injusticia en la tierra, sólo podemos esperar perder cada vez más. ¡El silencio es sólo un acuerdo sin palabras! ¡Ponte en pie y sé contado!

> ¡El silencio es sólo un acuerdo sin palabras! ¡Ponte en pie y sé contado!

De igual manera, debemos entender que somos libres de pensar cualquier cosa que queramos pensar, porque nuestra opinión es nuestra y nadie puede evitar que la tengamos; sin embargo, también llevaremos la responsabilidad de las elecciones que hagamos. Te aliento a pensar buenos pensamientos. Piensa en cosas que estén de acuerdo con el plan de Dios. Después de todo, ¡se ha demostrado durante siglos que sus caminos son realmente mejores!

Tienes que atreverte

Sé positivo

Escribe un diario de una lista de cosas que puedas mirar desde un punto de vista positivo. Comienza con tu familia o con tu cónyuge. Enumera cualidades concretas que ames. Luego pasa a tus circunstancias actuales con tus amigos, vecinos, casa, trabajo… todo vale. Pide a Dios que te ayude a encontrar lo positivo en cada día.

¿Puede la gente sentir tus pensamientos?

Yo creo que la gente puede ser capaz de sentir los pensamientos que pensamos de ellos. Esta idea se desarrolló de algo que me sucedió personalmente. Un día, hace muchos años, yo estaba con mi hija adolescente, que había estado tratando un grave acné en su cara, y aquel día en particular también problemas capilares. En general, ella sencillamente no se veía estupenda. A lo largo del día, yo había estado pensando en lo mal que se veía, y a medida que transcurría el día, observé que ella se veía como deprimida. Le pregunté si todo iba bien. Ella me miró tristemente y dijo: "¡Me siento como la persona más fea del mundo!". De inmediato, el Espíritu Santo habló a mi corazón y dijo: "Ella puede sentir tus pensamientos". ¡Guau! Qué lección a aprender. Si pensamos cosas buenas sobre las personas, eso realmente puede levantarlas, pero si pensamos cosas negativas y críticas, eso puede hacerlas sentir desalentadas o deprimidas. Yo creo que esto es especialmente cierto si es alguien con quien tenemos una estrecha relación. Aborrecería pensar que los pensamientos de cualquiera pudieran afectarme, pero creo que cuando nuestros corazones están abiertos a alguien en quien confiamos, sus pensamientos podrían afectarnos tanto como los nuestros pueden afectarle a él o ella.

> Es muy difícil tener pensamientos negativos de alguien a quien llevas delante del Señor cada día.

Si no otra cosa, sé que cuando pienso pensamientos negativos de un individuo, eso me hace tratarlo de acuerdo a mi modo de pensar sobre él o ella. Por tanto, si esa persona no siente mis pensamientos directamente, sí que lo hace indirectamente mediante mi forma de tratarlo. Una de las mejores maneras que conozco para corregir mis pensamientos acerca de alguien es orar por esa persona. Es muy difícil tener pensamientos negativos sobre alguien a quien llevas delante del Señor cada día. Te sorprenderás por cómo Dios cambiará tu corazón hacia esa persona; tus pensamientos y finalmente tus actos podrían muy bien cambiar su manera de comportarse.

La Palabra de Dios dice que deberíamos creer lo mejor de cada persona. Si creemos lo mejor y pensamos lo mejor, eso le ayudará a él o ella a ser la mejor persona que puede ser. Se ha dicho que si tratamos a las personas de la manera en que queremos que sean, ellos se elevarán hasta el nivel de nuestra confianza en ellos. Es increíble comprender el poder de los pensamientos. Tus pensamientos pueden afectarte a ti, a las personas que te rodean, tu futuro, tus finanzas, y literalmente cada área de tu vida.

¿Cómo podríamos alguna vez esperar cumplir el propósito de Dios para nuestra vida sin considerar cuál es su propósito para nuestra mente? Sí, Dios se interesa por lo que tú piensas, así que asegúrate de escoger tus pensamientos con cuidado.

CAPÍTULO 13

Pasión por tus emociones

¿Nos dio Dios nuestras emociones? Claro que sí; hasta Dios mismo tiene emociones. Dios se sienta en los cielos y se ríe (ver Salmo 2:4). "Jesús lloró" (Juan 11:35). Las emociones pueden producir tanto dolor como placer. Como dijo el escritor Gary Smalley, las emociones pueden indicar cambios de los que necesites ser consciente. Cuando se mueven o se encienden, ponles atención, ¡pero no dejes que te controlen! La pasión por tu propósito requiere emoción, pero no del tipo montaña rusa; más bien, los coherentes, intensos y encendidos sentimientos que necesitamos para seguir nuestro llamado.

> ¿Por qué nos daría Dios algo con la capacidad de darnos tanto placer como desgracia?

Las emociones pueden darte los mayores sentimientos de placer que uno podría imaginar; también pueden envenenar nuestras vidas y ser una fuente de tormento. ¿Por qué nos daría Dios algo con la capacidad de darnos tanto placer como desgracia? Una vez más vemos que Dios nos da una elección. Es su voluntad para nosotros que disfrutemos de nuestras vidas, pero podemos ser desgraciados si queremos, y la elección es nuestra. Sin embargo, Dios quiere que disfrutemos de las emociones que causan deleite, y aun así debemos resistirnos a ser guiados por los que nos causan desgracia.

¿Quiere Dios que seamos felices?

Algunos cristianos no están cómodos con el pensamiento de personas que se esfuerzan por ser felices. Parece egoísta, y tenemos la idea de que Dios sólo se agrada cuando nos sacrificamos. Medimos el valor de un acto de servicio por cuánto tenemos que sufrir y a lo que renunciar. Es triste que se haya enseñado a tantos cristianos a suprimir su deseo de felicidad y placer. ¿Está realmente mal para nosotros que hagamos algo por el mero placer de hacerlo? Yo no creo que lo esté. Una de las razones por la que Dios nos dio emociones es para que podamos sentir placer, felicidad y deleite. Dios mismo dijo que si nos deleitamos en Él, Él nos dará los deseos de nuestro corazón (ver Salmo 37:4).

> Glorificamos más a Dios cuando somos los más felices en Él.

¿Qué dirías si te dijera que tenemos la obligación de ser tan felices como posiblemente podamos ser? Yo creo que glorificamos más a Dios cuando somos los más felices en Él. Lee otra vez el Salmo 37:4: dice que debemos deleitarnos "en Él".

Yo me esforzado por muchos años por aprender cómo hacer eso. De algún modo yo tenía la idea de que estaba mal que disfrutara de mí misma, hasta que vi que Jesús dijo que Él vino para que pudiéramos tener gozo en nuestras vidas y tenerlo en abundancia (ver Juan 10:10, 16:24, 17:13). ¡Él quiere que nuestro gozo sea completo!

> La creencia en que la santidad y la felicidad se oponen la una a la otra es trágica, y es el principal ladrón de nuestra pasión.

La creencia en que la santidad y la felicidad se oponen la una a la otra es trágica, y es el principal ladrón de nuestra pasión. El propósito de Dios al darnos emociones era que pudiéramos sentir la vida en su plenitud.

La Biblia dice mucho acerca de la abnegación, pero en lugar de ser un fin en sí misma, está diseñada para conducirnos a algún lugar. La abnegación nos capacita para seguir a Cristo, quien siempre nos conduce a encontrar finalmente todo lo que deseamos. Dios promete mucho deleite y placer si le ponemos a Él en primer lugar.

No permitas que gobierne la emoción

Satanás gana mucho terreno en las vidas de los creyentes mediante las emociones. Constantemente hablamos sobre cómo nos sentimos y, lamentablemente, hay muchas personas que permiten que sus sentimientos las controlen. Se ha dicho que las emociones son el enemigo número uno del creyente. Los sentimientos son herramientas poderosas que pueden ayudarnos o evitar que cumplamos nuestro verdadero propósito.

> **Los sentimientos son herramientas poderosas que pueden ayudarnos o evitar que cumplamos nuestro verdadero propósito.**

Una cosa de la que podemos depender cuando hablamos de las emociones es que no podemos depender de ellas. Son variables, lo cual simplemente significa que siempre cambian, y con frecuencia sin previo aviso. Es como el joven que jugaba al golf con su papá: cada vez que lanzaba un buen tiro se emocionaba y quería aprender más sobre golf a fin de poder jugar más con su papá, lo cual les permitiría pasar más tiempo juntos. Pero cuando hacía un mal tiro, enojado golpeaba su palo contra el suelo y decía que el juego era estúpido y que nunca más volvería a jugar.

¡Las emociones son variables! Podemos irnos a la cama sintiéndonos de una manera y despertarnos sintiéndonos totalmente diferentes.

Puede que nos sintamos realmente bien por hacer algo en un momento y unos días después no queramos hacerlo en absoluto.

Me gusta comparar las emociones con la ley de la gravedad. ¡Lo que asciende finalmente desciende! Si lanzo un libro al aire, bajará; y si estoy encima de una cumbre emocional, tarde o temprano bajaré o me nivelaré, pero no me quedaré para siempre en esa cumbre. Es de esperar que aprendamos a nivelarnos y no a descender, porque a menudo eso sucede cuando nos deprimimos.

> La principal razón de este libro es alentarte a vivir con más entusiasmo y pasión.

No hay nada malo en sentirse emocionado. La principal razón de este libro es alentarte a vivir con más entusiasmo y pasión, y eso incluye los sentimientos de emoción. Pero también debo alentarte a entender que no siempre te sentirás emocionado, y cuando no lo haces, debes continuar haciendo lo que sabes que es correcto. Tus sentimientos pueden cambiar, pero tú debes permanecer estable. El libro lanzado al aire sube y baja, pero la persona que lo lanza permanece en el mismo lugar.

Sé un ejemplo de estabilidad

Yo crecí en un hogar inestable. Todos actuaban según sus emociones todo el tiempo y, como resultado, yo nunca sabía de un minuto al otro qué esperar. Mi padre era alcohólico, enojado y emocionalmente inestable. Mi madre vivía con temor a mi padre y su conducta era codependiente de la de él. Ella desarrolló un trastorno de ansiedad que evitaba que respondiera al estrés de una manera normal. Mi hermano, que es mi único hermano, también se guiaba por las emociones y, como resultado, tomó muchas malas y graves decisiones en su vida que le llevaron por un sendero equivocado.

Yo salí de esa atmósfera como víctima de abuso con una fuerte personalidad y una actitud amarga. Ya que nunca vi un ejemplo de estabilidad, permití que mis emociones se convirtieran en un dictador en mi vida; ellas daban las órdenes y yo obedecía. Si me despertaba en la mañana y me sentía deprimida, pasaba el día deprimida. Si me sentía enojada, pasaba el día volcando mi ira sobre cualquier persona que se pusiera en mi camino. Si tenía ganas de decir algo, lo decía; si tenía ganas de hacer algo, lo hacía.

> **Yo permití que mis emociones se convirtieran en un dictador en mi vida.**

Yo no tenía idea de que hubiera otra manera de vivir, hasta que conocí a Dave y él se convirtió en un ejemplo de estabilidad para mí. Lo vi permanecer igual, a pesar de cuáles fueran nuestras circunstancias y, después de un tiempo, comencé a creer que la estabilidad también estaba disponible para mí.

Creo que una de las mejores cosas que podemos hacer por las personas es ser un ejemplo de estabilidad para ellos. Necesitamos ser firmes, coherentes y estables en nuestro propósito. El mundo hoy día es un lugar tan cargado emocionalmente que parece listo para explotar en cualquier momento, pero esa no es la voluntad de Dios para su pueblo. Jesús dijo que estamos en el mundo, pero no somos de él. En otras palabras, como creyentes en Jesucristo vivimos en el mundo, pero debemos resistirnos a actuar como él. No podemos responder de la manera que responde el mundo a las situaciones de la vida. Jesús es nuestra paz; Él es el ejemplo supremo de estabilidad, y por medio de Él podemos disfrutar de nuestras vidas de estabilidad.

Quizá te tengas convencido a ti mismo de que simplemente eres una persona emocional y no puedes evitar vivir con altibajos emocionales. Si ese es el caso, debo decir con respeto que estás equivocado. Las personas no son "sólo emocionales"; ellas escogen ser emocionales, lo cual significa que son conducidas por sus emociones. Dios te dio emociones a fin de que pudieras sentir cosas buenas y malas, pero Él nunca quiso que esos sentimientos te gobernaran. Tú debes dominar tu mente, tu boca y tus emociones. Dios nos ha dado libre albedrío, y debemos ejercitarlo para hacer elecciones que sean acordes con la voluntad de Dios para nuestras vidas. Cuando estás en un avión con un niño pequeño, la azafata con frecuencia acudirá poco tiempo después del despegue para recordarte que deberías ponerte tu máscara de oxígeno antes de ayudar a tu hijo, si surge la necesidad. ¿Por qué es eso? Porque si tú no puedes respirar, no puedes ayudar a respirar a tu hijo. Si eres demasiado emocional y careces de estabilidad, no serás de ninguna ayuda para tu hijo ni para ninguna otra persona.

Sanidad emocional

Las emociones de una persona pueden llegar a ser enfermizas, al igual que cualquier otra parte de su ser. Una persona puede tener enfermedades físicas, enfermedades mentales, o enfermedades emocionales. Yo creo que las enfermedades emocionales pueden resultar de desequilibrios en nuestra constitución química, o pueden ser el resultado de toda una vida de permitir que las emociones gobiernen. Cuando las personas experimentan años de altibajos emocionales basados en sus circunstancias, finalmente se agotan y sencillamente no funcionan con normalidad. Es como el motor de tu auto: circula a plena velocidad sin cambiar nunca a una velocidad mayor, y en poco tiempo tendrás que comprarte un auto nuevo o tomar el autobús.

Pero gracias a Dios porque Él es nuestro Sanador y cualquier parte de nuestro ser pueden ser sanada. ¡Jesús puede sanarnos dondequiera que suframos! Yo necesitaba sanidad emocional y la recibí mediante mi relación con Jesús. Aprendí nuevas maneras de pensar y de responder a la vida. Jesús se convirtió en el Ancla de mi alma, mi Roca y mi Refugio en momentos de problemas. Aprendí a morar en el lugar secreto del que habla el Salmo 91; dice que si moramos en el lugar secreto, permaneceremos estables bajo la sombra del Omnipotente, cuyo poder ningún enemigo puede retar. Ahí está, la promesa de estabilidad y una vida sólidamente firme en Él.

Por muchos años, las heridas emocionales de ser rechazada durante mi niñez evitaron que yo respondiera adecuadamente en las relaciones, pero Jesús me sanó. Yo era incapaz de confiar y, por tanto, respondía emocionalmente a cada desafío que la vida presentaba, pero Jesús me sanó. Él me sanó, y si tú necesitas sanidad emocional, Él también te sanará. Él nos da belleza en lugar de cenizas (ver Isaías 61:3).

Los años de altibajos emocionales pueden poner tanto estrés en nuestros sistemas que se producen desequilibrios químicos. Las glándulas suprarrenales son debilitadas y no pueden permitir que entren en nuestros cuerpos la cantidad suficiente de los productos químicos correctos para manejar las causas de estrés en la vida. Comenzamos a responder a las cosas sencillas de manera desequilibrada. Por ejemplo, puedo recordar tener tanto estrés mental, físico y emocional, que incluso algo sencillo como tener que frenar de repente en el tráfico me hacía quedarme sin aliento y tener un sentimiento de ahogo hasta que mi sistema se calmaba. Comenzaba a sudar y mi corazón latía con fuerza y yo quería correr y simplemente alejarme de todo y de todos.

Pero Dios no quería que nosotros necesitáramos ocultarnos de Él; Él nos ha dado lo que necesitamos para vivir la vida con valentía y plenitud. Si sientes que necesitas sanidad emocional, te aliento a comprender que Jesús puede sanarte emocionalmente al igual que puede hacerlo espiritualmente. Él se interesa por cada parte de tu ser, y quiere que seas sano y completo.

Tú no eres tus emociones

> Tus emociones no son quien tú eres; son cómo te sientes.

Tus emociones no son quien tú eres; son cómo te sientes. Tú eres espíritu, tienes un alma, y vives en un cuerpo. Tus emociones son parte de tu alma; te pertenecen, tú no les perteneces a ellas. Aprende a quedarte atrás y mirar tus respuestas emocionales como algo que te pertenecen y sobre las cuales tienes control. Yo recuerdo todos los años de sentir que estaba fuera de control, y odiaba ese sentimiento. No me gustaba escuchar a mi boca decir cosas estúpidas y el sentimiento de que no tenía control sobre ella. No me gustaba explotar en ira por minucias que realmente no eran tanto, pero lo hacía frecuentemente. Ya estaba enojada, y estar fuera de control me hacía estar aún más enojada. ¿No aborreces el sentimiento de verte a ti mismo hacer y decir cosas que sabes que son ridículas, pero tú no pareces tener poder parar controlarlas? Bien, si lo aborreces lo suficiente, harás cualquier cosa que necesites para cambiar. Comienza por creer que puedes cambiar y serás una persona estable. Dios no hace acepción de personas; lo que Él hace por uno lo hará por otro. Él me sanó emocionalmente y me he convertido en un individuo estable, y Él hará lo mismo por ti, si verdaderamente lo deseas.

Aprende a pasar la prueba

La Biblia dice que Dios prueba nuestras emociones (ver Salmo 7:9). Eso significa que Él permite que vengan cosas a nuestras vidas que tienen el potencial de movernos emocionalmente a fin de que practiquemos permanecer estables a la vez que utilizamos nuestra fe.

La Biblia realmente dice que somos bendecidos cuando Dios nos disciplina en esa manera, y Él lo hace para poder darnos poder para mantenernos tranquilos en la adversidad. Observa que Él no nos mantiene calmados, sino que nos da el poder de mantenernos calmados (ver Salmos 94:12-13). Yo creo que frecuentemente esperamos que Dios haga cosas por nosotros que Él nos ha dado el poder de hacer por nosotros mismos.

¿Por qué nos probaría Dios?

"Queridos hermanos, no se extrañen del fuego de la prueba que están soportando, como si fuera algo insólito."
—1 PEDRO 4:12

Los buenos momentos no sacan lo peor de nosotros, pero los malos momentos sí lo hacen.

¿Alguna vez has ido a la tienda de muebles a comprar una silla sin sentarte en ella? ¿Alguna vez has comprado un auto sin probarlo? Desde luego que no, y Dios también nos prueba para revelar la calidad de nuestra fe. Sin importar lo que pensemos de nosotros mismos, descubrimos lo que verdaderamente somos en los momentos de dificultad. Los buenos momentos no sacan lo peor de nosotros, pero los malos momentos sí lo hacen. Por eso Dios dice que esos momentos difíciles son buenos para nosotros, pues nos permiten ver lo que hay en nuestro carácter que necesita cambiar. También nos dan la oportunidad de utilizar nuestra fe, y la fe sólo crece mediante el uso que hacemos de ella. Cuando escogemos aprender a confiar en Dios en lugar de molestarnos por algo, experimentamos su fidelidad, lo cual, a su vez, aumenta nuestra fe para la próxima vez que la necesitemos. Cuanto más utilizamos nuestros músculos, más crecen; y nuestra fe es de la misma manera.

Aprende a pasar tus pruebas con rapidez a fin de no tener que seguir tomándolas una y otra vez. Nunca te salgas de la escuela de Dios; seguimos repitiendo hasta que pasemos. Aun cuando pasamos, con frecuencia tenemos cursos de actualización sólo para mantenernos afilados.

> **Nunca te salgas de la escuela de Dios; seguimos repitiendo hasta que pasemos.**

La Biblia dice que ya no deberíamos vivir por nuestros apetitos y deseos humanos, sino que deberíamos vivir por lo que Dios desea (ver 1 Pedro 4:2). Eso significa que no deberíamos vivir por nuestras emociones. Podemos tenerlas y disfrutar de ellas cuando se comportan bien, pero no podemos vivir según ellas y también cumplir el propósito de Dios para nuestras vidas.

Tu espíritu es la parte más profunda de ti; es el lugar donde el Espíritu Santo mora después de que recibes a Jesucristo como tu Salvador. Dios nos está llamando a todos a vidas más profundas, y eso significa seguir al Espíritu Santo, que mora en lo profundo de tu ser, y no tus emociones en la superficie. Niégate a ser un cristiano superficial y vacío que es carnal y controlado por impulsos ordinarios.

Tienes que atreverte

Escoge estar tranquilo en la adversidad

Pasión es hacer lo que haces con todo tu corazón, sin importar cómo te sientas.

Emoción es hacer lo correcto hasta que ya no te sientas emocionado y entonces lo abandonas.

Pasión es hacer lo que haces con excelencia en todo momento.

La emoción hace lo que tiene que hacer y nada más.

La pasión nunca abandona, sin importar cuánto tiempo se necesita para lograr una meta deseada.

La emoción cede fácilmente y busca algo que no sea difícil.

Un asunto atendido

¿Alguna vez has sido el anfitrión de un asunto atendido? Todo se te facilita, y lo único que tienes que hacer es sentarte y dar órdenes, y otra persona hace que todo suceda; siempre es divertido hasta que llega la factura y hay que pagar. El apóstol Pablo nos dijo que no nos ocupáramos de nuestra carne y de los impulsos ordinarios (ver Romanos 8:8). Eso significa que no deberíamos ceder a todo capricho emocional que tengamos. A nuestras emociones les encantaría ser los anfitriones de un asunto atendido, donde ellas dan las órdenes y nosotros las cumplimos. El único problema con eso es que cuando llega la factura, tendremos que pagarla; nuestras emociones no lo harán.

> Hay un alto costo para las emociones baratas de la vida.

Hay un alto costo para las emociones baratas de la vida. Seguir nuestras emociones puede costarnos un buen trabajo, una estupenda relación, nuestra salud, nuestro respeto por nosotros mismos, y hasta nuestro futuro. No atiendas tu carne, ¡disciplínala! Usa el dominio propio y podrás dominar tus emociones mediante la ayuda de Dios.

Si sembramos para la carne, cosecharemos de la carne (ver Gálatas 6:8), porque sólo cosechamos lo que sembramos, y no otra cosa. Sembrar para la carne (ceder a los caprichos emocionales) suena a diversión, hasta que finalmente comprendemos que lo que la carne devuelve en el momento de la cosecha no es algo que deseamos tener. La Biblia dice que la carne produce ruina, deterioro y destrucción. ¿Es eso lo que quieres? No creo que lo sea. Queremos vida abundante y toda la paz y el gozo que produce. No sólo está disponible, sino que es la voluntad de Dios para ti.

Sin embargo, debes aprender a sembrar para el espíritu y no para la carne. El apóstol Pablo dijo que cuando somos niños, actuamos como niños, pero que necesitamos madurar y actuar como adultos que han dejado las cosas de niños (ver 1 Corintios 13:11). ¿Necesitas crecer? Si es así, no tengas miedo de admitirlo. Nunca puedes llegar donde necesitas estar si no eres sincero en cuanto a dónde estás en este momento. Yo creo que se necesita valentía para ser sinceros con nosotros mismos. Los cobardes se ocultan de todo, incluyendo la verdad acerca de sí mismos. Pero si tú te atreves a afrontar la verdad, eso abrirá la puerta a una vida totalmente nueva: la vida que has estado buscando.

Los niños normalmente se ocupan de sus sentimientos y normalmente no se detienen hasta que tienen que pagar la factura (soportar las consecuencias). Esperamos que ellos aprendan de nuestras palabras al igual que Dios espera que aprendamos de las de Él, pero Lamentablemente, muy pocos aprenden de esa manera. Normalmente necesitamos una mezcla del trato de la Palabra con nosotros desde el interior, y el trato de nuestras circunstancias desde el exterior, y de algún modo nuestra carne finalmente es crucificada y comenzamos a someternos a la voluntad de Dios en lugar de demandar la nuestra propia.

> **Somos testarudos y queremos las cosas a nuestra manera, aun cuando nuestra manera significa destrucción.**

Dios nos dice que le obedezcamos y seremos bendecidos. Suena lo bastante fácil, ¿entonces por qué tantas personas toman la ruta larga y difícil? Porque, al igual que los niños, somos testarudos y queremos las cosas a nuestra manera, aun cuando nuestra manera significa destrucción. Al igual que los niños, debemos aprender, y deberíamos dar gracias a Dios por ser paciente. Él se queda a nuestro lado todo el tiempo, desde nuestros infantiles intentos de hacer las cosas a nuestra manera, y cree en nosotros aun cuando nos resulta difícil creer en nosotros mismos.

Dios tiene un plan estupendo para tu vida, y es un plan que incluye estabilidad emocional y paz mental. Sigue aprendiendo y creciendo, y finalmente disfrutarás de la plenitud de todo lo que Dios quiso para ti.

Entusiasmo

Yo creo que una de las razones por las cuales Dios nos dio emociones fue para que pudiéramos ser entusiastas con respecto a Él y la vida que Él ha planeado para nosotros. Ralph Waldo Emerson dijo una vez: "Nunca se logró nada grande sin entusiasmo". Recientemente vi una definición de entusiasmo que decía que era una creencia en revelaciones especiales del Espíritu Santo. Yo pensé que eso era interesante simplemente porque yo soy una gran creyente en que las personas deben tener una revelación de Dios en sus vidas para vivir con entusiasmo. Uno podría llegar a estar entusiasmado por una cosa o evento, pero esas cosas pasarán y el entusiasmo con frecuencia se desvanece. Sin embargo, una revelación de Dios y la determinación de mantenerlo a Él en primer lugar en la vida le capacita para vivir con celo, pasión y entusiasmo. Pasión es un sinónimo de entusiasmo.

> Podemos disfrutar de todos los aspectos de la vida
> simplemente porque disfrutamos de Dios.

Sentirse entusiasta es estupendo. Libera energía y una capacidad para disfrutar de todo lo que uno hace. Lo estupendo sobre Dios es que Él nos capacita para ser entusiastas en todo lo que hacemos. No deberíamos sólo tener entusiasmo por la diversión, sino que deberíamos ser igualmente entusiastas por el trabajo. Por medio de Dios podemos disfrutar de lo que otros podrían pensar que es rutinario y aburrido. Podemos disfrutar de todos los aspectos de la vida simplemente porque disfrutamos de Dios. Es esa pasión interior, ese celo e impulso los que nunca se van realmente, en especial cuando nos enfocamos en las metas correctas y la dirección en la que Dios nos dirige.

Pablo dijo en Romanos que nunca deberíamos quedarnos atrás en celo y en sinceras empresas; deberíamos estar encendidos y ardiendo con el Espíritu, sirviendo al Señor (ver Romanos 12:11). Somos siervos de Dios, y Él quiere que le sirvamos con entusiasmo, pasión y celo.

¿Qué te parecería si tuvieras un sirviente y él siempre tuviera una actitud amarga e inexpresiva? ¿O si tuvieras que proporcionar algo emocionante todo el tiempo a fin de que él tuviera celo? No te gustaría, ni a mí tampoco. Cuando nuestras actitudes son amargas e inexpresivas, a Dios tampoco le gusta. Él es increíble, y nosotros deberíamos estar entusiasmados por Él y por el privilegio de servirlo a Él, así que no pases tu vida esperando que algo excite tus emociones antes de vivir con pasión. En cambio, haz todo lo que hagas con una aguda conciencia de que la vida es un regalo y debería celebrarse.

Nuestras emociones están relacionadas con nuestros pensamientos y actitudes. Ser agradecidos en todo tiempo y en todas las cosas nos capacita para vivir con entusiasmo. Yo he descubierto que murmurar, quejarse y criticar realmente me quitan la energía y comienzo a aborrecer todo. Nada me hace feliz. Por otro lado, si comienzo cada día con una actitud de agradecimiento y mantengo mis pensamientos correctos durante el día, tengo más energía y celo por la vida.

Consigo hacer más y me siento menos cansada.

Cuando sientas que tu humor cambia, toma un momento y pregúntate en qué has estado pensando. Descubrirás que en realidad puedes "hacerte feliz pensando". En la Biblia, Pablo dijo: "Me tengo por dichoso, oh rey Agripa, de que haya de defenderme hoy delante de ti de todas las cosas de que soy acusado por los judíos" (Hechos 26:2 RV-60), y si funcionaba para él, también puede funcionar para nosotros.

El entusiasmo es contagioso, y el tuyo pasará a otras personas. Estoy segura de que has observado lo entusiastas que parecen las personas al hacer a otros entusiastas. Avívate a ti mismo a fin de que puedas avivar a otros. Una chispa puede comenzar una gran llama. ¿Te atreves a ser un fuego en un mundo al que le encantaría apagar tu llama, en especial si estás encendido para Dios?

> ¿Te atreves a ser un fuego en un mundo al que le encantaría apagar tu llama?

Utiliza tus emociones para el propósito que Dios las dio, y no dejes que el diablo las use para su propósito. Abraza la vida con pasión y utiliza tus emociones sabiamente. Dios quiere usarlas para ayudarte a disfrutar de tu vida, pero el diablo quiere usarlas para evitar que disfrutes de la vida. La buena noticia es que la elección es tuya.

CAPÍTULO 14

Pasión por tus finanzas

En una ocasión, conocí a una mujer que trabajaba en unos grandes almacenes mientras yo estaba comprando en la zona de la que ella era responsable. Comenzamos a hablar y me enteré de que ella había sido cristiana por muchos años. A medida que continuamos nuestra conversación, le pregunté si a los empleados que trabajaban en la zona de rebajas se les pagaba un salario o si trabajaban a comisión. Ella me dijo que aunque trabajaban recibiendo un salario, tenían que cumplir unas cuotas a fin de mantener sus empleos, y admitió que estaba preocupada porque ella no había estado cumpliendo con las suyas.

"¿Ora alguna vez y le pide a Dios que le dé favor con la gente para que acuda a usted para subir las ventas?", le pregunté.

Muy tímidamente, me miró con las cejas levantadas.

"¿De verdad está bien delante de Dios si oro por el dinero?"

Le aseguré que Dios se interesa por todo lo que a ella le preocupa y que quería que fuese lo bastante valiente para pedir cualquier cosa que necesitara. Aquella era una mujer que necesitaba más negocios o perdería su empleo, el cual ella necesitaba mantener. Ella tenía que orar con valentía para que Dios le enviara clientes que quisieran hacer compras, pero no tenía idea de que podía hacer eso. Aunque ella había sido cristiana la mayor parte de su vida, estaba viviendo con muy poco, porque tenía la idea errónea de que hablar a Dios acerca de dinero o de necesidades materiales no era apropiado. Es triste que la gente piense que Dios sólo se interesa por las áreas espirituales de sus vidas. Él quiere participar en nuestras vidas cotidianas, y quiere participar todo el tiempo, y no sólo una hora el domingo en la mañana. Dios es para toda la vida, ¡no sólo para la iglesia! Yo frecuentemente digo que deberíamos sacar a Dios de la caja del domingo en la mañana, donde intentamos mantenerlo, y permitirle que invada también nuestro lunes, martes, miércoles, jueves, viernes, sábado y domingo.

> Deberíamos sacar a Dios de la caja del domingo en la mañana, donde intentamos mantenerlo.

El favor de Dios es algo maravilloso que está a nuestra disposición. La Biblia dice en Santiago 4:2 que no tenemos porque no pedimos. Hay mucha ayuda disponible para nosotros de parte de Dios que no recibimos simplemente porque no pedimos. El dinero no es algo sucio o pecaminoso de lo que no podemos hablar a Dios. Lo necesitamos para hacer las cosas en la vida que necesitamos hacer, como pagar la casa, los alimentos, la ropa, y todas las cosas necesarias para mantener un estilo de vida de calidad. El dinero no es malo; es el amor al dinero lo que es malo. Dios no está en contra de que tengas dinero mientras el dinero no ten tenga a ti.

Nuestro entusiasmo por el propósito que Dios tiene para nosotros, lamentablemente, puede verse muy afectado por el dinero; podemos sentirnos llamados a comenzar algún tipo de ministerio pero preocuparnos porque la seguridad de nuestra propia familia se vea en peligro. Hay una tensión ahí, y hasta que entendamos el dinero y el papel que Dios ha diseñado que tenga en nuestras vidas, batallaremos con seguir nuestra pasión y propósito. Si tenemos una mala relación con el dinero, sin duda puede causar problemas. Si seguimos la dirección del Espíritu Santo a la hora de distribuir nuestro dinero, no sólo podemos tener todas nuestras necesidades satisfechas, sino que también podemos ser una tremenda bendición para otros que tienen necesidad.

¡Dinero!

¿Qué crees que diría el dinero si pudiera hablar? A ver qué te parece esto: "Estoy deprimido y triste porque estoy cansado de que la gente abuse de mí, me use con malos propósitos, se pelee por mí, me robe, y mienta y cometa delitos para conseguirme. Me culpan de alguna manera de la mayoría de los divorcios. Estoy cansado de batallar con la avaricia todo el tiempo. Me acumulan y me desperdician. Las personas piensan que yo soy su seguridad, y no lo soy. Actúan como si yo fuese Dios, y sin duda alguna no lo soy. Yo sólo desearía que la gente supiera cuánto bien podría hacer conmigo si me tratara correctamente, y lo bendecidas que podrían ser sus vidas".

Tener o no tener dinero: esa es una de las cuestiones más importantes con la que batallamos. Al menos parece ser una gran pregunta entre algunos cristianos. Hay sectores del cristianismo que creen que Dios quiere que todo el mundo sea rico, y luego están quienes creen que la pobreza es una virtud, y básicamente la única manera de poder servir a Dios con un corazón puro. Y, por alguna extraña razón, las personas que no son cristianas siempre parecen sentir que cualquiera que sirve a Dios en el ministerio a tiempo completo no debería tener mucho dinero o un estilo de vida próspera. Casi cada vez que hago una entrevista para un periódico secular, canal de televisión, canal de radio o revista, me preguntan lo que lo llamo "la pregunta del dinero".

Recientemente, en la revista *Time* me preguntaron si creía que Dios quería que la gente fuese rica. Yo le dije al entrevistador que no podía responder su pregunta con un sí o no directo porque creo que podemos ser ricos de muchas maneras. El dinero no es la única manera de ser rico. La buena salud y que te quieran hace que una persona sea rica. Trabajar en un empleo que nos gusta y disfrutar es otro tipo de riquezas.

Yo creo que Dios requiere que seamos buenos administradores de nuestro dinero. Debemos tener cuidado para no dejar que el dinero aparte a Dios de nuestras vidas; debemos mantenerlo a Él en primer lugar en todo momento. Yo creo que Dios vigila cómo manejamos nuestro dinero. En una ocasión Jesús estaba en el templo viendo lo que la gente ponía en la ofrenda, y observó que algunas personas ricas sólo daban un poco, pero una viuda dio todo lo que tenía (ver Marcos 12:41-43).

Lo que ella ofreció es lo que se dice que fue unas "moneditas". Valían menos de lo que vale hoy nuestro céntimo, pero para Dios ella dio con mucha generosidad. ¿Somos generosos? ¿Nos apresuramos a ayudar a quienes tienen necesidad y son menos afortunados que nosotros? Hay muchos, muchos factores que determinan el nivel de éxito financiero que tiene una persona.

La Biblia dice en 3 Juan 1:2 que Dios quiere que su pueblo prospere y tenga salud sobre todo, tal como prospera su alma. ¿Qué significa eso? Para mí, simplemente significa que Dios quiere que tengamos suficiente para satisfacer nuestras necesidades y además ayudar a otras personas. Él también quiere que tengamos la suficiente madurez espiritual que podamos manejar.

El dinero en manos de una persona generosa puede ser una gran bendición, pero en manos de una persona avariciosa puede traer la ruina.

Ahora bien, desde luego, todos pensamos que estamos sin duda entre los espiritualmente maduros, pero yo he llegado a confiar en que Dios conoce más sobre mí de lo que yo misma conozco, y Él me da lo que Él sabe que puedo manejar en el presente.

Estoy segura de que algunas personas que lean este libro dirán de inmediato: "Yo soy espiritualmente maduro y no tengo suficiente para satisfacer mis necesidades básicas". Podría haber cierto número de cosas que causen eso, y hablaremos de muchas de ellas, pero algo a tener en mente es que la mano del diligente hace rico (ver Proverbios 10:4). Vivimos en una sociedad frenética donde las personas quieren gratificación instantánea. Las personas de veintitantos años están entrando en el mundo laboral hoy día sin experiencia previa, esperando que les paguen la misma cantidad que a alguien que ha estado trabajando en su campo por más de veinticinco años. Un empleo no es lo único a que algunas personas más jóvenes se apresuran; cuando los matrimonios jóvenes compran su primera casa, con frecuencia esperan que sea parecido a lo que sus padres tienen en la actualidad, tanto en tamaño como en costo, sin comprender que sus padres necesitaron treinta años para llegar a ese punto. Esta actitud, sin duda alguna, no es una actitud diligente. Muchas personas en la actualidad creen que se merecen cosas. No sienten que necesitan esperarlas y ganárselas, sino que las esperan; de hecho, su generación a veces es denominada "la generación del merecimiento". La verdad es que Dios quiere que comiencen desde el principio: trabajo duro, ser diligente, ser paciente, y gradualmente ver el incremento en sus vidas. Es la manera de Dios, y yo creo que es la mejor manera de que las personas tengan verdadera prosperidad y la madurez necesaria que debe acompañarla.

Me gusta expresarlo de esta manera: si un árbol tiene más fruto que raíces, se caerá en la primera tormenta que afronte. Yo creo que la naturaleza humana es muy similar. Si tenemos muchas cosas materiales y ninguna profundidad de relación con Dios, podemos ser fácilmente destruidos. El dinero tiene mucho poder, y puede empujar a la gente en la dirección equivocada. Eso no significa que tengamos que tener temor a tener dinero, como enseñan algunas denominaciones religiosas, pero sí significa que deberíamos esforzarnos por no tener nunca una actitud incorrecta ni dejar que el dinero nos controle.

No utilices a las personas para conseguir dinero y cosas, sino comprométete a utilizar el dinero y los bienes materiales para bendecir a la gente. Las personas ricas pueden hacer mucho bien a la sociedad si están dispuestas.

> Comprométete a utilizar el dinero y los bienes materiales para bendecir a la gente.

La ley del gradualismo

El camino de Dios es normalmente que la gente mejore, poco a poco, a medida que sigue los principios de su Palabra. A mí me gusta llamarlo "la ley del gradualismo". Siempre hay los pocos que heredan dinero o ganan a la lotería, pero la mayoría de las personas tenemos que trabajar, ahorrar y aprender cómo manejar adecuadamente todos nuestros recursos. Esto no sucede de la noche a la mañana, sino que frecuentemente son necesarios muchos años. Seguir siendo diligente a la hora de hacer lo correcto durante esos años es muy importante. Es ahí donde la pasión con propósito puede ayudar realmente.

En 1976, yo tuve un encuentro con Dios que cambió mi vida para siempre. Había sido cristiana por muchos años antes de eso, pero no muy seriamente. De repente, Dios se convirtió en la persona más importante en mi vida. Yo quería saber lo que Dios quería que hiciera y estudiaba su Palabra incesantemente a fin de poder aprender. Una de las cosas que descubrí fue la ley de la siembra y la cosecha, lo cual la Biblia enseña claramente.

> "Mientras la tierra exista,
> habrá siembra y cosecha,
> frío y calor,
> verano e invierno,
> y días y noches."
> —GÉNESIS 8:22

> "El que siembra para agradar a su naturaleza pecaminosa,
> de esa misma naturaleza cosechará destrucción."
> —GÁLATAS 6:8

> "Den, y se les dará: se les echará en el regazo una medida
> llena, apretada, sacudida y desbordante. Porque con la
> medida que midan a otros, se les medirá a ustedes."
> —LUCAS 6:38

Al querer obedecer a Dios, comenzamos a dar cada vez más, y, durante un tiempo, parecía que teníamos cada vez menos. Dios con frecuencia nos prueba para ver si le estamos obedeciendo sólo para conseguir algo de Él, o si es porque le amamos y estamos comprometidos a hacer lo correcto sólo porque amamos la rectitud.

Yo estaba en un periodo único en la vida y el ministerio. Había estado enseñando un pequeño estudio bíblico en casa, que comenzó poco tiempo después de mi encuentro con Dios, y enseguida comprendí que no tenía el tiempo para prepararme para el ministerio al que creía que Dios me llamaba. Tenía un trabajo de jornada completa, tres hijos, un esposo, una casa de la que ocuparme, y participaba mucho en mi iglesia local.

Dios comenzó a tratar conmigo para que diera un paso de fe y dejara mi empleo a fin de tener tiempo para prepararme para lo que

Dios tenía para mí en el futuro. Eso fue aterrador para mí. Al principio no le obedecí; por el contrario, lo hice a mi manera, convenciéndome a mí misma de que podía ser obediente dejando mi trabajo de jornada completa y conseguir un trabajo a media jornada. Enseguida aprendí que la obediencia a medias no es obediencia en absoluto. Finalmente terminé en casa tratando de aprender a confiar en Dios para tener finanzas y provisión.

> ¿Alguna vez has obedecido a Dios esperando ser bendecido y, sin embargo, parecía como si fueses hacia atrás en lugar de hacia delante?

Durante seis años, necesitamos milagros económicos casi cada mes solamente para poder pagar nuestras facturas. Ropa nueva, reparaciones del auto, entretenimiento y otras cosas eran extras que solamente teníamos cuando Dios de modo sobrenatural proveía. Estoy contenta de decir que Él siempre proveyó, pero no me habría considerado a mí misma próspera. Nunca teníamos nada por encima de nuestras necesidades básicas, y admitiré que me confundía porque sentía que estábamos dando más que nunca y, sin embargo, nuestras finanzas no eran tan abundantes como lo eran antes de que yo obedeciera a Dios y dejara mi empleo. ¿Alguna vez has obedecido a Dios esperando ser bendecido y sin embargo parecía como si fueses hacia atrás en lugar de ir hacia adelante? Esas ocasiones son tiempos de prueba, sin duda. Sin embargo, a medida que seguimos siendo diligentes y crecimos en nuestro caminar con Dios, poco a poco fuimos aumentando. Quiero alentar muchísimo a mis lectores a no decidir lo que la Palabra de Dios significa basándose en su experiencia. A veces cuando las personas no están experimentando algo que estaban esperando, deciden que Dios debe de haber querido decir alguna otra cosa. Dan su propia interpretación a la Escritura para hacerla encajar con su experiencia, pero ese puede ser un grave error, cerrando la puerta a nunca recibir lo mejor que Dios tiene para ellas.

Aunque yo no tuve prosperidad en mis finanzas por muchos años, seguía creyendo que podía, debería y la tendría porque lo veía en la

Palabra de Dios. Sí, tuve que esperar más tiempo del que creí que era justo, pero también echo la vista atrás ahora y comprendo lo valiosos que fueron aquellos años para mí. Ellos me formaron para creer en Dios para las finanzas que ahora necesitamos en abundancia para dirigir nuestro ministerio mundial. Aquellos años de total dependencia en Dios me llevaron más cerca de Dios y me permitieron ver su poder milagroso obrando una y otra vez proveyendo para nosotros por encima de medios ordinarios.

¿Quiere Dios que las personas prosperen?

¿Qué significa prosperar? Cuando pienso en ser próspero, pienso en éxito, no en fracaso. Las personas que no prosperan son personas a las que les ayudan o que pueden ver circunstancias de diferentes grados de prosperidad y éxito, semana tras semana. Los pequeños éxitos suman otros grandes.

La palabra "prosperar" también puede significar ser completo. En otras palabras, una persona verdaderamente próspera es una que prospera en todas las áreas de la vida. Su espíritu es próspero, lo cual significa que conoce la Palabra de Dios y tiene una relación estupenda con Él. Su mente está en paz, y tiene gozo sin importar cuáles sean sus circunstancias. Tiene buena salud, buenas relaciones, y en general es exitoso en todas las áreas de la vida.

Yo creo que Dios quiere que su pueblo prospere. Él es bueno, ¿y con quién preferiría ser bueno sino con sus propios hijos? Él es un Padre, y al igual que la mayoría de los padres terrenales, disfruta de proveer para quienes dependen de Él. Dios le dijo a Josué que si obedecía sus mandamientos y avanzaba con valentía, prosperaría y tendría buen éxito (ver Josué 1:8).

El primer Salmo dice que si nos deleitamos en la ley del Señor, todo lo que hagamos prosperará y llegará a la madurez. En el Salmo 118:25, el salmista oró con valentía y le pidió a Dios que enviara prosperidad "ahora". ¡A mí me parece como si él necesitara un avance con rapidez! ¿Alguna vez has hecho una oración como esa? En el

Salmo 35:27 la Biblia dice que Dios se deleita en la prosperidad de su pueblo.

Dios le dijo a Abraham que él le bendeciría con un abundante aumento de favores, hacer su nombre famoso, y hacerle una bendición para otros si él le obedecía. Abraham sí obedeció, y la Biblia registra que Abram (quien después se convirtió en Abraham) era muy rico en ganado, en plata y en oro (ver Génesis 12:2, 13:2).

La Biblia está llena de ejemplos de personas a las que Dios prosperó de maneras increíbles: José, Rut, Ester, David y Salomón, y la lista sigue. En el Nuevo Testamento, los primeros apóstoles no parecían tener muchos bienes materiales, pero fueron ellos quienes enseñaban a la gente a dar a fin de que pudieran obtener una cosecha abundante. Pablo escribió en su carta a los Efesios que Dios podía hacer mucho más abundantemente de lo que podían atreverse a esperar, pedir o pensar. ¡Eso, sin duda, no suena a que Él quisiera que su pueblo apenas siguiera adelante! Dios nos dice que seamos atrevidos en lo que pedimos, y no dijo que sólo pudiéramos pedir cosas espirituales.

> Dios nos dice que seamos atrevidos en lo que pedimos, y no dijo que sólo pudiéramos pedir cosas espirituales.

Mateo escribe que si buscamos primero el reino de Dios, todas las demás cosas nos serán añadidas (ver Mateo 6:33). Yo creo que hay suficiente evidencia sólo en los pasajes que he mencionado para decir con seguridad que Dios quiere que su pueblo prospere, porque, sin duda, no creemos que Dios quiera que los pecadores prosperen mientras que los justos viven en pobreza.

> Dios quiere que su pueblo prospere.

Con bastante frecuencia, la gente dice: "Conozco a muchas personas maravillosas y piadosas que son pobres. ¿Cómo crees que les hace sentir el mensaje de la prosperidad?". Yo creo, si es que algo, que les da esperanza para su futuro. Las personas pobres ciertamente pueden ser piadosas, pero eso no significa que la pobreza sea piadosa. ¿Quién no querría mejorar su situación si supiera que había una manera de hacerlo? Yo pensaría que cualquier persona pobre estaría tremendamente emocionada de conocer cualquier cosa que pudiera mejorar su situación.

Ten una buena actitud mientras esperas

Al igual que un buen granjero, deberías sembrar tu semilla, liberar tu fe, y ser paciente mientras esperas la cosecha. Al igual que hice yo, tú podrías, y probablemente lo harás, pasar por algunos periodos de prueba, pero creo que si eres diligente a la hora de hacer lo que Dios te indique que hagas, verás incremento en tu vida.

> **Si eres diligente a la hora de hacer lo que Dios te indique que hagas, verás incremento en tu vida.**

Hay una historia sobre F. B. Meyer, uno de los más destacados ministros bautistas ingleses de su época durante finales del siglo XIX y principios del XX. Él predicó en una ocasión en Londres, Inglaterra, mientras otros predicadores muy conocidos, Charles Spurgeon y G. Campbell Morgan, también estaban predicando allí. Los tres hombres eran maravillosos predicadores, pero la iglesia de Spurgeon y la iglesia de Morgan eran ambas más grandes que la iglesia de Meyer. Y él admitió comenzar a sentirse un poco envidioso de ellos.

Por tanto oró, pidiéndole a Dios que le dijera qué hacer porque estaba celoso de ellos, y no quería estarlo. Dios le indicó que orase tanto por Spurgeon como por Morgan, para que sus iglesias prosperasen, y que cada vez más personas asistieran.

Aquella ciertamente no era la respuesta que F. B. Meyer estaba esperando, y protestó: "¡No quiero hacer eso, Señor!". Pero, después de pensar en ello, creyó que sería mejor obedecer al Señor, así que oró diligentemente para que la iglesia de Spurgeon y la iglesia de Morgan crecieran cada vez más.

Al relatar su historia, él dijo: "Sus iglesias crecieron tanto en respuesta a mis oraciones que rebasaron, y esa abundancia llegó a mi iglesia".[1]

F. B. Meyer podría haberse hundido; podría haberse lamentado y quejado, y haber hecho cualquier cosa que estuviera en su mano para hacer crecer su iglesia, pero nada habría ayudado. Por el contrario, él mantuvo una buena actitud y esperó en Dios, y lo más importante, hizo lo que Dios pidió de él. Y su iglesia prosperó.

Con frecuencia, es mucho más fácil ser obediente y tener una buena actitud cuando las cosas van bien, pero normalmente requiere un poco más de nosotros cuando Dios nos pide hacer algo difícil y las cosas no van tan bien.

> Normalmente requiere un poco más de nosotros cuando Dios nos pide hacer algo difícil y las cosas no van tan bien.

La siguiente es una lista de cosas que yo te recomendaría que evitaras si quisieras ser verdaderamente próspero.

1. Nunca seas avaricioso ni tengas dinero y cosas materiales en tu mente de manera excesiva (1 Timoteo 3:8).
2. No ames al mundo ni las cosas del mundo (1 Juan 2:15).
3. Nunca debemos ganar dinero o bienes materiales a través de medios cuestionables, pero deberíamos trabajar duro y aprender a manejar bien lo que tenemos (1 Timoteo 3:3).
4. Respeta el dinero y nunca lo malgastes (Juan 6:12).
5. Sé agradecido por lo que tienes mientras esperas lo que quieres tener (Filipenses 4:6).
6. Confía en Dios y no te confundas si las cosas no suceden cuando tú quieres (Proverbios 3:5).
7. Nunca, nunca tengas celos o envidia de lo que otra persona tiene (Proverbios 14:30).

Mantener una buena y piadosa actitud mientras esperas demuestra que estás preparado para el ascenso.

Cómo deberíamos ver el dinero

Deberíamos ver el dinero como una herramienta o equipo para ser una bendición para otros. Dios le dijo a Abraham que Él le bendeciría y que haría de él una bendición, y su plan es el mismo para cada uno de nosotros. No deberíamos ver el dinero como nuestra seguridad porque las riquezas no proporcionan la verdadera seguridad (ver Proverbios 11:4). Pueden ser abundantes un día y haberse ido al siguiente. Nuestra seguridad está en Dios. Aun cuando las riquezas aumentan, no es sabio poner tu corazón en ellas (ver Salmo 62:10).

Yo creo que necesitamos ver el dinero como un posible problema si no se maneja correctamente. El dinero tiene la capacidad de engañar a las personas. Fácilmente podemos comenzar a pensar que seremos más felices si tenemos más dinero, pero el dinero realmente no tiene poder para dar la verdadera felicidad, a menos que Dios sea servido con él. El mundo está lleno de personas ricas y desgraciadas. El dinero también puede hacer que las personas comiencen a hacer concesiones y a ir en contra de sus conciencias. En realidad, puede alejar a las personas de su relación con Dios. Se vuelven tan ocupados ocupándose de todas sus posesiones que Dios queda desplazado de sus vidas.

> El dinero realmente no tiene poder para dar la verdadera Felicidad, a menos que Dios sea servido con él.

El dinero también puede hacer mucho bien y puede utilizarse para dar consuelo, aliviar el dolor, poner sonrisas en rostros, quitar presión, ayudar a que las personas viven vidas mejores, y dar gratitud a Dios. Por ejemplo, nuestro ministerio tuvo la oportunidad de patrocinar totalmente un hospital en India que da servicio a cientos de miles de personas en aldeas que tienen poco o ningún cuidado médico.

Después de ir al hospital y ver cuánto habían mejorado las vidas de los aldeanos, Dave y yo personalmente quisimos hacer nuestra parte para ayudar a patrocinar otro hospital en Camboya. Obtengo mucha alegría al ayudar a aliviar el dolor de otras personas.

Pablo les dijo a los efesios que debían trabajar con sus propias manos para poder tener recursos para dar a otros (ver Efesios 4:28). Ahora bien, eso ciertamente sería una idea original: ¡trabaja a fin de poder dar a otros!

Sólo recientemente, Warren Buffett, que es el segundo hombre más rico del mundo, con una fortuna aproximadamente de 44 a 46 mil millones de dólares, decidió hacer justamente eso cuando hizo el anuncio de que comenzaría a dar casi el 85 por ciento de su riqueza, principalmente a la Fundación de Bill y Melinda Gates. En una entrevista para la revista *Fortune*, compartió que él y su difunta esposa, Suzie, siempre habían estado de acuerdo con Andrew Carnegie, "que decía que las grandes fortunas que fluyen en gran parte de la sociedad deberían en gran parte ser devueltas a la sociedad".[2] Trabajamos para poder devolver.

> Mientras le estás pidiendo a Dios que te ayude a prosperar, asegúrate de aprender también cómo ser un dador dinámico.

Según la Biblia, es más bendecido dar que recibir, así que mientras le estás pidiendo a Dios que te ayude a prosperar, asegúrate de aprender también cómo ser un dador dinámico.

¿Cuál es la actitud de Dios hacia las personas que tienen deudas?

Yo no creo que tener deudas sea un pecado que hará que alguien pierda su salvación, pero esa no es la manera más sabia de vivir.

La deuda causa presión y es frecuentemente la raíz del divorcio. Aproximadamente un 71 por ciento de los estadounidenses dice que la deuda hace su vida familiar infeliz. Viven de paga en paga, y su deuda les roba su libertad y finalmente su verdadero gozo. En 1980 hubo medio millón de bancarrotas, y en 2005 hubo dos millones.[3] La mayoría de esas personas eran de clase media, educados baby boomers con una gran deuda de tarjetas de crédito.

Las personas que viven del plástico viven en una ilusión.

Las personas realmente deberían disciplinarse a sí mismas para vivir un 30 por ciento por debajo de sus posibilidades si alguna vez quieren ser económicamente seguras, pero la mayoría de ellas vive muy por encima de sus posibilidades. La mayoría de las personas hoy día regularmente gastan más de lo que ganan, y las tarjetas de crédito lo han hecho posible. Sin embargo, esas personas que viven del plástico viven en una ilusión. Los expertos dicen que se tarda unos cinco años antes de que la realidad te alcance, pero tarde o temprano lo hará. Siempre que pides prestado, estás gastando en el presente la prosperidad del mañana; ¿pero qué sucede cuando llega el mañana?

Siempre que pides prestado, estás gastando en el presente la prosperidad del mañana; ¿pero qué sucede cuando llega el mañana?

Es mejor no utilizar tarjetas de crédito, a menos que formes el hábito de liquidarlas al final de cada mes. Considerando que más del 60 por ciento de los estadounidenses tienen destacados desequilibrios de impagos en sus tarjetas de crédito,[4] puede que quieras pensar mucho tiempo sobre cómo manejarás una de ellas antes de tenerla. Una mejor elección puede que sea una tarjeta de débito, la cual tiene acceso a tu cuenta bancaria. Es muy fácil ir durante todo el mes diciendo: "cárguelo", pero cuando llega la factura, el asombro de darnos cuenta de cuánto se gastó durante esos treinta días asusta.

No te dejes convencer por el cebo de las millas por ser viajero frecuente, por las devoluciones en efectivo, o por otros beneficios que las empresas de tarjetas de crédito ofrecen en estos tiempos. La mayoría de las veces no valen la pena.

La única manera de utilizar las tarjetas de crédito y no meterse en problemas es utilizarlas con responsabilidad. Eso significa que no deberías comprar cosas que no puedes pagar.

La gente perece por falta de conocimiento (ver Oseas 4:6). ¿Conoces el estado de tus finanzas? ¿Puedes decirme cuánto tienes en tu cuenta corriente y tus ahorros? ¿Cuánto gastas en facturas cada mes contrariamente a los extras? ¿Sabes qué facturas puedes esperar en los próximos treinta días, o te sorprenderías cuando lleguen porque te olvidaste de ellas? ¿Sabías que cuando algo se anuncia como "en noventa días igual que en efectivo", la mayoría de las veces el interés se añade al precio de la compra? Las personas firman contratos todo el tiempo sin entender lo que están firmando.

La mayoría de estudiantes de secundaria se gradúan con mucha información que nunca utilizarán, pero muy pocos tienen ninguna idea de cómo manejar el dinero. Entran a la universidad, donde se les ofrecerán tarjetas de crédito regularmente. Una importante empresa de tarjetas de crédito gasta diez millones de dólares al año anunciando tarjetas de crédito a estudiantes de secundaria y universitarios.

Algunas universidades hasta reciben pagos por permitir que las empresas de tarjetas de crédito se anuncien en el campus. Obviamente funciona; en 2004, el 76 por ciento de los alumnos universitarios no graduados tenía al menos una tarjeta de crédito a su nombre con una media de un destacado balance de 2,169 dólares; un 32 por ciento de los alumnos tenía cuatro o más tarjetas de crédito, y el alumno graduado promedio tenía seis tarjetas de crédito; y uno de cada siete debe más de 15,000 dólares.

Todo el mundo es un objetivo de las empresas de tarjetas de crédito, y los ancianos no son ninguna excepción. Mi madre tiene ochenta y tres años. Regularmente suplementamos sus ingresos porque ella no tiene suficiente dinero para vivir mensualmente y, sin embargo, recibe cartas y llamadas de teléfono todo el tiempo ofreciéndole tarjetas de crédito; hasta recibe tarjetas de crédito por correo postal que puede comenzar a utilizar inmediatamente. ¿Por qué ofrecería cualquier sociedad cuerda crédito a alguien que no puede pagar sus facturas? Lo hacen porque no les importa, son avariciosos, y si pueden ganar un poco más de dinero, eso es lo único que les importa.

> **Debemos desarrollar la paciencia para esperar cosas y las disfrutaremos aún más.**

La avaricia es la raíz de muchas de las deudas. Debemos desarrollar la paciencia para esperar cosas y las disfrutaremos aún más. Recientemente le dije a mi madre que le iba a dar una cantidad en efectivo mensualmente, y cuando ella quisiera comprar cosas especiales tendrían que salir de esa cantidad. Le dije que yo cubriría todas sus necesidades y que le haría regalos de vez en cuando, pero cuando ella "quisiera" algo, tendría que ahorrar para ello de la cantidad que yo le diera. Al principio, a ella no le gustó nada eso, porque estaba acostumbrada a gastar todo lo que quisiera; sin embargo, su sistema no estaba funcionando para mí y, en realidad, yo sabía que no era bueno para ella. ¡Siempre es fácil gastarse el dinero de otra persona!

Por tanto, después de unas dos semanas compartió conmigo lo mucho que le gustaba el nuevo sistema, y dijo que estaba emocionada por ahorrar para lo que ella quisiera. Hasta dijo: "Si tengo que ahorrar mi dinero para conseguir cosas, significarán más para mí". Las tarjetas de crédito permiten a las personas tener gratificación instantánea, pero no creo que disfruten tanto lo que tienen como si tuvieran que esperar un tiempo y ahorrar para comprarlo.

También creo que la disponibilidad de las tarjetas de crédito nos impulsa a todos a comprar cosas que no compraríamos si esperásemos aunque fuera un día más. Las emociones son muchas cuando estamos en el centro comercial con una tarjeta de crédito. Yo he descubierto que cuando me siento emotiva las cosas se ven mucho mejores que cuando mis emociones se calman y estoy en casa. No hace daño comprar cosas; de hecho, con frecuencia uno se siente bien, ¿pero seguirá siendo así cuando tengas que pagar la factura?

Dios no quiere que tengas la presión de las deudas. Estar en deuda no es prosperidad. Según la Palabra de Dios, quien toma prestado es siervo o esclavo del que presta (ver Proverbios 22:7). Las deudas pueden llevarse tu pasión y bloquear tu propósito. Nunca olvides que Jesús murió a fin de que pudieras disfrutar de libertad, no de atadura.

Trabajar, dar, ahorrar y gastar

> Aprende a trabajar, dar, ahorrar y gastar todo dentro de tus actuales límites.

Es importante que aprendas a trabajar, dar, ahorrar y gastar todo dentro de tus actuales límites. Cuando hagas eso, Dios aumentará tus fronteras (capacidad económica) y tú ganarás más dinero, podrás dar más, ahorrar más y gastar más.

Si gastas todo tu dinero, no tendrás nada ahorrado cuando tengas una emergencia. Mi hija recientemente tuvo un accidente de auto que fue culpa suya, así que ella y su esposo tuvieron que pagar los mil dólares deducibles del seguro de su auto para presentar la reclamación. Ella dijo: "Estoy muy contenta de que tengamos ese fondo para emergencias, porque ahora no me siento presionada a intentar conseguir los mil dólares". Los he observado a lo largo de los años vivir de acuerdo a un presupuesto y ahorrar para las cosas que querían. Los he observado decir no a cosas que querían hacer, pero sabían que no podrían hacer, y estar adecuadamente preparados para el futuro. Un poco de disciplina en el presente te ahorrará mucha presión y ansiedad más adelante.

> Un poco de disciplina en el presente te ahorrará mucha presión y ansiedad más adelante.

Dios quiere que prosperes y seas bendecido, pero no quiere que tengas deudas para extras que podrías esperar para obtener. Podrías preguntar qué deberías hacer en cuanto a una casa o un auto. ¿Es correcto tener un préstamo para cosas grandes como esas? La mayoría de las personas tendrán que pedir préstamos para cosas como esas, pero tu objetivo debería ser llegar al punto en que esas deudas sean canceladas y puedas vivir libre de deudas. ¿Suena eso imposible? Bien, ¡no lo es! Hacer pagos extra por préstamos en lugar de comprar otra cosa para la que podrías esperar te ayudará a cancelar las deudas con bastante rapidez. ¡Puedes estar libre de deudas si lo quieres con bastante fuerza! Comienza a orar por ello, creyendo que sucederá, diciéndolo en voz alta, y viéndolo en tu corazón.

Recuerda que Dios puede hacer mucho más abundantemente de lo que te atreves a esperar, pedir o pensar (ver Efesios 3:20). Sé atrevido en lo que pides y apasionado en lo que das.

Seis razones para tener carencias

Comprendo que cuando decidimos creer que Dios quiere prosperarnos, a veces tenemos que tratar con las razones por las cuales algunas personas no prosperan. Como ya he afirmado, hay muchas razones para tener carencias, o no tener, en las vidas de varios individuos. Mencioné que a veces somos probados y sólo necesitamos ser pacientes y diligentes, pero hay otras cosas que vale la pena considerar y que deberíamos ver.

1.Tener una mentalidad de pobreza. Muchas veces nuestro entusiasmo por lo que Dios quiere hacer con nosotros se ve apagado por el sentimiento de que podemos pedir demasiado a Dios. Bajamos nuestras expectativas hasta el punto de que cuando Dios está listo para usarnos, perdemos la oportunidad porque seguimos pensando que nunca podremos tener lo que realmente deseamos. No pedimos lo mejor y nos conformamos con mucho menos de lo que Dios quiere dar. Es como la ocasión en que un supuesto adivino estudió la mano de un joven y le dijo: "Serás pobre y muy infeliz hasta que tengas treinta y siete años".

El joven dijo: "Bien, después de todo, ¿qué sucederá? ¿Seré rico y feliz?".

"No", dijo el adivino, "seguirás siendo pobre, pero para entonces te habrás acostumbrado a ello".

Desde luego, no creemos ni recomendamos a los adivinos, pero este ejemplo establece un buen punto. Podemos llegar a acostumbrarnos a vivir de cierta manera y aceptarla como el modo en que son las cosas sin siquiera buscar nunca para descubrir si hay una manera mejor.

Dios normalmente no te da lo que tú no puedes verte a ti mismo teniendo. Él le dijo a Abraham que le daría todo lo que él pudiera ver (ver Génesis 13:14-17). Algunas personas han experimentado toda una vida de pobreza traspasada de otras generaciones, pero no deberían negarse a creer que pueden ser prósperas sólo porque no lo hayan experimentado aún. Recuerda: Dios se agrada en la prosperidad de sus siervos (ver Salmo 35:27).

Algunas denominaciones religiosas realmente se oponen a cualquier tipo de enseñanza que diga que Dios quiere que su pueblo tenga prosperidad. A las personas que enseñan de la prosperidad con frecuencia se les denomina "predicadores de la prosperidad". Con frecuencia, me preguntan en entrevistas si yo soy una predicadora de la prosperidad, a lo cual yo respondo: "Bien, ¡no le pido a Dios pobreza!". ¡No aliento a las personas a ser pobres! Yo quiero disfrutar mi vida y ayudar a otras personas, y por mi estudio de la Palabra de Dios, creo que también es su voluntad. Yo quiero darles a las personas esperanza de que cada área de sus vidas puede mejorar.

Mis padres nunca tuvieron mucho cuando yo era pequeña. No éramos pobres, pero me fui de casa a la edad de dieciocho años con la actitud: "Yo no puedo permitírmelo". Oí eso durante toda mi vida, así que eso era lo que creía. La mayoría de las personas probablemente dicen miles de veces en su vida: "No puedo permitirme eso". Al final, aprendí a decir: "No sería sabio para mí comprar eso en este momento, pero algún día podré hacerlo".

Debido a mi mentalidad, yo siempre compraba lo más barato de todo. No compraba nada a menos que estuviera de oferta, hasta que finalmente comprendí que estaba gastando más dinero en gasolina buscando algo que estuviera de oferta de lo que habría gastado si lo hubiera comprado a su precio regular. Me sentía privada; sin embargo, aun cuando tenía dinero, no estaba dispuesta a gastarlo para tener cosas bonitas. Dios tuvo que tratar realmente conmigo acerca de mi actitud. Él realmente me dijo que tenía una mentalidad barata, y fueron necesarios algunos pasos de fe valientes y atrevidos para cambiar. Yo quería cosas más bonitas, pero siempre tenía temor a gastar el dinero. No compraba lo que me gustaba de verdad, sino que compraba lo que fuese menos caro. Mi esposo era todo lo contrario. Si teníamos el dinero, él compraba lo que quería de verdad y me animaba a que yo hiciera lo mismo.

Si sospechas que tienes lo que yo denomino "mentalidad de pobreza", te aliento a que cambies tu manera de pensar, a que cambies lo que confiesas, y a que comiences a creer que llegará el día en que puedas tener lo mejor que la vida puede ofrecer. La Biblia dice que tú eres cabeza y no cola, que estás por encima y no por debajo, y que puedes prestar a muchas naciones y sin embargo nunca tendrás que pedir prestado (ver Deuteronomio 28:12-13).

> ¿Debería nuestra enseñanza bíblica estar basada en el temor porque las personas hacen malas elecciones?

Algunas personas que sienten que está mal que los cristianos tengan muchas cosas tienen temor a que la gente se vuelva egoísta y se desequilibre. Siempre habrá personas que manejan mal el dinero, ¿pero debería nuestra enseñanza bíblica estar basada en el temor porque las personas hacen malas elecciones?

Yo no creo que sea posible hacer un profundo estudio del tema del dinero en la Biblia y decir que Dios no quiere que su pueblo lo tenga. Jesús habló más sobre el dinero que sobre el cielo y el infierno. Un quince por ciento de sus sermones incluye enseñanza sobre dinero. Cerca de la mitad de las parábolas lo mencionan, y hay aproximadamente dos mil versículos en la Biblia que hablan sobre dinero. ¡Yo diría que el dinero era un tema bastante importante para Él!

Es muy interesante para mí que nadie pareciera tener ningún problema con que las personas fuesen ricas en el Antiguo Testamento. Ellos vivían bajo el Antiguo Pacto, el cual claramente incluía bendiciones materiales para aquellos que seguían los mandamientos de Dios. El Nuevo Pacto se decía que era mejor en todos los aspectos, y sin embargo cuando entramos en el Nuevo Testamento, comenzamos a ver a personas que acusaban hasta a los apóstoles de tener hambre de dinero porque recibían ofrendas. Yo siempre me pregunté sobre eso hasta que Dios me mostró que fue sólo en el Nuevo Testamento donde Jesús dijo: "Id por todo el mundo y predicad el evangelio a toda criatura" (Marcos 16:15 RV-60). ¡"Id" es caro! Los pecadores no van a financiar la predicación del evangelio, así que si los cristianos no tienen lo que necesitan para sobrevivir, y mucho menos de sobra para dar, ¿quién va a hacerlo? Esto explica para mí por qué el diablo lucha para evitar que las personas tengan suficiente.

Es Dios quien nos da la capacidad de obtener riqueza para que Él pueda establecer su pacto (ver Deuteronomio 8:17-18). Dios, sin duda, no quiere que el mundo (a quien Él trata de atraer a sí mismo) piense que Él no puede o no está dispuesto a cuidar bien de quienes le pertenecen. Dios no es tacaño y con una mente pequeña; Él es generoso y más que suficiente para todo lo que necesitamos.

Dios no sólo da riqueza a las personas, también les da la capacidad para obtenerla. Hay principios piadosos que tenemos que aplicar antes de que Dios pueda multiplicarnos. Ser capaces de vernos a nosotros mismos prósperos es uno de ellos.

2. Tener una boca de pobreza. Lo que está en tu corazón sale de tu boca. Mientras no puedas verte a ti mismo teniendo abundancia y prosperidad, dirás cosas que obstaculicen que Dios te bendiga y ayuden a Satanás a mantenerte pobre.

> Lo que está en tu corazón sale de tu boca.

Si Jesús caminase sobre la tierra en la actualidad, no creo que nunca le oyéramos decir: "No puedo permitirme cosas bonitas", o "Nunca conduciré un nuevo auto o podré comprar mi propia casa". ¿Qué crees tú? Yo estoy bastante segura de que Jesús hablaría de modo positivo y con confianza, y toda su actitud sería de esperar que su Padre celestial se ocupara bien de Él. No podemos esperar vida (cosas buenas) si hablamos muerte (cosas negativas).

Dios da vida a los muertos y llama a las cosas que no son como si ya existiesen (ver Romanos 4:17). Debemos imitar a nuestro Padre celestial en todas las cosas (ver Efesios 5:1); por tanto, deberíamos hablar de la manera en que Dios habla. No digas cosas como: "No puedo permitirme eso". "Nunca podría vivir en una casa tan bonita". "Nunca podría comprar en esa tienda". "Probablemente nunca tendré un auto totalmente nuevo". "Supongo que nunca llegaré a tomarme unas buenas vacaciones". "Este empleo no paga nada, y probablemente nunca podré conseguir otro". "Me gustaría un filete, pero comeré hamburguesas toda mi vida". "Cada vez que obtengo algo de dinero, tengo algún tipo de desastre que me lo roba".

No hables guiado por tus emociones. Cuando estés enojado, sé prudente y refrena tus labios (ver Proverbios 10:19). Comienza a decir lo que Dios dice que puedes tener, no lo que tienes en la actualidad.

3. Celos y envidia. Hay una vieja historia de dos tenderos que eran amargos rivales. Sus tiendas estaban enfrente de la otra. Enseguida llegó a ser más que un juego; se convirtió en una competición de celos, odio y enojo. Una noche se le apareció un ángel a uno de los tenderos en un sueño y dijo: "Te daré cualquier cosa que pidas, pero de cualquier cosa que tú recibas, tu competidor recibirá dos veces más. ¿Serías rico? Puedes ser muy rico, pero él será dos veces más rico. ¿Deseas vivir una vida larga y con salud? Puedes, pero la vida de él será más larga y con más salud. ¿Cuál es tu deseo?". El hombre frunció el ceño, pensó por un momento, y luego dijo: "Esta es mi petición: ¡déjame ciego de un ojo!".

> No tengas celos de las personas que son más prósperas que tú.

No tengas celos de las personas que son más prósperas que tú. Hasta que seamos verdaderamente felices por otras personas cuando son bendecidas, siempre tendremos necesidad. La Biblia dice que los celos son una pérdida de tiempo (ver Tito 3:3). No hagas afirmaciones celosas como: "¿Has visto que anillo lleva ella? Yo nunca me pondría nada tan llamativo. Ella en realidad no puede permitirse un anillo como ese, de todos modos; debe de costar mucho dinero". "Yo nunca me compraría la ropa ahí; lo que cuesta es ridículo. No puedo creer cómo la gente malgasta el dinero". "No hay razón para que nadie conduzca un auto tan caro". "No me importa cuánto dinero tuviera, yo nunca pagaría tanto por una comida". "¿Has oído que ellos se han tomado otras vacaciones?".

"Yo nunca" es una de las afirmaciones más ridículas que las personas pueden hacer, porque normalmente terminan haciendo lo que dijeron que nunca harían.

Cuando ves u oyes de la bendición de otra persona, presta atención a cómo respondes en tu corazón y con tu actitud. Podrías localizar la razón para la carencia en tu propia vida. En lugar de ser celoso, ora para que las personas sean bendecidas aún más de lo que son. Sólo míralos y di: "¡Yo estoy en esa línea!".

Si conoces a una persona piadosa y próspera, observa cómo vive, habla, da, trata a la gente, y maneja su dinero. Deja que esa persona sea un curso universitario para ti sobre "cómo prosperar". Los celos causan peleas. Deberíamos pedirle a Dios lo que queremos y confiar en Él para que nos lo dé en el momento correcto. Si nuestros motivos para pedir son incorrectos, no recibiremos lo que pedimos. Ser celoso no es un motivo piadoso (ver Santiago 4:1-3).

4. No dar todo lo que Dios te dice que des. Dios dijo que deberíamos llevar todos los diezmos al almacén (ver Malaquías 3:8-12). Un diezmo es el primer 10 por ciento de todos tus ingresos. En lugar de decir: "Estoy diezmando de mi salario; por tanto, ¿realmente tengo que diezmar de ese extra, o del beneficio de la venta de mi casa, o de esa herencia?", deberíamos estar emocionados por dar todo lo que Dios pide. Él nunca trata de quitarnos nada, sino que nos pone en una posición para poder bendecirnos más.

Jesús pidió a un joven rico que hiciera un sacrificio especial, y él no pudo hacerlo. La Biblia dice que el joven se fue triste porque era muy rico (ver Marcos 10:21-30). Yo creo que si ese joven lo hubiera dado todo, como Jesús le pidió, más adelante habría recibido aún más de lo que dio.

Ananías y Safira sólo dieron parte de lo que se habían comprometido a dar y cayeron muertos. Sí, eso es bastante severo, pero quizá Dios esté tratando de comunicarnos lo importante que es la obediencia utilizando el ejemplo de ellos (ver Hechos 5:1-10). Abel dio una ofrenda aceptable, pero Caín no lo hizo. Caín dio algo, pero no era lo que Dios pidió. Dios se agradó de Abel, pero no se agradó de Caín; como resultado, Caín se volvió celoso y mató a Abel, y terminó viviendo con una maldición toda su vida. Todo se debió a que él no estuvo dispuesto a darle a Dios lo mejor (ver Génesis 4:3-8). Por el contrario, los macedonios suplicaron una oportunidad de dar, aunque tenían sus propios problemas (ver 2 Corintios 8:1-4). ¿La actitud de quién crees que a Dios le gustó más? ¿Quiénes crees que se pusieron a sí mismos en posición para un ascenso? No es difícil pensarlo, así que te aliento encarecidamente a dar todo lo que Dios pide, y nunca lo lamentarás. Puede que a tu carne no le guste al principio, pero cosecharás abundantes recompensas más adelante.

> Da todo lo que Dios pide, y nunca lo lamentarás.

5. Tener conflicto (peleas, discusiones, amargura, resentimiento y falta de perdón) en tu vida. La Biblia dice en el Salmo 133 que donde hay unidad, Dios envía bendición. ¡Guau! Eso me dice que seré un hacedor y mantenedor de la paz, y eso me bendecirá. Yo creo que hay muchas personas que esperan que Dios les capacite para prosperar, puede que hasta den, pero están enojadas y ofendidas la mayor parte del tiempo. Dios no puede bendecir ese tipo de actitud.

¿Estás orando y creyendo en Dios para que haya incremento en tu vida? Si es así, debes recordar que la fe obra mediante el amor (ver Gálatas 5:6). Podemos orar en fe por abundancia y prosperidad, pero si no estamos caminando en amor, nuestra fe no tiene energía tras ella. Cuando oras, si tienes alguna cosa contra alguien, deberías dejar de orar y soltarlo. Debes perdonar por completo a fin de que tus oraciones sean perdonadas (ver Marcos 11:25-26). ¿Estás orando por un ascenso y un aumento en el trabajo, pero estás furioso con el jefe, que es quien tendrá que aprobarlo?

Jane era madre soltera que trabajó mucho durante cinco años en la empresa local eléctrica, y ella realmente necesitaba un buen aumento para ayudarla a sostener a su familia adecuadamente. Jane seguía estando amargada con su ex esposo, que la engañó y rara vez pagaba la manutención de su hijo. Ella también había estado enojada con su jefe por dos años porque a otro compañero de trabajo le dieron un puesto que Jane quería. En cada oportunidad que Jane tenía, hablaba de manera desagradable sobre su esposo y su jefe; lo hacía tan mal que sus amigos comenzaban a aborrecer estar cerca de ella. Hasta sus hijos habían observado lo negativa y amargada que ella se había vuelto.

Jane estaba orando y, según su terminología, "realmente creyendo en Dios" para el aumento, pero seguía sin llegar. Entonces, una semana tuvo a un conferencista invitado que reveló cómo el conflicto evita que las personas sean bendecidas, y ella comprendió que se había tragado el cebo de Satanás y había caído profundamente en su trampa. Ella reconoció su pecado, le pidió a Dios que le perdonara, y comenzó a orar para que su ex esposo y su jefe fuesen bendecidos. Quedó sorprendida cuando después de sólo tres semanas, la llamaron a la oficina del jefe y le ofrecieron un puesto que le supondría un aumento de ocho mil dólares al año y una semana extra de vacaciones. Jane había orado por algo y había bloqueado la respuesta a su propia oración permitiendo que su corazón estuviese lleno de luchas. Me pregunto cuántos otros cientos de miles de personas están haciendo lo mismo y sintiéndose confundidas acerca de por qué no prosperan en la vida.

La sabiduría nos conduce a riquezas, honor y promoción (ver Proverbios 4:8, 8:18). Pero la verdadera sabiduría ama la paz (ver Santiago 3:17). Si no somos amantes de la paz, no estamos caminando en sabiduría y, por tanto, no caminaremos en riquezas, honor y promoción.

6. No ahorrar dinero. Dios manda la bendición sobre el almacén (ver Deuteronomio 28:8). ¿Tienes un almacén? ¿Tienes una hucha, una cuenta de ahorros, un calcetín donde ocultas el dinero, o cualquier cosa que pudieras denominar un almacén? Cuando mi esposo, Dave, era adolescente, tenía un calcetín en el cajón de su armario donde ahorraba dinero. En realidad, ahorró dinero en su calcetín para pagar mil dólares en efectivo para su primer auto, y eso era mucho dinero. La familia de Dave no tenía mucho en forma de dinero, pero él decidió que trabajaría duro y ahorraría; creía que, si lo hacía, Dios le bendeciría, y eso sucedió.

> Comienza un almacén para honrar los principios de Dios y ver cómo Él te bendice.

Inténtalo: comienza a ahorrar para algo que quieras comprar en lugar de cargarlo a una tarjeta. Comienza un almacén para honrar los principios de Dios y ver cómo Él te bendice. Dios puede darte todo tipo de maneras de ganar dinero extra. Dave llegó a trabajar muchas horas extra en su empleo durante el periodo en que estaba ahorrando el dinero para su auto. Quién sabe, quizá si nunca hubiera comenzado a ahorrar, no habría tenido una oportunidad de hacer horas extra.

Si las personas no aprenden a ahorrar y tener un almacén, nunca vivirán por encima de su próximo salario. Siempre estarán alejados de la pobreza sólo un salario. Si crees que no puedes ahorrar, entonces estás engañado. Comienza a echar una sincera mirada a las cosas en que malgastas dinero y, en cambio, comienza a ahorrar. Probablemente te sorprenderás por ver hasta dónde llega esa cantidad con el tiempo.

Tienes que atreverte

Mantén una buena relación con el dinero

Está bien disfrutar del dinero, pero no queremos amarlo, al igual que nunca queremos tratar mal a nadie para obtener dinero ni ser deshonesto en nuestra búsqueda de él. Nunca desees dinero por razones egoístas. Claro que es natural querer ser bendecido, pero realmente podemos aprender a disfrutar de bendecir a otros aún más de lo que disfrutamos de ser bendecidos. El siguiente es un test bíblico que podemos hacer frecuentemente para ver si estamos manteniendo una relación correcta con el dinero. Si tenemos el dinero o los bienes para sostener la vida, y vemos a nuestro hermano tener necesidad y, sin embargo, le cerramos nuestro corazón de compasión, entonces no tenemos una relación correcta con el dinero. No está mal tener dinero mientras no permitamos que el dinero nos tenga a nosotros. La Biblia dice que el amor de Dios no puede vivir y permanecer en nosotros si vemos a nuestros hermanos tener necesidad y nos negamos a ayudarlos en alguna manera (ver Juan 3:17).

Yo no creo que Dios quiera que siempre estemos carentes de cosas. Después de todo, Él es el Dios del "más que suficiente", no sólo del "apenas seguir" o "pasarse sin". Sigue los principios de Dios establecidos en su Palabra, y si eres paciente, yo creo que prosperarás en todo aquello en que pongas tu mano. No estoy sugiriendo que todo el mundo sea multimillonario, pero sí creo que todos pueden tener sus necesidades satisfechas y tener sobras abundantes a fin de poder ayudar a quienes tienen necesidad.

CAPÍTULO 15

Ponte en movimiento

Este libro habla de atreverse a vivir con propósito y pasión, y tener un cuerpo fuerte y sano es parte de lo que nos capacita para hacer eso. Todos sabemos que cuando nos sentimos mal físicamente todo se vuelve más difícil. Cuando estamos cansados y privándonos a nosotros mismos de ejercicio y de comidas buenas y nutritivas, los problemas pueden parecer tres veces peores. Es más difícil enfocarse y dedicar la atención necesaria a lo que necesitamos estar haciendo. Sin embargo, estoy aquí para decirte que Dios puede capacitarnos para lograr cosas increíbles aun cuando estemos enfermos. No es deseo de Dios que batallemos continuamente con una mala salud.

Jesús era y es un sanador. Como dije anteriormente, Jesús puede sanarnos donde estemos heridos. En la expiación se compró y se pagó por nuestra salvación, al igual que por nuestros pecados. Expiación significa reconciliación. Jesús murió por todo nuestro ser: cuerpo, alma, y espíritu, mente, voluntad y emociones. Él derramó su sangre para que nuestros pecados y todos sus efectos pudieran ser perdonados y vencidos.

> "Ciertamente él cargó con nuestras enfermedades
>   y soportó nuestros dolores,
>   pero nosotros lo consideramos herido,
>   golpeado por Dios, y humillado.
> Él fue traspasado por nuestras rebeliones,
>   y molido por nuestras iniquidades;
>   sobre él recayó el castigo, precio de nuestra paz,
>   y gracias a sus heridas fuimos sanados."
> —ISAÍAS 53:4–5

Estos hermosos versículos describen proféticamente lo increíble que Jesús hizo por nosotros cuando murió y derramó su sangre en la cruz del Calvario.

Yo creo que muchas personas creen erróneamente que Jesús murió sólo para resolver sus problemas espirituales. Creen que Él perdona el pecado, pero no creen necesariamente que Él haga nada en cuanto a los resultados del pecado. Reconocen el regalo de la vida eterna, pero como lo expresó una mujer recientemente, también creen que debemos "sufrir aquí" hasta que lleguemos al cielo. En otras palabras, el cielo es estupendo, pero la vida es algo que debemos soportar y tratar de sobrellevar. El cielo es la recompensa, pero la vida es la prueba. Dicho de otro modo, el cielo es nuestra atracción favorita del parque de ocio, y la vida es la fila para llegar allí.

El pecado aún existe en el mundo, pero Dios ha proporcionado un camino por medio de Jesucristo para que nuestros pecados fueran continuamente perdonados. La enfermedad existe en el mundo, pero podemos pedir sanidad y creer que Dios sanará.

¿Es la voluntad de Dios la sanidad física?

Algunas personas creen que Dios quiere que estén enfermas. Si ese es el caso, entonces me pregunto por qué van al medico y tratan de ponerse bien. Si Dios quiere que las personas estén enfermas, ¿por qué sanaba Jesús a la gente? Es importante que conozcamos la voluntad de Dios; de otro modo, no podemos liberar nuestra fe para recibirla.

En Mateo 5, 8 y 9, Jesús limpió a un leproso, sanó al siervo del centurión, a la suegra de Pedro, a un hombre paralítico, y a una mujer que había tenido hemorragias por doce años. Él echo demonios de un hombre que estaba poseído y resucitó a una muchacha de la muerte. Él abrió los ojos de dos hombres ciegos y le dio a un mudo la capacidad de hablar.

"Jesús recorría todos los pueblos y aldeas enseñando en las sinagogaçs, anunciando las buenas nuevas del reino, y sanando toda enfermedad y toda dolencia."
—MATEO 9:35

Si vamos a creer la Palabra de Dios, debemos creer que la naturaleza de Dios es sanar. Mencioné 3 Juan 2 en nuestro anterior capítulo, que dice: "Querido hermano, oro para que te vaya bien en todos tus asuntos y goces de buena salud, así como prosperas espiritualmente". Parece que es importante para Dios que tengamos una vida próspera en todas las áreas, incluyendo la buena salud.

¿Cómo podemos recibir sanidad de Dios?

Santiago dijo que no tenemos porque no pedimos. Puede que haya miles de personas que leen esto y que nunca le hayan pedido a Dios que las sane físicamente, simplemente porque no sabían que esa era su voluntad. Si ese es el caso, necesitas pedirlo.

Pide en fe sin dudar ni vacilar (ver Santiago 1:6), y está seguro acerca de lo que le pides a Dios que haga por ti. No dejes que tus circunstancias te hagan dudar. Cree que el poder sanador de Dios está obrando en ti, aun si no sientes o ves ningún cambio aún. ¿Acaso no es eso lo que hacemos cuando tomamos medicinas? Vamos al medico, obtenemos una receta, y comenzamos dudosamente a tomar nuestra medicina. A veces nos tomamos una botella entera y nos recetan otra porque seguimos teniendo problemas, pero seguimos tomándola porque creemos en nuestro medico cuando él dice que esa medicina funciona.

> La Palabra de Dios es como una medicina: tiene poder inherente que sana.

La Palabra de Dios es como una medicina: tiene poder inherente que sana. La Palabra de Dios afirma que deberíamos estar atentos a las palabras de Dios, porque son vida para aquel que las encuentra, sanidad y salud para toda su carne (ver Proverbios 4:20-22).

La palabra hebrea para "salud" es "medicina". En Éxodo 15:26, la traducción de Isaac Leiser dice: "Yo soy el Señor tu Médico". Al poner juntos Proverbios 4:20-22 y Éxodo 15:26, podríamos traducirlos como: "Yo soy el Señor tu Médico, y la medicina que yo receto es mi Palabra". ¡Poderoso!

Yo siempre aliento a las personas a que confiesen la Palabra de Dios en voz alta y mediten en ella frecuentemente para ayudarles en cualquier tipo de situación. El Salmo 107:20 dice: "Él envió su palabra y los sanó". Cuando las personas llaman a nuestra oficina para pedir oración cuando están enfermas, nosotros con frecuencia les enviamos una lista de versículos que hablan sobre la sanidad que les recomendamos que confiesen en voz alta. Les decimos que lo hagan tan diligentemente como se tomarían una medicina, y hemos tenido informes fabulosos de personas que han recibido sanidad.

Para recibir sanidad de Dios, con frecuencia tenemos que ser pacientes y firmes. Los milagros a veces se producen al instante, pero la sanidad frecuentemente es un proceso que toma tiempo.

> Los milagros a veces se producen al instante, pero la sanidad frecuentemente es un proceso que toma tiempo.

Una buena amiga mía llamada Pennie sufrió por veinte años un problema de espalda que le causaba mucho dolor. Hizo todo lo que se podía hacer, menos la cirugía, la cual el médico no recomendaba. ¡Ella finalmente llegó al punto en que sabía que necesitaba un milagro! Yo creo que Pennie es una mujer piadosa y, sin duda alguna, una mujer de oración; ella oraba a menudo a lo largo de los años sin ver cambiar sus circunstancias, pero seguía esperando en Dios para recibir su sanidad. Aunque Dios no le quitó el dolor de inmediato, sí que la fortaleció y la capacitó para que criase a sus hijos y realizase todas sus obligaciones como esposa de pastor.

Un día, mientras Pennie estaba orando por su situación, la cual parecía estar empeorando, Dios inspiró estas palabras en su corazón:

"Corre a tu milagro". Ella no estaba segura de lo que Él quería decir, pero lo primero que le vino a la mente fue correr una maratón, lo cual, desde luego, era imposible para ella en su estado. Fue a visitar a su médico, quien la miró y le dijo que eso era imposible. Pennie dijo: "Bien, entonces Dios tendrá que hacerlo".

Ella comenzó a entrenarse para correr una maratón, y cuando comenzó sólo podía aguantar corriendo la mitad de un bloque en su subdivisión. Continuó con su entrenadora por seis meses, y finalmente llegó el momento de correr la maratón de veintiséis millas. Unos días antes de la carrera, empezó a dolerle la rodilla, y le dolía tanto que cojeaba.

Todo el razonamiento le decía que ella nunca podría correr la carrera, pero su fe era tan fuerte que le dijo a su esposo: "Voy a correr en esta carrera aun si tienes que llevarme en brazos hasta la línea de salida".

El día de la carrera, ella fue cojeando hasta la línea de salida, y cuando estaba allí de pie su espalda dejó de dolerle y nunca le ha dolido ni un día más desde entonces, lo cual sucedió hace tres años. ¡Dios sigue sanando y haciendo milagros en la actualidad!

> ¡Dios sigue sanando y haciendo milagros en la actualidad!

Entonces, ¿por qué tuvo ella que esperar tanto tiempo? ¿Por qué le dijo Dios que corriese a su milagro? No tenemos las respuestas a esas preguntas, pero se nos dice que seamos pacientes, obedientes, diligentes, decididos, firmes y llenos de fe. La fe ve lo que aún no tiene, pero cree que puede tener, basada en la Palabra de Dios.

> La fe ve lo que aún no tiene, pero cree que puede tener, basada en la Palabra de Dios.

Recibimos las promesas de Dios por medio de la fe y la paciencia (ver Hebreos 10:35-36). Por tanto, si tienes necesidad de sanidad, te aliento a que ores y no desmayes.

¿Debería tomar medicinas?

Con frecuencia, surgen preguntas acerca de si tomar medicinas. Algunas personas han dicho que si permanecemos en fe para recibir una sanidad, deberíamos confiar solamente en Dios y no tomar medicinas. Puede que Dios le indique eso a alguien en una situación concreta, pero en cuanto a mí, no creo que ese sea un requisito que debamos cumplir a fin de recibir sanidad sobrenatural. De hecho, creo que puede haber ocasiones en que sería totalmente necio no tomar medicinas. Me gusta Proverbios 18:9: "El que es negligente en su trabajo confraterniza con el que es destructivo".

Algunas medicinas probablemente debieran evitarse, porque los efectos secundarios son peores que la enfermedad original, pero esas son áreas por las que debemos orar y recibir dirección de Dios.

Muchas personas hoy día están optando por utilizar métodos alternativos, entre los cuales se incluye la nutrición y otros tratamientos sanitarios realizados sin dañinas medicinas. Yo creo que siempre que podamos ayudarnos de manera natural, es mucho mejor que introducir un producto químico en nuestro cuerpo. Yo sí tomo medicinas, pero no las tomo si puedo evitarlo. La mejor política es buscar a Dios con respecto a lo que haces antes de hacer nada. Seguir su dirección siempre va a funcionar mucho mejor que ninguna otra cosa.

Buscar a Dios con respecto a lo que haces antes de hacer nada.

¿Por qué se enferman las personas?

Antes de que el pecado entrara en el mundo, no había enfermedad. El hombre estaba tan sano y estaba tan fuerte que Adán vivió 930 años antes de morir. En la actualidad, la duración de la vida que se espera en los Estados Unidos es de 77.6 años, y en todo el mundo es de 64.2. La enfermedad puede estar causada, aunque no siempre lo está, por el pecado personal. Frecuentemente es el resultado del principio del pecado y del deterioro que causa el pecado, el cual obra en el mundo hoy día. Estamos en el mundo, la enfermedad está en el mundo, y a veces nos chocamos.

> La enfermedad puede estar causada, aunque no siempre lo está, por el pecado personal.

La Biblia con frecuencia vincula el pecado y la enfermedad. Dios perdona todas tus iniquidades y sana todas tus enfermedades (ver Salmo 103:3). "La oración de fe sanará al enfermo y el Señor lo levantará. Y si ha pecado, su pecado se le perdonará" (Santiago 5:15). Jesús perdonó los pecados del paralítico antes de sanarlo (ver Mateo 9:2).

En la Biblia, leemos de un hombre que nació ciego, y cuando los fariseos cuestionaron a Jesús acerca de si su ceguera era el resultado de su propio pecado o del de sus padres, Jesús contestó que no era de ninguno; Él dijo que el hombre había nacido ciego para que el poder de Dios pudiera mostrarse por medio de él.

Probablemente hay más enfermedades en el mundo en la actualidad que en ninguna otra época. Nuestros alimentos con frecuencia están vacíos de vitaminas y minerales, nuestra agua y aire pueden estar contaminados, los niveles de estrés son demasiado elevados en la mayoría de los individuos, y algunas personas no duermen bastante ni hacen suficiente ejercicio. En general, yo creo que es seguro decir que la mayoría de las personas no cuidan de sí mismas como deberían. Sus cuerpos están en un estado de agotamiento, y cuando los gérmenes llegan, es muy fácil agarrar cualquier enfermedad que ellos representan.

Cuida mejor de ti mismo

> Estás siendo egoísta si no cuidas de ti mismo.

¿Estás siendo egoísta si empleas tiempo y dinero para cuidarte a ti mismo? ¡Claro que no! De hecho, creo que estás siendo egoísta si no cuidas de ti mismo. Tu cuerpo es el templo del Espíritu Santo (ver 1 Corintios 6:19). Dios vive en ti; Él una vez vivió en el tabernáculo o el templo, pero ahora mora en aquellos que creen en Él y han aceptado a Jesús como su Salvador.

La Biblia en realidad dice que Dios hace su hogar en aquellos que reciben a Jesús como su Salvador personal (ver 1 Juan 4:15). Eso es un privilegio, pero también es una responsabilidad. ¡Necesitamos cuidar la casa de Dios! Él se ha invertido a sí mismo en nosotros y nosotros también deberíamos invertir. Toma tiempo para cuidar de ti mismo. Si agotas el cuerpo que tienes ahora, no puedes ir a unos grandes almacenes y comprar otro.

Toma tiempo para aprender sobre nutrición, cocinar de manera sana y hacer saludables elecciones en tu estilo de vida. Algunas personas están enfermas todo el tiempo meramente porque no se respetan lo bastante para cuidar de sí mismas. En mi libro *Luzca estupenda, siéntase fabulosa*, escribí que creo que las personas en los Estados Unidos están en una crisis de respeto a sí mismas. Lo que quiero decir es que muchas personas se sienten mal consigo mismas porque otras las han devaluado, y la opinión que tienen de sí mismas les hace más daño que cualquier otra cosa.

> Las personas deben amarse a sí mismas de modo equilibrado o pasarán toda una vida de desgracia.

Las personas deben amarse a sí mismas de modo equilibrado o pasarán toda una vida de desgracia. Nunca puedes alejarte de ti mismo ni siquiera por un momento, así que aprende a amarte y apreciarte a ti mismo, porque Dios lo hace. Él te ama con un amor inagotable y, ya sabes, hasta le gustas. Todos nos volvemos locos por la forma de los dedos de nuestros pies o nuestras pecas, pero Dios cree que son bonitos. Él cree que somos maravillosos. Puede que hayas sentido en la vida que fuiste elegido para que te señalen, pero la buena noticia es que Dios te eligió para elevarte. Él te elevará y hará que tu vida sea significativa.

> **Dios te eligió para elevarte.**

Si necesitas sanidad o no quieres enfermarte, entonces haz un compromiso de cuidar mejor de ti mismo. Si haces lo que puedes hacer, Dios hará lo que tú no puedes hacer. ¿Sería mejor recibir una sanidad o vivir en salud divina? Desde luego que la salud divina sería mejor. Si es eso lo que quieres, tendrás que aprender algo sobre la medicina preventiva, y eso significa cuidar de ti mismo antes de ponerte enfermo. Sólo eliminar el exceso de estrés en tu vida puede evitar la enfermedad; por tanto, ¿por qué no comenzar hoy a hacer mejores elecciones? El apóstol Pablo tuvo un compañero de trabajo que se puso tan enfermo por trabajar demasiado en el ministerio que casi muere. Ninguno de nosotros puede romper regularmente las leyes de Dios en cuanto a la salud y salir impune. ¡El momento es ahora! Sé proactivo en lugar de ser reactivo. Sé apasionado (ten un fuerte deseo) en cuanto a cuidar de tu cuerpo y luego síguelo con elecciones en tu estilo de vida que te ayudarán a alcanzar tu objetivo. Obtén información sobre salud y los beneficios del ejercicio y una buena nutrición.

Evita atascar tu cuerpo con estrés y sentimientos negativos

Con frecuencia, cuando nos ponemos enfermos, los culpables pueden ser realmente la ira y la falta de perdón. La Biblia nos dice que esas dos emociones negativas abren una puerta para que el diablo nos cause daño (ver Efesios 4:26-27; 1 Corintios 1:10-11). "El corazón tranquilo da vida al cuerpo, pero la envidia corroe los huesos" (Proverbios 14:30). Cuídate de las cosas negativas y recuerda que los sentimientos negativos enterrados vivos simplemente nunca mueren; se quedan dentro de nosotros, carcomiendo como un cáncer nuestra salud espiritual, mental, emocional y física.

> Los sentimientos negativos enterrados vivos simplemente nunca mueren.

El apóstol Pablo dijo que una amplia puerta de oportunidad se le abrió y, con ella, muchos adversarios. A veces, el diablo nos ataca con enfermedad simplemente porque nos va bien y él quiere distraernos.

Yo he experimentado varios desafíos de salud en mi vida, y sé por experiencia que es mucho más difícil ser amable, desear orar y servir a otros cuando estamos centrados en el dolor o la desgracia en nuestro cuerpo.

El día antes de salir para un viaje misionero a Ruanda, me enfermé. No tan enferma como para no poder ir, o no ser capaz de funcionar, pero sí lo bastante enferma para hacer el viaje difícil. Lamentablemente, me puse aún más enferma después de salir y dirigirme a la Unión Soviética para ministrar allí. Un mosquito me picó en un lado del ojo y se me hinchó y se me cerró, lo cual nunca me había sucedido por la picadura de un mosquito. Tuve problemas de estómago, llagas en la lengua, una infección de sinus, mal la garganta, todo lo cual me hacía muy difícil predicar, pero Dios me capacitó para hacer todo lo que tenía que hacer.

Durante esos momentos en que es totalmente difícil, yo trato de permanecer firme y seguir haciendo lo que creo que Dios me está llamando a hacer. También trato de pensar en cómo me puse tan enferma y luego intento aprender cómo cuidarme mejor en el futuro.

> No aceptes la enfermedad y te apropies de ella.

No aceptes la enfermedad y te apropies de ella. Con frecuencia, oigo a personas decir cosas como: "mis alergias" o "mi úlcera". Lo menos que podemos hacer es no aceptar la enfermedad como si fuera un miembro de la familia y no referirnos a ella de la misma manera en que nos referiríamos a un familiar. Puede que esté de visita, pero deberíamos estar decididos a no permitirle que resida permanentemente.

Jesús es tu Sanador y Él quiere que te sientas energético, fuerte y sano. No te conformes con nada menos. Haz todo lo que puedas para cooperar con el Espíritu Santo, a medida que Él obra para llevarte a un lugar de salud divina.

Tienes que atreverte

¡Di no al estrés!

Una de las cosas que pueden robar nuestra salud y felicidad con más rapidez es el estrés. Comienza con estar tan ocupados que no tenemos tiempo para hacer ejercicio, y luego pasa a no tomar tiempo para comer un almuerzo sano sino agarrar cualquier cosa que haya en la máquina expendedora (si es que comes algo). Beber bebidas con cafeína para darnos energía e ignorar el grito de nuestro cuerpo pidiendo agua, y tener tantos compromisos que no tenemos suficiente descanso o sueños... enseguida nuestros cuerpos están cansados por falta de buena nutrición e hidratación, y de ir a galope sin tiempo para descansar. Nuestro rendimiento ya sea en el trabajo o en cualquier compromiso diario que tengamos comienza a sufrir, y entonces nuestra ansiedad y preocupación se agravan. Es un círculo implacable, pero puede detenerse antes de que llegue tan lejos. Los siguientes son algunos consejos:

1. *Establecer prioridades.* Siempre sé intencional al priorizar lo que es más importante. Haz tiempo para planear lo que quieres y necesitas hacer cada día. Al tomar de diez a quince minutos de tu día para planear, te ahorrarás a ti mismo mucho tiempo y energía malgastados más adelante.

2. *Mantener equilibrio*. Queremos seguir nuestro propósito con pasión, pero no persigamos nuestros sueños a expensas de nuestra familia, nuestra relación con Dios, y otras áreas de nuestras vidas. Pide a Dios que te ayude a mantener las cosas correctas en los lugares correctos.

3. *Toma tiempo libre*. Puede que te sientes presionado a ocuparte de todo y de las necesidades de todos excepto las tuyas. Comprende que no eres una fuente de energía; toma tiempo para relajarte. Lee, toma un baño de burbujas, sal a correr, juega un partido de golf. Haz algo que permita a tu mente recargarse y a tu espíritu refrescarse.

Un espíritu independiente

A veces, Dios usa la enfermedad como un cabestro para empujar a un individuo hacia la voluntad de Él. Watchman Nee, F. F. Bosworth y otros están de acuerdo en este punto. Watchman Nee dijo: "Permitan que lo diga claramente: muchos están enfermos simplemente porque se aman demasiado a sí mismos". A menos que ese desequilibrado amor a uno mismo sea quitado de sus corazones, Dios no puede utilizarlos. Mencioné que deberíamos amarnos a nosotros mismos, pero no quiero decir que debamos estar enamorados de nosotros mismos ni tener en el centro de nuestras vidas a nosotros mismos y nuestros deseos. Dios y su voluntad siempre deben estar en primer lugar.

> Deberíamos amarnos a nosotros mismos, pero no quiero decir que debamos estar enamorados de nosotros mismos.

Yo no creo que Dios haga que la gente enferme, pero sí creo que Él utiliza la enfermedad a veces para castigar a un individuo desobediente, en especial si este se niega a escuchar de alguna otra manera. Él también puede utilizar la enfermedad para hacer que nos calmemos a fin de captar nuestra atención, si nos negamos a calmarnos nosotros mismos. A Dios le encantaría que escucháramos su Palabra y le obedeciéramos, pero nosotros normalmente no nos sometemos tan fácilmente. Con frecuencia somos testarudos e independientes, y esas dos cosas deben desarraigarse de nosotros.

> Él también puede utilizar la enfermedad para hacer que nos calmemos a fin de captar nuestra atención.

Un ministro me dijo que Dios había estado tratando con él por mucho tiempo acerca de quitar el estrés de su vida y vivir un estilo de vida más equilibrado. Él había estado ignorando las advertencias de Dios y finalmente se puso muy enfermo. Mientras se recuperaba, salió a dar un paseo por un parque y al final se tumbó en la hierba para pensar y orar. El Espíritu Santo le recordó el Salmo 23:2, que dice: "En verdes pastos me hace descansar. Junto a tranquilas aguas me conduce". El ministro dijo que desde que se negó a tumbarse y descansar, Dios le hizo descansar. En otras palabras, se puso enfermo y no tuvo otra elección sino descansar.

Cuando Jesús estaba teniendo lo que se denomina la Última Cena con sus discípulos, la Biblia dice que Él partió el pan, lo bendijo, y se lo dio a ellos. Piensa en eso: partido, bendecido y dado. Dios tiene que partirnos, Él nos bendice, y luego nos da al mundo para que lo ayudemos. Una persona independiente y que confía en sí misma no es la que está quebrantada o partida. Cuando estamos partidos dependemos de Dios, nuestra confianza está en Él, y somos moldeables en sus manos.

La historia del hijo pródigo en la Biblia comienza al decirle él a su padre: "Dame mi herencia". Pero después de perderlo todo y terminar comiendo con los cerdos, regresó a su padre y dijo: "Hazme como uno de tus sirvientes contratados" (ver Lucas 15:11-24). Debemos pasar del "dame" al "hazme" antes de que Dios pueda hacer mucho con nosotros. Él quiere que estemos totalmente comprometidos con Él a fin de que Él pueda hacer cualquier cosa que tenga que hacer a fin de lograr su propósito.

Pide a Dios que te parta, te bendiga y te dé al mundo como una bendición. Pídele que quebrante tu corazón con las cosas que quebrantan el de Él.

> Pide a Dios que te parta, te bendiga y te dé al mundo como una bendición.

Sueña en grande y nunca cedas

Sean Swarner es el primero y único superviviente de cáncer en culminar la montaña más alta del mundo: el monte Everest. A la edad de trece años le diagnosticaron la enfermedad de Hodgkin y le dieron tres meses de vida. Dos años después, a la edad de quince, a Sean le diagnosticaron sarcoma de Askin. El pronóstico era mucho peor que el anterior descubrimiento, y los médicos le dieron sólo dos semanas de vida. Pero, al igual que la primera vez, Sean sobrevivió.

Al ser la única persona en el mundo que tuvo esos dos cánceres, y no morir para contarlo, Sean se propuso compartir su historia para motivar a otros e influenciar vidas. El día 16 de mayo de 2002, a las 9:32 de la mañana, se convirtió en el primer superviviente de cáncer en estar en pie en el monte Everest.

Desde entonces, él ha alcanzado las cumbres de tres más de los siete picos más elevados y ha hablado por todo el mundo acerca de su vida y de sus aventuras a incontables personas y organizaciones. En la cumbre del Everest, y esencialmente del mundo, dejó una bandera decorada con nombres de personas afectadas de cáncer, conmemorando para siempre la batalla contra el cáncer de pacientes en todo el mundo.

Sean hizo lo mismo en los puntos más elevados en África, Europa, y recientemente en su ascenso del Aconcagua, de ventitres mil pies de altura, en Sudamérica. Dice que su objetivo final es escalar la montaña más alta de cada continente e ir al Polo Norte y al Sur. Su pasión es "cubrir el planeta de inspiración". Quiere realizar esas expediciones no sólo para sí mismo, sino también para inspirar a quienes están afectados por el cáncer y a cualquier otra persona a soñar en grande y nunca ceder.[1]

Si Sean pudo hacer lo que ha hecho, sin duda, nosotros podemos ser un poco más atrevidos, aventureros y apasionados por la vida. No todos tenemos que escalar una montaña (al menos sé que yo no), ¡pero todos deberíamos tener grandes sueños y no ceder nunca!

Cuando pensamos en nuestro bienestar físico, necesitamos tener en mente que cómo nos sintamos físicamente afectará cómo nos sentimos emocionalmente. Nuestra emoción e impulso por seguir el plan de Dios para nuestras vidas sólo pueden crecer cuando mantenemos un estilo de vida sano, pero pueden ciertamente debilitarse y quedar heridos si no hacemos el esfuerzo de cuidarnos a nosotros mismos. Sé intencional en tu búsqueda de un cuerpo sano, y creo que verás una diferencia positiva que te ayudará a tener una mejor calidad de vida.

CAPÍTULO 16

Nunca tires la toalla

Recuerdo oír una historia sobre un muchacho que seguía de pie en la iglesia, aunque su madre repetidamente le decía que se sentase. Después de una seria advertencia de su madre acerca de lo que le sucedería si no se sentaba, finalmente lo hizo. Después de unos minutos de estar sentado en el banco de la iglesia, el muchacho miró a su madre y dijo: "Puede que esté sentado, pero sigo estando de pie en mi interior".

> No siempre podemos controlar todas nuestras circunstancias, pero podemos controlar la actitud de nuestro corazón.

Eso es lo que todos tenemos que hacer si hemos de ver cumplido nuestro destino. Todos experimentamos desengaños en la vida y soportamos muchas cosas que intentan comunicar el mensaje de que no podemos lograrlo o que no tendremos lo que habíamos esperado. No siempre podemos controlar todas nuestras circunstancias, pero podemos controlar la actitud de nuestro corazón. ¡Una persona que se niegue a tirar la toalla tendrá éxito! Sus circunstancias puede que le tengan "sentado" durante un tiempo, pero si sigue estando de pie en su interior, sobrevivirá a sus circunstancias y finalmente verá cumplirse sus sueños. Nuestra actitud debe ser: ¡Nunca tiraré la toalla!

Vencer tu pasado

Todos tenemos un pasado de algún tipo que intenta mantenernos atrapados. Nuestros errores y desengaños del pasado gritan en voz alta que nuestras vidas nunca cambiarán, pero no es cierto en absoluto. Nuestro pasado sólo tiene el poder que nosotros le damos, y ninguno más. La Palabra de Dios es clara con respecto a qué hacer sobre el pasado: ¡soltarlo! Eso significa que deberíamos creer que no tiene poder para hacernos daño o afectar nuestro futuro. Este es un nuevo día y Dios tiene un plan para todos aquellos que estén dispuestos a soltar el pasado y seguir adelante. ¿Estás preparado?

Deja de pensar en lo que perdiste y comienza a ver lo que has dejado atrás. Aun si no te parece mucho, Dios puede utilizarlo para hacer grandes cosas. Tu futuro no está basado en lo que tienes, sino en quién es Dios y en sus promesas para ti.

> Tu futuro no está basado en lo que tienes, sino en quién es Dios y en sus promesas para ti.

¿Cuánto tiempo te lamentarás por lo que no funcionó en tu vida? ¿Cuándo soltarás lo que has perdido? ¿Cuándo te sobrepondrás a lo que se te ha robado, tus pecados del pasado, tus relaciones fallidas? ¿Estás preparado para liberar todo lo que hay en tu pasado y tener un nuevo comienzo? Dios está preparado, pero si tú no lo estás Él tiene que esperar hasta que tengas una actitud correcta; Él tiene que esperar hasta que tengas una actitud de fe, que tiene todo que ver con el ahora y siempre deja el pasado en manos de Dios, creyendo que Él es lo bastante grande para sacar algo bueno de ello. La fe siempre obra en el presente. Cree en este momento que Dios puede ocuparse del pasado y del futuro. La fe dice: "Hoy es un regalo de Dios para mí y lo viviré plenamente".

> La fe siempre obra en el presente.

El pasado evitará que pases al futuro que Dios ha planeado para ti. Si sigues aferrándote a lo que ya terminó, nunca experimentarás ninguna otra cosa sino tristeza y lamento por algo por lo que no puedes hacer nada. No te aferres a algo viejo sólo porque es familiar. Atrévete a dar un paso de fe y decir: "¡Lo intentaré otra vez!".

Chuck Colson es un ejemplo estupendo de sobreponerse al pasado. Él era un hombre que, en una ocasión, fue el hombre más temido en Washington, D.C. Como consejero legal y asistente de Richard Nixon, fue enviado a la cárcel por su papel en el Watergate, pero como resultado de su experiencia como delincuente convicto, pasó a comenzar Prison Fellowship, que ahora es el mayor esfuerzo de alcance cristiano de todo el mundo a prisioneros y sus familias, con más de cincuenta mil voluntarios que trabajan en cientos de cárceles en docenas y docenas de países en todo el mundo. Este ministerio, que ahora bendice a millones de personas, comenzó hace más de treinta años, y todo se debe a que Chuck tomó su pasado y lo convirtió en algo bueno, algo fructífero, y algo eterno. Los propósitos eternos de Dios para ese hombre fueron logrados a pesar del pecado que lo envió a la cárcel. Fue parte del plan de Dios desde el comienzo mismo.

> Tu pasado podría ser algo de hace diez años o podría ser algo de hace diez minutos.

Tu pasado podría ser algo de hace diez años o podría ser algo de hace diez minutos. De cualquier modo, es el pasado y necesita dejarse en manos de Dios, quien puede sacar algo bueno de él.

No te conformes con algo mediocre que no es satisfactorio. Prosigue al siguiente nivel y está decidido a no tirar nunca la toalla.

Yo creo que la determinación y el negarse a tirar la toalla son los ingredientes clave para tener éxito en cualquier área de la vida. Cualquiera que ahora esté disfrutando de satisfacción y contentamiento ya ha tomado la decisión, posiblemente miles de veces, de no tirar la toalla. Yo ni siquiera podría contar las veces en mi propia vida en que tuve que tomar esa decisión. Créeme, hubo muchas veces en que tuve ganas de dejarlo todo; con mucha frecuencia sentía que nunca me sobrepondría a los resultados de mi pasado abusivo. Me parecía que todo en mi vida estaba afectado por ello, y con bastante frecuencia me sentía abrumada. Sentía como si me quedara tanto camino por recorrer que nunca llegaría a mi destino. ¿Alguna vez te has sentido de ese modo, o quizá te sientes así en este momento? Si es así, puedo asegurarte que nada en tu pasado es mayor que Dios, y si te niegas a tirar la toalla disfrutarás de victoria completa.

Me estremezco al pensar en lo que yo me habría perdido en la vida si hubiera tirado la toalla hace años, cuando todo en mi vida parecía tan difícil.

> Puedo asegurarte que nada en tu pasado es mayor que Dios.

Decide en este momento que no te perderás lo mejor que Dios tiene para ti. Haz tu parte teniendo una actitud que dice: "No tiraré la toalla; estoy decidido".

No mires atrás; ya has estado allí, no hay nada nuevo que necesites ver en el pasado. Por el contrario, mira hacia delante a las nuevas, emocionantes y desafiantes aventuras que Dios tiene preparadas para ti: mañana, el mes próximo y en los años venideros. Quizá estés pensando que no quieres otro desafío, pero lo cierto es que fuiste creado para ello. Es parecido al modo en que las aerolíneas entrenan a sus pilotos. En primer lugar, los sitúan en un simulador programado para probar a los pilotos con una variedad de posibles problemas para asegurarse de que puedan manejar cualquier emergencia. Comienzan planteando a los pilotos desafíos sencillos, los cuales finalmente conducen a situaciones desastrosas que ellos deben capear. Es interesante observar que a los pilotos sólo se les dan problemas difíciles después de que dominan los fáciles y menos graves. El resultado es que una vez que esos pilotos han completado esos cursos, están preparados para manejar cualquier problema que encuentren.

> Quizá estés pensando que no quieres otro desafío, pero lo cierto es que fuiste creado para ello.

Es similar al método que tiene Dios de obrar con nosotros. Dios nos enseña cómo manejar los problemas de la vida, pero nunca nos da más de lo que podemos manejar. Él nos enseña por medio de cada situación, a fin de que podamos estar totalmente preparados y ser personas maduras, preparadas para manejar cualquier desafío en la vida.[1] Después de todo, si Dios quitara de nuestras vidas todas las cosas desafiantes, no nos desarrollaríamos adecuadamente. Necesitamos la batalla para sobrevivir.

Una vez oí una historia sobre una abeja a la que llevaron a un viaje al espacio. La atmósfera en el cohete no tenía gravedad, así que la abeja flotaba por allí sin ningún esfuerzo en absoluto. Cuando la tripulación regresó y dio su informe sobre cómo la atmósfera sin gravedad había afectado a la abeja, el informe fue como sigue: "La abeja disfrutó del viaje, ¡pero murió!". Me preocupa que eso pueda sucederle a muchas personas. Buscan algo que no requiera mucho esfuerzo por su parte, se alejan de los desafíos y las dificultades, pero en el proceso mueren por dentro porque Dios no nos creó para vivir ese tipo de vida apática. Él nos creó para buscar y experimentar pasión y entusiasmo cada día.

Sobreponerse al pasado y proseguir hacia el futuro puede que requiera un esfuerzo, ¡pero tú tienes lo que se necesita! No te convenzas nunca de cualquier otra cosa. Mientras creas que puedes, puedes. Cuando comiences a creer que no puedes, no podrás, y será aún más difícil convencerte a ti mismo de que puedes.

¡Levántate!

La palabra "levantarse" simplemente significa ponerse en pie y seguir adelante. Esa puede que sea la respuesta que has estado buscando. A veces convertimos nuestras dificultades en un problema mayor de lo que tiene que ser. Podrías estar preguntando a Dios: "¿Qué quieres que haga? ¿Cómo puedo sobrevivir, cómo puedo vencer?". La respuesta de Dios para ti bien puede ser la que fue para muchas otras personas en la Biblia que experimentaron desengaño con la vida: ¡Levántate!

Durante cuarenta años, Moisés guió a los israelitas por el desierto; aquellas personas dependían mucho de él. Durante cuatro décadas ellos miraron a él para que les llevase en la tierra prometida, pero él murió antes de que llegasen allí. El pueblo lo lamentó, estaba confuso, y no estaba seguro de qué hacer a continuación. Por tanto, Dios habló a Josué, quien iba a ser su nuevo líder, y dijo: "Moisés está muerto. Levántate y haz pasar a este pueblo el Jordán, a la Tierra Prometida".

Josué y el pueblo ya sabían que Moisés estaba muerto, ¿entonces por qué dijo Dios: "Moisés está muerto"? Yo creo que fue una afirmación enfática con la intención de que despertaran al hecho de que sólo tenían dos elecciones: sentarse allí y morir, ¡o ponerse en pie y proseguir!

Cuando Jesús se encontró con un hombre paralítico en el estanque de Betesda, quien estaba esperando un milagro, le preguntó al hombre cuánto tiempo había estado en esa condición. El hombre respondió: "Treinta y ocho años". ¿Dijo Jesús: "Muy bien, sigue esperando y quizá te suceda algo bueno"? ¡No! Le dijo: "¡Levántate!".

Leemos en Miqueas 7:8: "Caí, pero he de levantarme". Ponerse en pie, levantase, es una decisión que tenemos que tomar intencionadamente, no algo que sucede automáticamente. Debemos escoger levantarnos y no quedar atrapados en el pasado.

Hay días en que me siento desalentada y como si no pudiera continuar. Cuando llegan esos sentimientos, leo el siguiente versículo bíblico:

"¡Levántate y resplandece, que tu luz ha llegado!
    ¡La gloria del Señor brilla sobre ti!".
    —ISAÍAS 60:1

Todas las promesas dadas en este versículo están sobre la instrucción de levantarse. Si nos negamos a hacer eso, Dios tampoco hará su parte. Debemos tener suficiente fe para levantarnos y seguir adelante.

Decide hoy: ¿estás tirando la toalla o levantándote? Es fácil tirar la toalla, ¡pero quienes son fuertes en el Señor siempre se levantarán!

> Es fácil tirar la toalla, ¡pero quienes son fuertes en el Señor siempre se levantarán!

¿Se ha secado tu arroyo?

El profeta Elías fue un gran hombre de Dios, pero al igual que el resto de nosotros, experimentó momentos difíciles en su vida. Uno de esos desafíos se produjo durante una hambruna en que no llovió en la tierra por muchos años. Dios le dijo a Elías que fuese al arroyo de Querit y viviese allí porque había provisión de agua. Él también le alimentaba diariamente al hacer que los cuervos le llevaran comida. Todo iba bien cuando, de repente, el arroyo se secó (ver 1 Reyes 17:1-9). Todos tenemos momentos como esos, cuando todo va bien y, de repente, sin advertencia previa, sucede algo que no esperábamos y todo se desmorona. Durante esos momentos, deberíamos recordar que Dios tiene otro plan. Cuando una puerta se cierra, siempre se abre otra. Puede que estemos demasiado molestos para verlo, pero Dios siempre abre un camino para su pueblo.

Cuando el arroyo se secó, Dios le dijo a Elías que se levantara y se fuese a Sarepta, donde Él ya había ordenado a una viuda que le sostuviera. Dios tenía un plan, pero Elías tenía que levantarse. Debemos levantarnos dentro de nuestro corazón antes de levantarnos físicamente.

> Debemos levantarnos dentro de nuestro corazón antes de levantarnos físicamente.

Tienes que atreverte

Prosigue

Te estoy desafiando a que prosigas. Te estoy pidiendo que sigas avanzando. ¿Te levantarás y seguirás? ¿Proseguirás aun si todas las personas que conoces te desalientan y te dicen que cedas y que te enfrentes a la realidad? Podemos enfrentarnos a la realidad, pero eso no significa que tengamos que ceder. La realidad son hechos, pero las promesas de Dios son verdad. Los hechos no son finales, pueden alterarse, pero la Palabra de Dios permanece firme y segura, y es inamovible. La Palabra de Dios es la Roca sobre la cual se nos alienta a que edifiquemos nuestra vida.

Hay ciertos momentos en la vida en que somos más tentados a ceder que en otros momentos. Saber cómo reconocerlos de antemano puede ayudarnos a sobreponernos a ellos. Permite que comparta contigo los que creo que son algunos de ellos, y quizá puedas añadirlos a la lista de tus propias experiencias en la vida.

Si estás desalentado y deprimido, probablemente ni siquiera verás la nueva provisión de Dios. La fe ve lo que no es visible para los ojos, pero la duda y la incredulidad son ciegas a la provisión de Dios. Sé como el muchacho en la iglesia, y cuando tus circunstancias te tengan sentado en el exterior, niégate a sentarte en tu interior. Ten una actitud de determinación y niégate a ser derrotado cuando tu arroyo se seque.

Cuando has esperado más de lo que
creías que tendrías que esperar
Las cosas siempre parecen tomar más tiempo del que creíamos que tomarían. Nos gusta la gratificación instantánea y no somos felices cuando no la obtenemos. Recibir las promesas de Dios requiere fe y paciencia, así que debemos estar decididos a no tirar la toalla si las cosas toman más tiempo del que esperábamos que tomasen.

Dios le dijo a Abraham que Sara, que era estéril y ya había pasado la edad de tener hijos, se quedaría embarazada y le daría un heredero de su propio cuerpo. Esa era la pasión de Abraham, era su sueño, y él se regocijó cuando se le dijo que su sueño se haría realidad. Isaac fue el hijo de la promesa, pero no nació hasta otros veinte años después. Yo ni siquiera puedo imaginar lo que Abraham pensaría durante aquellos años, pero estoy segura de que tuvo miles de veces en que tuvo ganas de tirar la toalla o pensó: ¿Cuál es el caso de creer? ¡Esto no va a suceder nunca! Después de todo, él era un hombre viejo, Sara era una mujer vieja, y ambos envejecían más cada día. Yo he tenido esa conversación con Dios. "Dios, ¿recuerdas cuál es mi edad? No me estoy volviendo más joven, ya lo sabes. Si vas a hacer lo que dijiste que harías, ¿no crees que es mejor que lo hagas antes de que yo sea demasiado vieja para hacerlo?". Desde luego, es una conversación tonta, porque la edad no significa nada para Dios. Nunca somos demasiado viejos ni demasiado jóvenes para ser usados por Dios. Si Dios tiene que hacer el milagro de todas maneras, ¿por qué no hacer uno bueno?

Cuando Lázaro estaba enfermo, avisaron a Jesús para que fuese y ayudase, pero la Biblia dice que Él esperó otros dos días hasta que Lázaro muriese, y luego fue a ayudar. Jesús quería hacer un milagro, pero tenía que esperar hasta que Lázaro tuviera un problema lo bastante grande para necesitar uno. Jesús resucitó a Lázaro de la muerte y Dios recibió la gloria (ver Juan 11).

> **A veces, Dios espera sólo para que nuestro avance sea aún más increíble.**

Cuando estamos esperando más de lo que tiene sentido para nosotros, deberíamos recordar que, a veces, Dios espera sólo para que nuestro avance sea aún más increíble y no sea posible que nadie obtenga la gloria sino Él. Pelear la buena batalla de la fe, la cual incluye negarse a tirar la toalla, es una de las cosas que hace que la victoria sea más dulce. Abraham obtuvo fortaleza a medida que daba alabanza y gloria a Dios. Durante los momentos de espera, asegúrate de mantener una actitud positiva, pasar tiempo con personas positivas, y negarte a tirar la toalla. Cada día que esperas es uno más que echas a tus espaldas, uno en el que no tendrás que volver a esperar.

> Cada día que esperas es uno más que echas a tus espaldas, uno en el que no tendrás que volver a esperar.

Cuando todas las personas que conoces parecen estar contra ti

Sé lo difícil que es no abandonar cuando tú eres el único dispuesto a seguir adelante, pero es posible, y la mayoría de nosotros descubrirá que es hasta necesario en algún momento de la vida. Jesús fue dejado solo durante su momento más difícil, allí en el huerto de Getsemaní, y Él tuvo que tomar la decisión de no abandonar.

El apóstol Pablo fue dejado solo en su primer juicio; él dijo que nadie actuó en su defensa. Todos le abandonaron, pero el Señor estuvo a su lado y le fortaleció (ver 2 Timoteo 4:16-17).

Cuando yo respondí al llamado a predicar el evangelio, mis amigos y familiares se volvieron contra mí. Recuerdo sentirme tan sola que pensaba que moriría.

Estoy segura de que has tenido momentos de soledad, momentos en que sentías que nadie creía en ti, que todos te habían olvidado. Puede que no lo comprendas, pero esos momentos fueron realmente muy buenos para ti porque su intención fue enseñarte a no confiar excesivamente en el hombre, porque siempre quedarás devastado si lo haces. No podemos poner nuestra confianza en la carne humana, sino solamente en Cristo. Andrew Murray dijo en *God´s Best Secrets* [Los mejores secretos de Dios]: "Porque lo único que nos hace daño es una expectativa de algo cuando solamente deberíamos esperar ese algo de Dios".

Eso no significa que debiéramos sospechar de las personas y esperar que nos decepcionen, pero sí significa que debemos comprender que lo único que realmente necesitamos para tener éxito es Dios. Dios nunca nos abandonará, y deberíamos mantener nuestros ojos en Él y decidir que tampoco nosotros abandonaremos.

¡Lo único que realmente necesitamos para tener éxito es Dios!

Tener personas que nos alienten es importante, pero no debemos permitir que eso sea más importante de lo que debería ser. Cualquier cosa que debamos tener además de Dios para seguir adelante es algo que el diablo puede utilizar contra nosotros. Por ejemplo, si yo tengo que recibir elogios de personas a fin de no deprimirme y abandonar, el diablo se asegurará de que yo no reciba ninguno. Pero si me niego a abandonar y confío en Dios para todo lo que necesito en la vida, entonces el diablo no tiene poder sobre mí.

Me gusta que las personas me alienten, y cuando lo necesito, siempre se lo pido a Dios; pero decido que no abandonaré en el intermedio.

Negarse a abandonar es una de las decisiones más poderosas que tomarás nunca en tu vida.

Cuando estás cansado

El humor y las actitudes de las personas pueden cambiar de modo drástico cuando estás cansado. Cuanto más cansados están, más vacila su nivel de compromiso. Es muy fácil decir lo que haremos cuando todas nuestras circunstancias son buenas, nuestros sentimientos nos apoyan, nuestros amigos están de nuestro lado, y no hemos estado esperando mucho tiempo. Sin embargo, el cansancio físico, emocional o mental puede hacernos fácilmente querer abandonar. Decimos cosas como estas: "Esto simplemente es demasiado difícil"; "esto es demasiado para mí"; "¿cuánto se puede esperar de una persona que aguante?", o "quizá no oí nada de parte de Dios, después de todo".

A mí me tomó muchos años aprender que era muy importante para mí vivir mi vida de tal manera que no me canse demasiado y que no deje de pensar correctamente. Cuando nos sentimos desesperados, a veces hacemos cosas desesperadas que después lamentamos, cuando nos sentimos mejor.

Todo el mundo se cansa. Quizá a veces te sientas como el hombre de negocios que llegó a su casa casi arrastrando, apenas pudiendo llegar a su sillón antes de desplomarse, agotado por completo. Su comprensiva y dulce esposa estaba allí mismo con una bebida grande y fría y una palabra de consuelo.

"Querido, te ves cansado", dijo ella. "Debes de haber tenido un día difícil hoy. ¿Qué sucedió para que estés tan agotado?"

"Fue terrible", dijo su esposo. "La computadora se estropeó y todos tuvimos que ponernos a pensar."

Aunque puede que no sea hasta ese extremo, ciertamente vamos a tener momentos en que tengamos que estirarnos por encima de lo que sería cómodo. Hay que hacer una tarea y nosotros tenemos que hacerla.

Cuando las cosas no van bien y toman más tiempo del que esperábamos, tendremos que apresurarnos para terminar, lo cual añade más presión. No podemos evitar cansarnos, pero podemos intentar evitar el agotamiento, y podemos comprender que lo que pensamos o sentimos cuando estamos cansados no sea lo que vamos a pensar o sentir cuando estemos descansados. Cuando estés cansado, no trates de tomar decisiones importantes, porque podrías tomar la decisión incorrecta.

> **No podemos evitar cansarnos, pero podemos intentar evitar el agotamiento.**

Cuando voy a países del Tercer Mundo y tengo una oportunidad de ministrar a personas que están desesperadamente necesitadas, eso siempre me emociona. En 2006, organizamos una conferencia en India donde más de un millón de personas asistieron en cuatro días. Más de 250,000 personas entregaron sus vidas a Cristo. Alimentamos a los hambrientos, construimos casas para viudas y huérfanos, repartimos juguetes a niños que nunca habían tenido uno; ¡fue increíble! Yo siempre estoy preparada para comprometerme a hacer otros diez viajes como ese cuando me siento tan emocionada; pero cuando he estado viajando ya cincuenta horas en un avión, miro la comida y no estoy segura de querer comer, y tengo *jet lag*, se ha sabido que digo: "Esto simplemente es demasiado difícil para mí. ¡No sé si puedo seguir haciendo esto!".

Nuestro hijo David, que es el director general de nuestras misiones mundiales y es responsable de planificar y gestionar cualquier viaje que yo haga fuera del país, simplemente se ríe de mí y dice: "Allá vamos, amigos. Ella está emocionada, así que quiere ir a todas partes, pero en unos días estará cansada y nunca querrá volver a salir de casa". Él ni añade ni cancela nada hasta que yo no estoy descansada, y entonces volvemos a hablar. Para entonces, yo ya me he equilibrado y soy capaz de tomar decisiones sabias en lugar de decisiones emocionales.

Por tanto, recuerda tener cuidado a la hora de seguir tus sentimientos, en especial cuando estás muy cansado. Puede que abandones algo que más adelante en la vida lamentarás.

Cuando experimentas variedad de pruebas

El apóstol Pablo dijo que nos encontramos con variedad de pruebas y tribulaciones (ver Hechos 14:22). Si tenemos sólo una cosa, a menudo podemos tratarla, pero cuando sucede una cosa tras otra, se hace un poco más difícil.

Cuando tenemos que enfocarnos en nuestros problemas en lugar de hacerlo en nuestro propósito, nuestros sueños por los que antes estábamos tan apasionados parecen desvanecerse en un segundo plano, y a veces parecen tan débiles que sencillamente abandonamos.

Teresa tenía grandes sueños y planes cuando tenía dieciocho años de edad. Sintió un llamado a las misiones en el mundo y quería hacer todo lo que pudiera para hacer avanzar el evangelio de Jesucristo. Entonces conoció a Jack, que también sentía un llamado al campo misionero. Se enamoraron, se casaron, y Teresa se quedó embarazada enseguida a la edad de diecinueve años. Los dos se querían, pero ninguno de ellos estaba preparado para un compromiso serio, como el matrimonio y una familia. Tenían presiones económicas, discutían mucho, Teresa volvió a quedarse embarazada y tuvo otro bebé, y comenzó a tener algunos problemas de salud relacionados con el estrés. Jack tenía que tener dos empleos para sostener a la familia, así que Teresa y él pasaban muy poco tiempo juntos. Teresa resentía tener que estar sola tanto tiempo, y Jack resentía que ella se quejara, ya que sentía que estaba haciendo todo lo que podía para hacerla feliz y sostener a su familia.

Pasaron diez años, y sería seguro decir que Teresa y Jack meramente existían, y el objetivo era solamente pasar cada día. Un día, una amiga de Teresa le preguntó qué quería hacer con su vida. ¿Tenía alguna otra aspiración aparte de estar casada y criar a sus hijos? ¿Había pensado en lo que ella quería hacer cuando sus hijos se fueran de casa? ¿Y Jack? ¿Quería él dirigir el restaurante de comida rápida donde había trabajado toda su vida, o había otras cosas en su corazón?

Las preguntas asombraron a Teresa al comprender que ella sí que tuvo sueños en un tiempo, pero todas las pruebas y tribulaciones de la vida los habían aplastado. Ella y Jack nunca hablaban sobre misiones; de hecho, no habían hablado de ello por años, aunque asistían a la iglesia. A veces, sentían sentían un pequeño dolor agudo cuando se mencionaban las misiones en un servicio, pero hasta ahí llegaba todo. Teresa asumió que lo que había sentido cuando era joven era solamente la fantasía de una muchacha, y de todos modos había cometido demasiados errores para ser usada por Dios. Ella nunca le preguntó a Jack sobre sus sueños porque estaba demasiado ocupada estando resentida con él.

Lamentablemente, esta historia se repite una y otra vez en la sociedad. Los nombres puede que no sean Teresa y Jack; podrías sustituir sus nombres por los tuyos, o por los nombres de personas a las que conoces, pero la historia es la misma. Las preocupaciones de este mundo, las ansiedades de la época se acumulan y la Palabra de Dios es ahogada y no lleva fruto (ver Marcos 4:19).

Las personas pierden sus enfoques; se distraen, y olvidan que Dios tiene un propósito para ellas y que quiere que vivan con pasión. Dios tiene mucho más para nosotros que la mera existencia, pero tenemos que estar decididos a tenerla. Debemos levantarnos y decir: "¡No tiraré la toalla!".

No podemos evitar las pruebas, pero si mantenemos vivos nuestros sueños, eso hará que las pruebas sean más soportables. En lugar de abandonar durante las pruebas y tribulaciones, habla sobre tus sueños y las cosas que crees que Dios tiene en su plan para ti. Ten la actitud de la que Santiago habla en la Biblia: Ten mucho gozo cuando te encuentres en varios tipos de pruebas, sabiendo que la prueba de tu fe produce paciencia, y cuando la paciencia haya tenido su obra completa no te faltará nada (ver Santiago 1:24).

> **Si mantenemos vivos nuestros sueños, eso hará que las pruebas sean más soportables.**

En realidad, las pruebas que experimentas te están preparando para el cumplimiento de tus sueños, así que no las desprecies porque eso sólo hace que parezcan peores. Ten una actitud positiva y sigue diciendo: "¡Nunca tiraré la toalla!".

Ser demasiado intenso acerca de tus fallos

Todos tenemos fallos y debilidades, y todos cometemos errores. Sí, he dicho que todos cometemos errores. Si no lo hiciéramos, entonces no necesitaríamos un Salvador. Queremos desear el cambio, oramos por el cambio, y afrontamos la verdad acerca de nosotros mismos a fin de que Dios pueda cambiarnos a su imagen, pero no debemos ser demasiado intensos acerca de nuestros fallos. Si lo somos, entonces la actitud de culpabilidad, condenación y vergüenza nos causarán presión y nos harán querer abandonar.

La culpabilidad es como una rueda de molino: sólo sigues dando vueltas y no llegas a ninguna parte. A veces, cuando te subes a la rueda de molino de la culpabilidad, es difícil bajarte, al igual que sucede cuando estás en una cinta andadora que avanza con demasiada rapidez.

> **Cuando te subes a la rueda de molino de la culpabilidad, es difícil bajarte.**

Como he dicho anteriormente, no te limites a ver cuánto te queda por delante, mira lo mucho que has avanzado. Puede que no estés donde te gustaría estar, pero estoy segura de que hay algunos cambios positivos que ya has experimentado mediante tu relación con Cristo. Sin embargo, no verás los cambios positivos si eres demasiado crítico contigo mismo o demasiado introspectivo con respecto a todas tus faltas. Debes tener una actitud sana hacia ti mismo, o tus sentimientos negativos te agotarán y te harán querer abandonar. ¿Alguna vez has oído lo siguiente? "Tú nunca cambiarás, de todos modos, así que bien podrías dejar de intentarlo". Recuerda que el diablo es un mentiroso, y si le crees a él en lugar de creer la Palabra de Dios, siempre experimentarás derrota. Nunca dejes de intentarlo, nunca dejes de avanzar. Nunca tires la toalla.

> No verás los cambios positivos si eres demasiado crítico contigo mismo o demasiado introspectivo con respecto a todas tus faltas.

CAPÍTULO 17

Sé decidido

A lo largo de este libro, hemos hablado de varias maneras de usar la pasión en todas las áreas de tu vida, que coexisten conjuntamente con tu propósito. Solamente puedes ser tan apasionado como decidido. La decisión esencialmente significa lo mismo que la idea de negarse a abandonar. Las dos son actitudes ganadoras que todos los ganadores tienen: personas que tienen sueños y vencen obstáculos a fin de ver el cumplimiento de sus sueños. Esos individuos no sólo tienen suerte o nacen con estrella; han hecho lo que tenían que hacer a fin de disfrutar de lo que disfrutan.

> Solamente puedes ser tan apasionado como decidido.

Las personas de voluntad débil que cargan con la apatía y la indiferencia como si fueran pesas alrededor de su cuello no llegarán muy lejos en la vida. Dios… nos dio el fruto del dominio propio y un libre albedrío, pero debemos ponerlos en práctica. Cuanto menos usen las personas sus voluntades para tomar decisiones que saben que son correctas, más débiles de voluntad se volverán. Ser decidido es la decisión de hacer cualquier cosa que sea necesaria a fin de tener lo que dices que quieres tener.

El poder de la diligencia

Hacer lo que es correcto una o dos veces, o hasta unas cuantas, no siempre traerá victoria; sin embargo, hacer con diligencia —hacer con coherencia— lo que sabes que tienes que hacer una y otra vez, a veces durante años, es la clave. Benjamin Franklin dijo: "La diligencia es la madre de la buena suerte".

Pero es más que suerte, ¿no es cierto? Se trata de tener una actitud de determinación que dice: "Haré esto para siempre si es lo que tengo que hacer. No abandonaré, no tiraré la toalla, ¡estoy decidido!".

Los verdaderos ganadores no ponen límites de tiempo a sus compromisos; están comprometidos sin ninguna condición, y cuando comienzan, han decidido que terminarán, como el corredor de la maratón que está más preocupado por aguantar y terminar que por lo rápido que pueda correr.

La Biblia dice que el hombre diligente gobernará y será rico (ver Proverbios 10:4, 12:24). Dios le dijo al pueblo que ellos debían guardar diligentemente sus mandamientos (ver Josué 22:5).

> **La decisión es una mentalidad, y la diligencia es el trabajo que va con ella.**

Diligencia es una negación a abandonar y una decisión de seguir haciendo lo que es correcto hasta obtener un resultado deseado, y luego continuar haciendo lo correcto a fin de mantener lo que se obtuvo. Uno no puede ser diligente sin ser decidido, al igual que no se puede ser decidido sin ser apasionado. La determinación es una mentalidad, y la diligencia es el trabajo que va con ella. Es como las marchas en una bicicleta: puedes tener una fenomenal mecánica, pero sin los pies que hagan mover los pedales, las marchas nunca se moverán. Hay muchas personas que deciden hacer algo, pero su decisión no es una decisión de calidad. Puede que lo hagan durante un tiempo, pero cuando aparece la primera señal de problemas, caen y se quedan junto al camino (ver Marcos 4:17). Es más fácil pensar que haremos lo correcto de lo que es hacerlo en realidad. ¡Hacer requiere diligencia!

Hablamos anteriormente sobre cómo la diligencia a la hora de manejar los asuntos financieros producirá buenos resultados. El mismo principio funciona en cualquier área de la vida. Si hacemos nuestra parte, Dios nunca fallará a la hora de hacer la suya. Él nos dice qué hacer a fin de tener una buena vida y nos da el poder capacitador de su Espíritu para equiparnos para hacerlo. Sin embargo, la decisión es nuestra y nadie puede tomarla por nosotros. Cada uno de nosotros afrontará momentos decisivos en la vida en que sentimos que sencillamente no podemos seguir. Algunas personas abandonan y otras recurren a su interior y encuentran una santa determinación que yo creo que Dios ha puesto en todos nosotros. Si queremos victoria, debemos vivir más profundamente que cómo nos sentimos, o lo que pensamos, o lo que otras personas dicen. ¡Debemos ser decididos!

El alma del diligente prosperará

Según Proverbios 13:4, el alma del hombre diligente prosperará (o engordará). ¿Qué? Puede que aborrezcas tanto la palabra "engordar" que nunca hayas pensado en lo que significa este versículo. ¿Qué significa tener un alma engordada?

Yo creo que significa que tendremos una intensa satisfacción y contentamiento en nuestra alma. Nuestra mente, voluntad y emociones estarán descansadas y estaremos satisfechos y nos sentiremos completos. ¿Tienes un alma flaca o engordada?

> ¿Tienes un alma flaca o engordada?

Yo creo que muchas personas comen en exceso porque no están satisfechas en otras áreas de la vida. Si más personas tuvieran almas engordadas quizá habría menos personas con sobrepeso y mala salud. No se sentirían como si hubiera un vacío que necesitan llenar. Perseguir tu propósito con diligencia y fervor es el camino hacia la satisfacción. Cualquier otra cosa te dejará sintiéndote vacío, y terminará siendo la raíz de muchos problemas en tu vida.

Tienes que atreverte

¡Sé decidido!

1. Mira tus problemas y desafíos y pide la ayuda de Dios para afrontarlos.
2. Cambia tu temor por fe y tu zona cómoda por un deseo de aventura.
3. No te quedes en tu pasado, sino mira hacia delante al futuro. Mira la posibilidad, no la improbabilidad.

¡No desmayes!

Hace muchos años, un hombre contrató a un guía experimentado para que le condujese en una caminata a los Alpes suizos. Después de muchas horas llegaron a un remoto y alto pasadizo de una montaña. Para desaliento del hombre, vio que el sendero había sido casi borrado. ¿Qué podía hacer? A la izquierda había un precipicio de roca; a su derecha, una grieta de casi 1,000 pies. Al mirar hacia abajo, sintió que su cabeza daba vueltas y sus rodillas comenzaban a temblar. En ese momento su guía le gritó: "No mire abajo o es usted hombre muerto. Mantenga sus ojos fijos en mí, y donde yo ponga mis pies ponga también los suyos". El hombre hizo tal como el guía le dijo y pronto pasó del peligro a la seguridad.

La Biblia dice que no debemos desmayar durante el castigo o la dificultad (ver Hebreos 12:5). "Desmayar" significa abandonar o dejar de hacer lo que sabes que deberías hacer. Ese hombre fácilmente podría haber dejado que su conciencia del peligro que afrontaba le consumiera y esencialmente le ayudará a caer y morir. En cambio, mantuvo sus ojos en su guía para que le sacara del camino del peligro y le llevara de regreso al sendero que él estaba siguiendo.

Dios tiene un plan para ti, pero debe prepararte para el plan.

Todos nosotros debemos estar dispuestos a crecer espiritualmente, pero también deberíamos estar decididos a no tirar la toalla durante el proceso de maduración. Este tema es cubierto muy bien en Hebreos 12. Dice que cuando somos castigados (enseñados y corregidos) por Dios deberíamos mantener una buena actitud y no abandonar (desmayar). Debemos recordar que Dios sólo castiga a aquellos a los que ama. Dios tiene un plan para ti, pero debe prepararte para el plan, y Él te guiará mientras tú mantengas tus ojos en Él.

Puedo recordar bien atravesar momentos en mi caminar con Dios en que sentí que ningún otro ser humano sobre la tierra podría tener tantas faltas como las que yo tenía, porque parecía como si Dios estuviera continuamente mostrándome otra cosa más que necesitaba cambiar. Me tomó tiempo, pero finalmente aprendí a dar gracias a Dios por tratar conmigo en lugar de desear que me dejase en paz. Comprendí que sólo la verdad me haría libre. La Palabra de Dios es verdad, pero debemos aceptarla por nosotros mismos si ha de hacernos algún bien. Afrontar la verdad es frecuentemente doloroso, pero es un dolor que finalmente producirá placer. Es como tener un bebé. Pasas por el dolor, pero una vez que tienes al bebé estás dispuesta a tener otro, y a veces otro, y otro más.

No desmayes en hacer el bien; sé diligente en tu pasión propósito y cosecharás las recompensas de tu diligencia.

Sueños deshechos

La mayoría de nosotros somos decididos hasta que sucede algo que rompe nuestro sueño. En ese punto en la vida, lo que hagamos y cómo respondamos marcará toda la diferencia. El mundo occidental con frecuencia responde tratando de eliminar su dolor por medio de la "falta de moderación". Las personas van a fiestas, beben en exceso o consumen drogas. Esperan que las píldoras les hagan olvidar sus males. Un joven en la Biblia llamado José tuvo un sueño que pensó que se había roto, pero finalmente descubrió que precisamente las circunstancias que él pensó que estaban robando su sueño le estaban conduciendo hacia él.

Es importante seguir siendo positivo y no tener un espíritu salvaje y comenzar a contrarrestar con una falta de restricción. Algunas personas comen en exceso, otras gastan en exceso, y otras dejan de cuidarse a sí mismas y sus pertenencias. Se hunden en un estado de pasividad en el que "desean" que las cosas cambiasen y resienten el hecho de que no cambien. Un estilo de vida de hacer lo que quieras hacer no va a eliminar tu dolor. Lo único que lo eliminará es estar decidido a tener la voluntad de Dios en tu vida y nada más.

Larry Crabb, en su libro Shattered Dreams [Sueños deshechos], dice que los sueños deshechos nunca son al azar:

> Siempre hay una pieza en un rompecabezas más grande,
> un capítulo en una historia mayor. El dolor es una tragedia;
> pero nunca es sólo una tragedia. Para un cristiano es
> siempre una milla necesaria en el largo viaje hacia el gozo.
> No debe pensarse en el sufrimiento causado por los sueños
> deshechos como algo a aliviar si podemos o soportar si
> debemos. Es una oportunidad a abrazar, una oportunidad
> para descubrir nuestro deseo de la bendición mayor que
> Dios quiere darnos, un encuentro con Él mismo.[1]

Si Dios te ha dado verdaderamente un sueño de algo mejor para tu vida y tus seres queridos, eso no puede romperse. Puede parecer roto debido a las circunstancias que te rodean, pero Dios con frecuencia nos conduce por el camino largo y difícil, a lo largo de senderos que nosotros mismos no escogeríamos. Aunque no entendamos el propósito, podemos estar seguros de que Dios tiene uno. ¡Él nunca tiene falta de propósito!

Aunque no entendamos el propósito, podemos estar seguros de que Dios tiene uno. ¡Él nunca tiene falta de propósito!

Otra manera en que las personas tratan con su dolor y desengaño es por medio de alejarse. Si resultan heridas en una relación, deciden no comenzar otra. Si resultan heridas en una iglesia, deciden no volver más. Se vuelven introvertidas, se alejan de todo y se encierran a sí mismas en casa para cuidar sus heridas. Se aíslan del mundo, pero no comprenden que se están aislando a sí mismas en una existencia solitaria que finalmente se cobrará su precio. Aunque todo el tiempo piensan que sólo se están protegiendo a sí mismas de ser heridas, en realidad están empeorando mucho más su problema. Cualquier cosa de la que nos ocultamos o huimos tiene poder sobre nosotros. Dios quiere que confrontemos la vida, no que nos alejemos de ella.

> Cualquier cosa de la que nos ocultamos o huimos tiene poder sobre nosotros.

En realidad, hay veces en que las personas se alejan y se niegan a afrontar la realidad hasta tal grado que pierden la cordura.

La negación y el aislamiento son el camino de la locura

Podemos arruinar por completo nuestras vidas y, como dije, perder el juicio al negarnos a afrontar la realidad. Si has sido herido, aprende lo que puedas de ello, perdona, y sigue adelante. ¡No te ocultes o huyas! Es una de las cosas más inútiles que puedes hacer. No nos libramos de nada ocultándonos o huyendo, porque los problemas siguen estando ahí persiguiéndonos, y nunca se irán hasta que los afrontemos.

> El verdadero cristiano debe ser tanto idealista como realista.

José tuvo un sueño que Dios le dio, pero sus hermanos estaban celosos y le odiaban tanto que le vendieron como esclavo. No creo que él se quedara sentado en el carro de los esclavos pensando: Yo no estoy realmente en una caravana de esclavos y mis hermanos en realidad no hicieron esto. ¡Esto no está sucediendo! El verdadero cristiano debe ser tanto idealista como realista. Debemos tener sueños y visiones de cosas mejores en el futuro, porque eso es lo que demanda la fe; sin embargo, al mismo tiempo no podemos ignorar la realidad de lo que está sucediendo en el presente. ¡La clave es no permitir que lo que no ves te robe lo que crees para el futuro!

José mantuvo su sueño, aunque estoy segura de que él no veía cómo podría cumplirse. Él soñó que vio a sus hermanos y a su padre inclinándose ante él y en ese entonces ni siquiera estaban en su vida.

Pero José no se hundió en el fatalismo y se resignó a ser un esclavo. Él decidió ser un esclavo diligente y Dios le dio favor con su amo y recibió un ascenso. Las cosas iban bien cuando, de repente, fue acusado de algo que no hizo y fue a la cárcel. Una vez más él no cambió su perspectiva de la vida; simplemente encontró maneras de servir a Dios en la cárcel. Les pidió a personas que se acordaran de él cuando salieran, y finalmente algunos lo hicieron. Un ex prisionero sabía que José tenía dotes de interpretación de sueños, y cuando Faraón necesitó que le interpretasen uno, le hablaron acerca de José.

José pasó del pozo al palacio mediante la aplicación de los mismos principios que yo estoy enseñando en este libro. Se convirtió en el asistente de Faraón, y durante una grave hambruna pudo proporcionar alimentos a su padre y sus hermanos que llegaron inclinándose ante él y suplicando ayuda y perdón. Lo que él había visto se cumplió, pero Dios lo llevó por el camino largo y difícil. Él era joven, tenía mucho que aprender, y no aprendería si todo en la vida le hubiera resultado fácil. Dios nos ama lo suficiente para aplicar amor duro si tiene que hacerlo. Podemos ver el ejemplo de José y comprender que a través de los momentos buenos y los malos debemos permanecer en la carrera, ser diligentes y entusiastas en lo que Dios traiga. Si Él te lleva a ello, debemos recordar que también te sacará de ello.

> Si Él te lleva a ello, debemos recordar que también te sacará de ello.

¡Temblorosas!

Parece que algunas personas están siempre "temblorosas" por algo. Nunca permanecen estables en las tormentas de la vida y se permiten a sí mismas ser llevadas "de aquí para allá", como dice la Biblia, por muchas cosas (ver Santiago 1:6).

Necesitamos vivir por la Palabra de Dios, no por cómo nos sentimos o por cómo nos parecen las cosas. A fin de hacer eso, debemos estar dispuestos a vivir una "vida más profunda". De lo que estoy hablando es de una vida en la que estamos tan impulsados por el propósito y somos tan apasionados por la voluntad de Dios, que nos negamos a permitir que las circunstancias gobiernen nuestras vidas. Le negamos al diablo la oportunidad de hacernos tropezar, y proseguimos con intensidad para seguir el curso que nuestro Creador ha puesto delante de nosotros.

El apóstol Pablo tuvo muchas pruebas, pero yo no lo veo como un hombre que temblaba todo cada vez que tenía un desafío que no esperaba. Jesús ciertamente permanecía siempre igual a pesar de lo que se encontrara. Regresando al ejemplo de José, vemos que él estaba decidido a ser estable en su situación, la cual era claramente muy inestable la mayor parte del tiempo, y hay muchos otros en la Biblia a los que podríamos mirar y aprender lecciones sobre estabilidad. La estabilidad requiere determinación porque debes permanecer en el camino y centrado en la voluntad de Dios, sin importar lo que suceda. Eso no significa que no tendamos a ponernos nerviosos o emotivos en una emergencia o en situaciones inesperadas, pero sí significa que no permitimos que esos sentimientos nos controlen.

> La estabilidad requiere determinación porque debes permanecer en el camino y centrado en la voluntad de Dios, sin importar lo que suceda.

¿Alguna vez llegas a cansarte de emplear todo tu tiempo en apagar incendios que el diablo comienza? Sí, dije el diablo. A las personas no les gusta hablar sobre el diablo, pero él es real, e ignorarlo no hará que se aleje. Es como fingir que el moho que hay en tu refrigerador no está realmente ahí; ¡finalmente tendrás que tratarlo antes de que envenene todo lo que comes y bebes! Cuando tenemos pruebas, el propósito de Satanás es utilizarlas para destruirnos, pero la intención de Dios es utilizarlas para madurarnos y hacernos más fuertes de lo que hemos sido anteriormente. El diablo es tu enemigo, y él no se limita a mentirte; hará todo lo posible para mantenerte emocionalmente alterado. Quiere que estés emocionalmente desequilibrado, como una de esas peonzas que dan vueltas y vueltas sobre una mesa, amenazando con caerse. Quiere que te tambalees, que hagas elecciones nada sabias y que renuncies a las promesas de Dios. ¡Sé decidido a no dejar ganar al diablo!

> Cuando tenemos pruebas, el propósito de Satanás es utilizarlas para destruirnos, pero la intención de Dios es utilizarlas para madurarnos.

Toma la decisión de que, con la ayuda de Dios, permanecerás más que el diablo. Él puede venir contra ti por un camino, pero la Palabra de Dios dice que huirá delante de ti por siete caminos (ver Deuteronomio 28:7). ¡Permanece firme y míralo huir!

La estabilidad requiere sufrimiento

Permanecer estable en los momentos difíciles, cuando todo lo que hay en ti quiere gritar y salir corriendo, es duro. Algunos se estremecieron al leer la palabra "sufrimiento" en este subtítulo. No es divertido sufrir, ¡yo lo sé! Pero a fin de ser estable, estar motivado, y avanzar hacia las cosas de Dios, habrá veces en que debas sufrir en la carne para hacerlo. Sin embargo, te prometo que cada dolor que sientes te está ayudando a avanzar hacia tu meta. No es distinto a comenzar un programa de ejercicio o llevar uno que ya haces a un nuevo nivel. Aun al escribir este capítulo siento mucho dolor por haber hecho ejercicio con mi entrenador en el gimnasio esta semana (algo que nunca pensé que haría). Él me llevó a un nivel de pesas y me dio algunos ejercicios más difíciles, y eso duele, pero he llegado a disfrutar realmente de ese sentimiento porque significa que me estoy poniendo más fuerte. Yo siempre digo: "Nuevo nivel, ¡nuevo diablo!". Es mi manera de decir que tendrás que ser decidido si quieres hacer progreso en cualquier área de la vida, porque Satanás siempre traerá oposición.

Cada dolor que sientes te está ayudando a avanzar hacia tu meta.

Una vez más, quiero recordarte que tienes lo que se necesita. Tú puedes hacer cualquier cosa que necesites por medio de Cristo que te fortalece. Permanece fuerte contra el desmayo en tu mente y está dispuesto y preparado para experimentar el poder capacitador de Dios. Sigue creyendo y verás la gloria de Dios (ver Juan 11:40).

A medida que construyas nuevos músculos de estabilidad, experimentarás algo de incomodidad, pero el dolor será tu ganancia y tendrás una victoria que nadie podrá quitarte nunca. La Biblia nos dice en Romanos 8:17-18 que si queremos compartir la gloria de Cristo, también debemos compartir sus sufrimientos. No tenemos que ir a la cruz literal, como Él hizo, pero sí tenemos que vivir una vida crucificada en la cual decidimos que renunciaremos a la vida inferior a fin de tener la vida superior. ¡Tendremos la voluntad de Dios y nada menos!

Renuncia a la vida inferior a fin de tener la vida superior.

Siento que muchos sólo necesitan una buena dosis de determinación, una chispa de pasión que haga surgir una firme corriente de esperanza, entusiasmo y compromiso para seguir adelante. Eso es lo único que se interpone entre tú y la victoria verdadera. Vuelve a pensar en lo que crees, ten las palabras de Dios para respaldarlo, y nunca te eches atrás. Di diariamente: "Estoy decidido a ser todo lo que Dios quiere que yo sea, a hacer todo lo que Él quiere que haga, y a tener todo lo que Él quiere que tenga".

Personas tambaleantes en tiempos tambaleantes

La Biblia nos enseña que Dios seguirá moviendo todo lo que puede ser movido hasta que lo único que permanezca sean esas cosas que son inconmovibles (ver Hebreos 12:26-29). Dios tambalea las cosas hasta que ya no seamos "tambaleados" por las cosas tambaleantes. No estamos hablando aquí de un tributo a Elvis, ¡estamos hablando de un cambio radical e increíble que moverá nuestros corazones y nuestras mentes hacia delante!

Por medio de algunas circunstancias muy difíciles, Dios me mostró que yo no podía permitirme estar estrechamente ligada a personas en el ministerio que permitían que el temor gobernara sus vidas. Él me aseguró que Él tenía algunas cosas que quería hacer, pero los temerosos no podían tener parte en ello.

Cuando Dios llamó a Gedeón le dijo lo mismo. Le dijo que se librara de todos los soldados que fueran temerosos antes de ir a la batalla (ver Jueces :3). ¿Por qué haría Dios eso? Tiene sentido cuando lo piensas: las personas temerosas, excesivamente tímidas y cobardes siempre perderán su compostura cuando se produce lo inesperado o lo difícil. ¡Se tambalean con cualquier cosa que se tambalee! Las personas temerosas utilizan el temor como excusa para los problemas que causan por medio de su falta de estabilidad. He descubierto que todo el mundo siente temor, pero no todos dejan que el temor los gobierne. Con toda seguridad, es un área por la que debemos pasar y crecer, pero no un área que debiéramos perpetuar en nuestras vidas. Yo tuve que aprender a sentir el temor y a hacer lo correcto de todos modos. Eso es valentía; no es ausencia de temor, sino proseguir cuando el temor está presente.

> Todo el mundo siente temor, pero no todos dejan que el temor los gobierne.

Si yo tengo empleados que trabajan muy cerca de mí y son temerosos e inseguros, pueden estar albergando sentimientos dañinos cuando yo necesite de verdad que sean fuertes para mí. Finalmente tuve que comprender que aunque yo soy un ministro, Dios no me ha llamado a estar rodeada de empleados que necesiten ser ministrados. Yo necesito personas que sean capaces y estables; personas que puedan permanecer firmes, ser decididas y no estén enfocadas en cómo se sienten con respecto a todo lo que sucede. Necesito personas que confíen en mí y no se cuestionen todo lo que yo diga preguntándose si habría algún significado oculto. Yo soy respetuosa, pero también soy una persona directa, y necesito personas a mi alrededor que sean de la misma manera. No tengo tiempo ni paciencia para el fingimiento, los juegos o la ofensa.

Yo trato de decir lo que quiero decir y que mis palabras signifiquen lo que quiero decir. Como la mayoría de las personas, yo a veces digo cosas basadas en mi actual conocimiento y más adelante descubro que no puedo hacer lo que dije porque yo realmente no sabía de lo que estaba hablando, pero sí que trato de ser sincera y honesta en mi trato con las personas. No me gusta, ni tampoco estoy dispuesta, a trabajar con personas que fingen una cosa mientras hay algo totalmente distinto en su corazón. Las personas temerosas con frecuencia hacen eso; dicen lo que creen que todo el mundo quiere que digan en lugar de ser sinceras.

> A veces, tenemos que ser sorprendidos para salir de nuestra disponibilidad a sólo aguantar un problema.

Sé que probablemente habrá personas que lean esto ahora mismo y tengan muchos temores en sus vidas, y no es mi intención sonar insensible o dura. Sin embargo, a veces, tenemos que ser sorprendidos para salir de nuestra disponibilidad a sólo aguantar un problema. Yo tengo una empleada que tenía temor a todo. La queríamos y queríamos hacer uso de sus capacidades, pero ella se pasaba más tiempo llorando y tambaleándose que avanzando. Finalmente la llamé a mi oficina y le dije: "No podemos continuar más con eso. O tomas la decisión de sobreponerte a esto o tendremos que dejarte ir". Más adelante, ella me dijo que se fue a casa muy herida y enojada conmigo por ser tan incompasiva, pero después de unas horas se calmó y sintió que Dios le indicaba: "Joyce tiene razón, tienes que enfrentarte a tus temores". Esa mujer es en la actualidad una de nuestras principales gerentes, y puedo decirte con toda seguridad que yo no le habría hecho ningún favor dándole tan sólo unas palmaditas en la espalda y diciéndole que sabía cómo se sentía y que eso estaba bien. Yo la quería, pero odiaba el espíritu de temor que operaba por medio de ella.

Cuando Pedro trató de hacer que Jesús no fuera a Jerusalén, Él reprendió a Pedro y le dijo: "Aléjate de mí Satanás". Él comprendió que el diablo estaba utilizando la debilidad de Pedro para llegar a Él, y Él no iba a permitirlo.

Tendrás que aprender a ser un cordero con corazón de león si quieres derrotar al diablo y disfrutar de lo mejor de Dios para tu vida. Yo no soy desagradable con la gente, pero estoy aprendiendo que no puedo permitir que sus debilidades controlen mi destino; no puedo permitir que su apatía afecte a mi pasión por la vida. Yo tengo un destino ordenado por Dios y voy a cumplirlo. Soy decidida, y te estoy pidiendo que te unas a mí en ser decidido a vivir con propósito y pasión, y a nunca tirar la toalla, sino a estar determinado a hacer todo lo que Dios te haya llamado a hacer.

Recuerda hacer todo lo que Él te ha llamado a hacer a ti, no lo que Él ha llamado a hacer a otra persona. Si haces lo que debes hacer, estarás haciendo algo que el cielo denomina sorprendente y estupendo.

Martin Luther King, Jr. dijo en una ocasión que "si un hombre es llamado a ser un barrendero, debería barrer las calles como Miguel Ángel pintaba, como Beethoven componía música o como Shakespeare escribía poesía. Debería barrer las calles tan bien que todas las huestes del cielo y de la tierra se detuvieran para decir: aquí vivió un gran barrendero que hizo bien su trabajo".

Sé decidido a conocer a Dios

El apóstol Pablo dijo que él estaba decidido a conocer a Jesús (ver Filipenses 3:10). Nunca te quedes satisfecho con conocer acerca de Dios, sino llega a conocerlo a Él. Desarrolla una profunda e íntima relación con Él por ti mismo y no mediante otra persona. Demasiadas personas en siglos anteriores han conocido a Dios sólo mediante su sacerdote, consejero espiritual, pastor, madre, padre o amigo. Tú necesitas conocerlo por ti mismo, y puedes hacerlo.

Conocer a Dios debería ser nuestra primera y principal determinación, porque Él es nuestra vida. En Él vivimos, y nos movemos, y somos (ver Hechos 17:28). Él es nuestra justicia, paz y gozo (ver Romanos 14:17). En realidad, Él es todo y nosotros no somos nada sin Él.

Si no estás decidido a conocer a Dios, eso nunca sucederá. Hay muchas cosas en el mundo que le dejarán fuera de nuestras vidas a menos que hagamos de conocerlo a Él una prioridad principal.

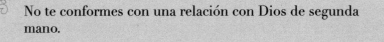

No te conformes con una relación con Dios de segunda mano.

Si hay algo que quiero que comprendas al final de este libro, es esto: no te conformes con una relación con Dios de segunda mano. Esa no es la vida de pasión a la que Él te está llamando. Conocer a Dios te mantendrá estable en los momentos difíciles; te hará estar seguro y te capacitará para proseguir dejando atrás el temor; te hará saber que Él está siempre contigo sea que sientas su presencia o no. Puedes conocer su perdón y su misericordia, su restauración y su favor; conocer verdaderamente a Dios alimentará tu pasión por la vida.

Cuando vemos lo hermoso y maravilloso que Él es realmente, y comprendemos todo lo que Él ha hecho por nosotros en amor, ¿cómo podemos no seguirle a Él y su voluntad con pasión?

Todo éxito requiere determinación, aun en el proceso de llegar a conocer a Dios. Pablo dijo que él estaba decidido a conocer a Dios. ¿Estarás decidido también tú? ¿Decidido a conocer a Dios íntimamente, a conocer su voluntad, a hacer lo mejor, a ser excelente, a cumplir tu propósito, y a vivir con pasión? ¿Estarás decidido a ser una luz en un mundo de oscuridad? ¿Te atreverás a ser uno de esos pocos individuos que son entusiastas, apasionados y siguen totalmente a Dios y le sirven? ¿Te atreverás a ser todo lo que puedes ser, y lo mejor que puedas ser? ¿Te atreverás a ser atrevido durante el resto de tu vida, y a no vivir nunca un día más sin celo, pasión y entusiasmo? Te desafío a que hagas el compromiso, ¡y es mi oración que sientas la presencia de Dios avivando tu interior a medida que alcanzas una vida que vale la pena vivir!

NOTAS

Capítulo 1

1. "The Apollo 8 Christmas Eve Broadcast," Dr. David R. Williams, NASA Goddard Space Flight Center. Greenbelt, MD. www.spds.nasa.gov/planetary/ lunar/apollo8_xmas. html

Capítulo 2

1. James Emory White, *Rethinking the Church* (Baker Books, Grand Rapids, MI, 1997), pp 27–28.

Capítulo 3

1. John C. Maxwell, *The Success Journey*, p. 17.

2. "Out of the Red: Holiday cheer without financial fear," por Amy Baldwin. The News-Sentinel, 11/21/06. http://www.fortwayne.com.

Capítulo 4

1. "Kids find a purpose, with Gavin's help," por Joe Depriest, The Charlotte Observer, 11/26/06. http://www.charlotte.com/mld/observer/news/local/states/north_carolina/counties/gaston/16100399.htm

2. National Center for Injury Prevention and Control, Suicide: Fact Sheet, 9/07/06. http://www.cdc.gov/ncipc/factsheets/suifacts.htm

3. Barna Research Online, 10/08/01.

4. Bly, Nellie. (2006). In Encyclopædia Britannica. Recuperado el 2 de diciembre de 2006, de Encyclopædia Britannica Online: http://www.britannica.com/eb/article-9015794.

5. Carver, George Washington. (2006). In Encyclopædia Britannica. Recuperado el 2 de diciembre de 2006, de Encyclopædia Britannica Online: http://www.britannica.com/eb/article-9020575

6. Barton, Clara. (2006). In Encyclopædia Britannica. Recuperado el 2 de diciembre de 2006, de Encyclopædia Britannica Online: http://www.britannica.com/eb/article-9013546

7. http://www.drdino.com/articles.php?spec=32-15K, accesado por última vez el 5/15/07

Capítulo 6

1. Según los datos más recientes de la Oficina de Estadísticas de trabajo. Resumen de Encuesta Gallup. "Empty Seats: Fewer Families Eat Together." 20 de enero de 2004. http://www.galluppoll.com/content/?ci=10336&pg=1

2. "Empty Seats: Fewer Families Eat Together," by Heather Mason Kiefer. Gallup Poll. 20 de enero de 2004. http://www.galluppoll.com/content/?ci=10336&pg=1

3. Tomado de SermonCentral.com.

4. Autor y fuente anónimos. Tomado de InspirationalStories.com.

5. Malcolm Gladwell, The Tipping Point. (Little, Brown and Company; New York, NY, 2000), p. 163.

Capítulo 7

1. www.motivational-inspirational-corner.com

2. http://www.brainyquote.com/quotes/authors/c/charles_r_swindoll.html, accesado por última vez el 5/15/07

3. Por Larry Harp. www.inspirationalstories.com

4. www.quotationspage.com

5. Rodney Buchanan en "An Attitude of Gratitude" en www.sermon central.com.

Capítulo 8

1. Jim Rohn's Weekly E-zine, © 2001 Jim Rohn International.

2. http://nerfew.org/MountainNewsMay2006.pdf, accesado por última vez el 5/15/07

3. ibid

4. ibid

Capítulo 9

1. Discipleship Journal, Noviembre/Diciembre de 1992.

Capítulo 10

1. Today In The Word, agosto de 1989, p. 33.

2. Charles R. Swindoll, *Laugh Again: Experience Outrageous Joy* (Word Publishing, W Publishing Group, Nashville, TN, 1992), p. 19.

3. http://www.corexcel.com/html/body.humor.page3.htm, accesado por última vez el 5/15/07

4. http://www.sermons.org/sovereignty.html, accesado por última vez el 5/15/07

Capítulo 11

1. S. J. Hill, *Enjoying God: Experiencing Intimacy with the Heavenly Father*. (Relevant Books, Orlando, FL, 2001).

2. De Twilight over Burma: My Life as a Shan Princess, por Inge Sargent.

Capítulo 12

1. Dr. Richard Swenson, Margin: *Restoring Emotional, Physical, Financial, and Time Reserves to Overloaded Lives*. (NavPress Publishing, Colorado Springs, CO, 2004.)

2. *Failing Forward* por John C. Maxwell, página 38.

3. Autor anónimo. Tomado de http://www.inspirationalstories.com

4. Lucinda Norman, "An Atmosphere of Calm." Lookout magazine, 15 de diciembre de 1996.

Capítulo 14

1. The Wycliffe Handbook of Preaching & Preachers, W. Wiersbe, p. 193.

2. "A conversation with Warren Buffett," por Carol J. Loomis. Fortune Magazine, 25 de junio de 2006. Accesado online en: http://money.cnn.com/2006/06/25/magazines/fortune/charity2.fortune/index.htm

3. "Bankruptcy law backfires on credit card issuers," MSN Money. http://articles.moneycentral.msn.com/Banking/BankruptcyGuide/BankruptcyLawBackfiresOnCredit-CardIssuers.aspx

4. "Credit Card Industry Facts and Personal Debt Statistics," CreditCard.com.

Capítulo 15

1. "Climb Every Mountain," por Sean Swarner, www.motivationalinspirational-corner.com

Capítulo 16

1. http://www.cancer.org/docroot /COM/content /div_OH/COM_1_1x_Cancer_ Survivor_Makes_Trek_to_Mc accesado por última vez el 5/15/07

Capítulo 17

1. Larry Crabb, *Shattered Dreams: God's Unexpected Path to Joy*. (WaterBrook Press, Colorado Springs, CO, 2001).

JOYCE MEYER es una de las principales maestras prácticas de la Biblia en todo el mundo. Escritora número uno de éxitos de ventas del *New York Times*, ha escrito más de setenta libros inspiracionales, entre los que se incluyen *Mujer segura de sí misma*; *Luzca estupenda, siéntase fabulosa*, la familia de libros *El campo de batalla de la mente*, y muchos otros. También ha puesto a la venta miles de enseñanzas en audio, al igual que una completa videoteca. Los programas de televisión y radio de Joyce, Disfrutando la vida diaria®, se transmiten a través del mundo, y ella viaja internacionalmente realizando conferencias. Joyce y su esposo, Dave, tienen cuatro hijos adultos y residen en St. Louis, Missouri